講座 日本語コーパス
前川喜久雄［監修］

コーパスと辞書

伝　康晴
荻野綱男
［編］

岡　照晃
伝　康晴
内元清貴
山田　篤
宇津呂武仁
松吉　俊
土屋雅稔
近藤泰弘
坂野　収
多田知子
岡田純子
山元啓史
荻野綱男
矢澤真人
丸山直子
星野和子
小磯花絵
［著］

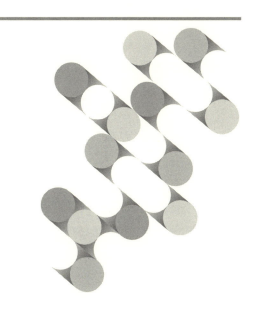

朝倉書店

監修者

前川喜久雄　　国立国語研究所

第7巻編集者

伝　　康晴　　千葉大学
荻野　綱男　　日本大学

執筆者

岡　　照晃　　国立国語研究所
伝　　康晴　　千葉大学
内元　清貴　　情報通信研究機構
山田　　篤　　福知山公立大学
宇津呂武仁　　筑波大学
松吉　　俊　　電気通信大学
土屋　雅稔　　豊橋技術科学大学
近藤　泰弘　　青山学院大学
坂野　　収　　青山学院大学
多田　知子　　青山学院大学
岡田　純子　　青山学院大学
山元　啓史　　東京工業大学
荻野　綱男　　日本大学
矢澤　真人　　筑波大学
丸山　直子　　東京女子大学
星野　和子　　前駒澤女子大学
小磯　花絵　　国立国語研究所

(執筆順)

本講座の刊行にあたって

　近年の言語研究では本講座の主題であるコーパスに対する期待がとみに増大している。自然科学において望遠鏡や顕微鏡が果たした役割を言語研究において果たすこと，すなわち人間の主観の限界を超えて従来不可能であった言語現象の観測を可能にすると共に言語研究の効率を飛躍的に向上させることがコーパスに期待されているのである。

　日本語の研究では国際的にみても早い時期に定量的研究への取組みが始まった。計量的語彙論の分野では顕著な成果が挙がり，専門学会が組織されたにもかかわらず，その後，研究用大規模コーパスの構築と公開においては諸外国語に大幅な遅れをとってしまった。

　1990年代末以降この問題を解決するための努力が国立国語研究所を中心に行われるようになったが，幸い政府による科学技術研究への投資にも支えられて，言語研究を主要な目的とする日本語コーパスの整備はこの十数年の間に飛躍的に進展した。国立国語研究所・情報通信研究機構・東京工業大学共同開発の『日本語話し言葉コーパス』（2004年公開）と国立国語研究所単独開発の『現代日本語書き言葉均衡コーパス』（2011年公開）はこの期間を代表するコーパスである。

　特に後者では構築の全期間（2006～2010年）にわたって文部科学省科学研究費特定領域研究「代表性を有する大規模日本語書き言葉コーパスの構築：21世紀の日本語研究の基盤整備」（略称日本語コーパス）の支援を受けることができ，我が国初の均衡コーパスの構築作業と並行してコーパスを利用した日本語研究を確立するための探索的研究を様々に試みることができた。

　本講座はこの特定領域研究の成果を一般に広く還元することを目標として企画立案されたものであり，各巻の編者には特定領域研究計画研究班の班長があたっている。ただし第3巻は主に『日本語話し言葉コーパス』の構築によって得られた成果を報告しており，特定領域の範囲に収まるものではない。また2010年度より実施中の国立国語研究所言語資源研究系の基幹型共同研究「コーパス日本語学の創成」および「コーパスアノテーションの基礎的研究」による成果も本講座

の一部に含まれている。

　本講座の読者としては日本語学の研究を志す学部・大学院の学生，これからコーパスを利用した研究に挑戦しようとしている日本語研究者，そして関連領域としてのコーパス日本語学に興味を持つ情報系研究者を想定している。本講座の刊行によって日本語研究におけるコーパス利用が広い範囲で促進されることを期待して緒言の締めくくりとする。

　2013年6月吉日

講座監修　前川喜久雄

まえがき

　辞書とコーパスは言語研究における両輪である。前者はある言語における個々の語に関するさまざまな属性（品詞や活用の型から意味や語源まで）を網羅的に与えてくれるのに対して，後者はそれらの語の具体的な文脈における用法を示してくれる。両者は密接に関係していながら，辞書編纂とコーパス構築は長年，別系統の研究として行なわれてきた。文科省科研費特定領域研究「日本語コーパス」による『現代日本語書き言葉均衡コーパス（BCCWJ）』の開発は，両者の距離を縮める貴重な機会となり，コーパスに基づく辞書編纂や，辞書評価におけるコーパスの利用などに関する数々の成果を生み出した。本書は，それらの一端を紹介することを目的とする。各章の概要は以下の通りである。

　第 1 章では，電子化辞書 UniDic について解説する。ここでいう電子化辞書とは，コンピュータによる自然言語処理に用いられる知識源のことである。UniDicはBCCWJの開発と並行して整備された電子化辞書であり，コーパスの形態素解析に広く用いられている。UniDic については，本シリーズ第 2 巻にも解説があるが，本章では，その設計と言語研究との結びつきに焦点を当てて解説している。

　第 2 章では，異なる粒度での語の解析について紹介する。適切な言語単位というものは研究目的によって変わりうる。そのため，BCCWJ では，短単位と長単位という異なる長さの語を設定している（第 2 巻参照）。本章は，短単位の系列から，長単位や，両者の中間である中単位を構成する手法について解説している。多数の複合語を含む長単位の辞書を構築するのは非現実的であり，本手法はそれに対する別の解決策を与えている。

　第 3 章では，複合辞を含む機能表現の計算機処理を取り上げる。複合辞とは，「にたいして」や「なければならない」のように，複数の語から構成されながら，全体として 1 つの機能語のように働く表現のことである。これらは「固まり」として理解されなければならない。本章では，日本語機能表現の網羅的な辞書の設計・作成や，コーパスから機能表現を自動抽出する技術などについて，解説している。

第 4 章も複合辞を取り上げる。第 3 章が複合辞の計算機処理を扱っているのに対して，本章では，BCCWJ から抽出した複合辞の辞書について，言語研究の立場から検討している。文末複合辞や複合接続詞といった特定のクラスの複合辞の特徴について分析したのちに，抽出した複合辞一般の文法機能を検討したり，各種日本語教科書データベースと比較することで評価したりしている。コーパスと辞書の密接なつながりを明確に示す章と言える。

第 5 章では，「敵を倒す」のような語の共起関係（コロケーション）の辞書を作成しようという試みについて紹介する。従来，この種の辞書は，記述者の内省によって作られていたが，本章では，WWW の検索や N-gram 情報をもとにしてコロケーション情報を抽出しようと試みている。コロケーションらしさの評価基準や人手作業量の見積もりなど，極めて現実的な問題が検討されており，後進の研究者にとって大いに参考になるだろう。

第 6 章では，既存の国語辞書の問題点を検討する。とくに，複数の意味区分の記載の仕方や自動詞・他動詞の認定に焦点を当て，言語使用の実態とのずれを見ていく。このような辞書評価の中でコーパスをいかにして活用するかについて，実例を知ることができる。言語記述の正確さを追求するだけではなく，利用者の立場に立った記述内容や提供方法の追求が将来の国語辞書には必要であるとしている。

第 7 章では，辞書編纂におけるコーパスの利用法について検討する。辞書編纂者へのインタビューに基づくコーパス利用法の考察を行なったのち，動詞の格情報やオノマトペの語釈の記述に焦点を当て，BCCWJ を含む各種コーパスにおける使用実態と国語辞典の記述とを比較している。コーパス調査に基づく辞書記述も試みており，コーパスに基づく辞書編纂の可能性を示している。

また，付録では，節・単語・分節音など，さまざまな言語単位のアノテーションを統合的に検索するためのツールである，リレーショナルデータベース（RDB）について解説する。例題として，第 3 巻で取り上げた『日本語話し言葉コーパス』を用いているが，RDB の利用は話し言葉コーパスに限らない。実際，BCCWJ の開発においては，コーパスの形態論情報と電子化辞書との連携で RDB を活用した。国立国語研究所内部報告書を参照されたい。

以上のように，BCCWJ は本書の各所において利用されている。その一方で，いくつかの章では，BCCWJ のサイズでは不十分としている。辞書編纂に利用す

るような豊富な用例の検索のためには，1 億語のサイズでは足りないということであろう。国立国語研究所では，BCCWJ 以降，WWW 上の文書を利用した，100 億語を超える規模の『国語研日本語ウェブコーパス』を開発している。本書で未解決な問題のいくつかは，そのような巨大コーパスの利用によって解決するかもしれない。

　本書は，特定領域研究「日本語コーパス」における計画研究班の「電子化辞書班」と「辞書編集班」および公募研究班の「日本語機能表現班」による研究成果に基づくものであり，執筆者の多くはこれらの班に所属するメンバーおよびその関係者である。

2019 年 2 月

第 7 巻編者　伝　康晴・荻野綱男

目　　次

第1章　言語研究のための電子化辞書 ………………[岡　照晃] 1

- 1.1　電子化辞書とは ……………………………………………… 1
- 1.2　電子化辞書『UniDic』 ……………………………………… 6
- 1.3　『UniDic』の言語単位と品詞体系 ………………………… 14
- 1.4　応　　用 ……………………………………………………… 22
- 1.5　おわりに ……………………………………………………… 26

第2章　異なる粒度での語の解析 ……[伝　康晴・内元清貴・山田　篤] 29

- 2.1　はじめに ……………………………………………………… 29
- 2.2　異なる粒度の単位に基づく語の解析 ……………………… 30
- 2.3　長単位解析 …………………………………………………… 31
- 2.4　中単位解析 …………………………………………………… 41
- 2.5　音変化処理 …………………………………………………… 48
- 2.6　おわりに ……………………………………………………… 54

第3章　機能表現の計算機処理 ……[宇津呂武仁・松吉　俊・土屋雅稔] 56

- 3.1　複合辞の用例データベース ………………………………… 56
- 3.2　機能表現の辞書 ……………………………………………… 64
- 3.3　機能表現の自動検出 ………………………………………… 72
- 3.4　関連研究 ……………………………………………………… 77

第4章　コーパスから抽出した複合辞
　　　　……… [近藤泰弘・坂野　収・多田知子・岡田純子・山元啓史] **82**

 4.1 BCCWJ による複合辞辞書の作成について………………… 82
 4.2 文末複合辞について ………………………………………… 84
 4.3 複合接続詞をめぐって ……………………………………… 93
 4.4 複合辞の文法機能 …………………………………………… 101
 4.5 『BCCWJ 複合辞辞書』の評価 ……………………………… 110

第5章　コロケーションの辞書記述 ……………… [荻野綱男] **119**

 5.1 コロケーションとは何か …………………………………… 119
 5.2 コロケーション辞書はどんなものになるか ……………… 120
 5.3 コロケーション情報を抽出するためのコーパス ………… 121
 5.4 コロケーション辞書作成の手順案 ………………………… 122
 5.5 コロケーション候補の抽出 ………………………………… 124
 5.6 コロケーションであることの確認 ………………………… 126
 5.7 辞書記述の作業の手間の見積 ……………………………… 132
 5.8 人手によるチェックの必要性 ……………………………… 133
 5.9 コロケーションの辞書記述のむずかしさ ………………… 137

第6章　コーパスによる辞書の記述内容の検証 ……… [矢澤真人] **139**

 6.1 はじめに……………………………………………………… 139
 6.2 多義語の記述と検証 ………………………………………… 147
 6.3 国語辞書の自他認定 ………………………………………… 155
 6.4 おわりに……………………………………………………… 162

第7章　コーパスを利用した辞書記述の試み ‥［丸山直子・星野和子］ **165**

 7.1 辞書記述の実態とコーパスの利用法 ………………………… 165
 7.2 動詞の格情報 ……………………………………………………… 170
 7.3 オノマトペの意味と用法 ………………………………………… 183

付録A　リレーショナルデータベース ……………［小磯花絵］ **197**

 1 はじめに ……………………………………………………………… 197
 2 SQLの基本操作 …………………………………………………… 197
 3 列の選択——SELECT文 ………………………………………… 199
 4 行の抽出——WHERE句 ………………………………………… 199
 5 テーブルの結合——JOIN句 …………………………………… 201
 6 グループごとの集計——GROUP BY句 ……………………… 204
 7 おわりに ……………………………………………………………… 206

 索　　引 ………………………………………………………………… 207

第1章　言語研究のための電子化辞書

1.1　電子化辞書とは

1.1.1　言語研究のための計算機と電子化辞書

　本章では，「電子化辞書」[1]と，それを用いた言語研究について，単語の電子化辞書である『UniDic』(伝ほか，2007) を例に，その設計方針から，ケーススタディまでを概説する．

　電子化辞書は，コンピュータ，つまり計算機が，我々の普段使用している「自然言語」(以下，単に「言語」)」を扱うときに必要な知識源である．

　こう説明すると一見，電子化辞書は，IBM の Watson，Apple の Siri といった知的な対話システム，人工知能 (AI) を作るための工学的分野のものと思われるかもしれない．実際，対話システムを作る上で，電子化辞書は大きな役割を果たす．しかし，それは計算機が言語を扱う 1 つの場面にすぎない．計算機が言語を処理の対象としたとき，その一番の得意は，実は対話システムのようなスマートな用途でなく，もっと単純で泥臭い作業である．たとえば，文書中の文字数や行数，単語数や文数を数えたり，文字や単語，それらの連接や共起の頻度を数えたりなど．言語研究の基礎となる計量的な作業を，人間の手には負えないような数億語規模の巨大コーパスを相手にしても，計算機は淡々と文句も言わず，人間よりもはるかに高速に実行できる．

　その名の通り，計算機は，数を数え，数えた数を演算することをもっとも得意としている．ただし文字数や行数はそれこそ機械的に数えられるのだが，単語の数を数える場合，途端にハードルが上がる．単語の数を数えるには，そもそも「何が "単語" であるのか？」を知っておく必要があるからだ．計算機内部はあくまで

---

[1] 後で述べるが，カシオ社などが販売している「電子辞書」と，本章で説明する「電子化辞書」は別物であることに注意されたい．

計算をするだけの機械にすぎない．よって単語のような言語に関する知識は，はじめから持ち合わせていない．英語であれば，たとえば UNIX の wc コマンド[2]は「スペース記号で区切られた範囲が "単語" である」とプログラミングすることで，この単純な言語知識を計算機に組み込んでいる．しかし日本語は単語をスペース記号で区切って書かない「分かち書きしない言語」である．そのため，単語の数を数えさせようとするだけでも，あらかじめ人間が "単語" のリストを用意して，計算機に「何が "単語" であるのか？」を教示する必要がある．この単語のリストこそ，単語の電子化辞書にほかならない．

電子化辞書には，単語の辞書のほかにも，統語の辞書 (e.g., 『格フレーム辞書』(林部ほか，2015)) であったり，意味の辞書 (e.g., 『分類語彙表』(国立国語研究所，2004))，談話の辞書 (e.g., 『事象選択述語辞書』(江口ほか，2010)) など，用途や処理の段階に応じて様々なものが存在する．これらも工学用途に限らず，言語研究の用途に十分有効な言語資源であるが，その中でも本章では，言語研究での用途を主眼に国立国語研究所が構築している単語の電子化辞書 UniDic について，その設計と言語研究との結びつきに注目して概説する．その事前知識として，次項では，そもそも電子化辞書がどういったものであるのか，人間の辞書と比べることから始める．

1.1.2　人のための辞書と機械のための電子化辞書

「辞書」という言葉を聞いたとき，どんなものを想像するだろう．『広辞苑』『大辞林』『大辞泉』『三省堂国語辞典』『岩波国語辞典』『新明解国語辞典』『明鏡国語辞典』．『ジーニアス和英・英和辞典』『ロングマン英和・現代英英辞典』『オックスフォード現代英英辞典』．英語に限らず，様々な国の言葉同士の対訳辞書や，その国の言葉で書かれた母語話者向け辞書．まずはこうした紙の辞書が頭に浮かぶのではないだろうか．もしくはそれら紙の辞書を多数収録し，コンパクトで持ち運びに便利な電子辞書や辞書アプリ．最近では『Wiktionary』[3]，『コトバンク』[4]，『英辞郎』[5]をはじめ，Web 上でフリーに使うことのできる辞書も充実してきた．

---

[2] テキストファイル内のバイト数，単語数および行数を集計し，表示するプログラム．
[3] https://ja.wiktionary.org/
[4] https://kotobank.jp/
[5] http://www.alc.co.jp/

視野を広げると，Google[6] や Yahoo![7] といった検索サービスを一種の辞書のように使っている人も多い。

上に挙げた"辞書"たちは，記録媒体だけでなく，収録している言葉の種類，数や粒度も様々だが，共通する 1 つの性質がある。それは「人間が読むための辞書」ということだ。では，人間 "以外" が読むための辞書とは何か。それが，計算機が読んで使うための辞書，電子化辞書なのである。

電子化辞書がどういったものであるのか一目でわかる例として UniDic の『MeCab』[8] (Kudo et al., 2004) 用解析辞書の一部抜粋を図 1.1 に示す。これはおそらく読者には，そして筆者にも単なる数字の並びにしか見えない。実際これは数字の並びである。ただし意味を持った並びだ。図 1.1 は 2 つの単語がどのくらい連接しやすいかを表した，単語同士の連接コスト表である[9]。単語を整数値 ID に変換して格納してあるため，数字の並びにしか見えないが，ID を対応する単語に置き換えてみると，我々にも何が書かれているか理解可能となる (図 1.2)。ただし内部的な処理をすべて数値化して実行している計算機にとっては，図 1.1 の方が図 1.2 よりも高速に読み込んで利用できる。つまり図 1.1 のほうが機械の可読性・利便性の高い形式で記述されている。

```
...
1302 1450 539
1302 1451 1284
1302 1452 844
1302 1453 1739
1302 1454 1163
1302 1455 1926
1302 1456 492
1302 1457 1227
1302 1458 946
1302 1459 1691
...
```

図 1.1　MeCab の解析用辞書の連接コスト表 (mecab-dict-index でバイナリ化前) unidic-mecab-2.1.2_src の matrix.def ファイルより抜粋。ファイル中の 1 行は，半角スペース区切りで左から，左文脈 ID，右文脈 ID，連接コストという順のフォーマットで記述されている。

---

[6] https://www.google.co.jp/
[7] https://www.yahoo.co.jp/
[8] http://taku910.github.io/mecab/
[9] コストなので，低いほど連接しやすい，高いほど連接しにくいことを表している。

連接の左にくる単語 (左文脈 ID)	連接の右にくる単語 (右文脈 ID)	連接コスト
書き (1302)	迷う (1450)	539
書き (1302)	気遣う (1451)	1284
書き (1302)	競う (1452)	844
書き (1302)	通じあう (1453)	1739
書き (1302)	揃う (1454)	1163
書き (1302)	愛し合う (1455)	1926
書き (1302)	争い (1456)	492
書き (1302)	論じ合い (1457)	1227
書き (1302)	比べ合っ (1458)	946
書き (1302)	察し合っ (1459)	1691

図 1.2 人間にとっての可読性を上げた MeCab の解析用辞書の連接コスト表
図 1.1 の ID を対応する単語に置き換え，列名を追加した．もとの ID は ( ) で併記してある．

もちろんすべての電子化辞書が図 1.1 のように人間に読めない形で作られているわけでない．MeCab の辞書は大きく，連接コスト表と登録単語のリストから成るが，登録単語のリストは人間にも読める形で記述されている (図 1.3)．連接コスト表の作成は MeCab が内部で自動的に行うが，単語の追加は人手を介す必要があり，その部分は人間でも読める形にしておかなければならないためだ[10]．

```
...
書け,1286,1286,11436,動詞,一般,*,*,五段-カ行,仮定形-一般,カク,書く,書け,カケ,書く,カク,和,*,*,*,*
書きゃ,1288,1288,9209,動詞,一般,*,*,五段-カ行,仮定形-融合,カク,書く,書きゃ,カキャ,書く,カク,和,*,*,*,*
書け,1290,1290,9312,動詞,一般,*,*,五段-カ行,命令形,カク,書く,書け,カケ,書く,カク,和,*,*,*,*
書こう,1292,1292,10199,動詞,一般,*,*,五段-カ行,意志推量形,カク,書く,書こう,カコー,書く,カク,和,*,*,*,*
書こっ,1292,1292,10236,動詞,一般,*,*,五段-カ行,意志推量形,カク,書く,書こっ,カコッ,書く,カク,和,*,*,*,*
書こ,1292,1292,10236,動詞,一般,*,*,五段-カ行,意志推量形,カク,書く,書こ,カコ,書く,カク,和,*,*,*,*
書か,1294,1294,10038,動詞,一般,*,*,五段-カ行,未然形-一般,カク,書く,書か,カカ,書く,カク,和,*,*,*,*
書く,1296,1296,8875,動詞,一般,*,*,五段-カ行,終止形-一般,カク,書く,書く,カク,書く,カク,和,*,*,*,*
書く,1298,1298,8763,動詞,一般,*,*,五段-カ行,連体形-一般,カク,書く,書く,カク,書く,カク,和,*,*,*,*
書い,1300,1300,9531,動詞,一般,*,*,五段-カ行,連用形-イ音便,カク,書く,書い,カイ,書く,カク,和,*,*,*,*
書き,1302,1302,6917,動詞,一般,*,*,五段-カ行,連用形-一般,カク,書く,書き,カキ,書く,カク,和,*,*,*,*
...
```

図 1.3 MeCab の解析用辞書の登録単語のリスト (mecab-dict-index でバイナリ化前) unidic-mecab-2.1.2_src の lex.csv ファイルより抜粋．ファイル中の 1 行はカンマ区切りの csv 形式で，左から表層形 (書字形出現形)，左文脈 ID，右文脈 ID，生起コスト，品詞大分類，品詞中分類，品詞小分類，品詞細分類，活用型，活用形，語彙素読み，語彙素，書字形出現形，発音形出現形，書字形基本形，発音形基本形，語種，語頭変化型，語頭変化形，語末変化型，語末変化形という順のフォーマットで記述されている．

---

[10] ただし実際 MeCab を実行する際には，mecab-dict-index というコマンドを使って連接コスト表も単語リストも 0 と 1 の機械語にバイナリ化され，完全に計算機専用の辞書となる．

1.1 電子化辞書とは

```
...
ネガ (経験)    いら立つ
ネガ (経験)    うつうつ
ネガ (経験)    うなだれる
ネガ (経験)    うなる
ネガ (経験)    うらむ
ネガ (経験)    うんざり
...
ネガ (評価)    やぼったい
ネガ (評価)    やましい
ネガ (評価)    ややこしい
ネガ (評価)    やりきれない
...
ポジ (経験)    あこがれる
ポジ (経験)    あじわう
ポジ (経験)    かなう
ポジ (経験)    こだわり が ある
ポジ (経験)    したう
ポジ (経験)    すがすがしい
...
ポジ (評価)    りん と した
ポジ (評価)    わかり やすい
ポジ (評価)    わくわく
ポジ (評価)    アジ が ある
...
```

図 1.4 日本語評価極性辞書 (用言編) 一部抜粋
ファイルの 1 行は，ネガ (ティブ) or ポジ (ティブ)，経験 or 評価と，対象用言がタブ区切りのフォーマットで記述されている。

また，より人間に可読性のある電子化辞書として，たとえば，図 1.4 のような日本語の評価極性辞書 (用言編)[11] がある (小林ほか，2005)。これは用言を中心に収集した評価表現約 5,000 件のリストに人手で評価極性を付与したデータ，つまり意味の電子化辞書である。各評価表現にポジティブ ↔ ネガティブ，主観的 (経験) ↔ 客観的 (評価) の 2 軸の組み合わせで，ポジ (経験)，ネガ (経験)，ポジ (評価)，ネガ (評価) の 4 種類の評価極性が付与されている。図 1.4 のようにフォーマットがしっかり定まっているデータならば，人間だけでなく，計算機にも取り扱いやすい。

---

[11] http://www.cl.ecei.tohoku.ac.jp/index.php?Open%20Resources

1.1.3 語彙調査からコーパス構築へ

本講座第 1 巻第 6 章 (山崎, 2013) でも述べられた通り，国立国語研究所では全 11 回に及ぶ日本語の語彙調査を行ってきた．その詳細は山崎 (2013) を参照していただきたいが，簡単に説明すると，語彙調査とは，我々が日常的に使う"語"がどのくらいの数で，それぞれの"語"がどのくらいの頻度で使われているかを調査するものである．現在の国語研の事業は，語彙調査から語彙調査のための基礎資料ともなるコーパスの構築に移行している．大きな要因は，計算機性能の向上や Web の普及によって，これまで国語研のような研究所，大学や大企業でしか扱えなかった大規模な言語データを個人が簡単に入手して扱えるようになり，語彙の集計なども個人のレベルで行えるようになったこと．また英語圏と比較して遅れていた日本語のコーパス作りに，これまでの語彙調査で培った体制やノウハウを役立てられたことが大きい．そしてそこには同じくコーパスを扱う情報工学の分野，自然言語処理 (NLP) 技術の発展も大きく貢献している．NLP の分野では，1980 年代以降，コーパスが重要な研究手法として定着していたが，最大の貢献は，自動形態素解析器 MeCab をはじめとする高性能な日本語用 NLP ソフトウェアがオープンソースとして次々に公開され始めたことである．

1.2 電子化辞書『UniDic』

1.2.1 電子化辞書『UniDic』の概略

『UniDic』は，国立国語研究所の規定した斉一な言語単位 (「短単位」) と，階層的見出し構造に基づく電子化辞書の①設計方針および，その実装としてのリレーショナルデータベース (②『UniDic データベース』) と，そのデータベースからエクスポートされた短単位[12]をエントリ (登録語) とする，形態素解析器 MeCab 用の解析用辞書③『解析用 UniDic』の総称である (図 1.5)．解析用 UniDic は短単位を MeCab 辞書のエントリとしているため，これを使った形態素解析は「短単位 (自動) 解析」とも呼ばれる．

UniDic の第一の目的は，国語研で構築しているコーパスアノテーションを支援することである．国語研所内にある UniDic データベースは，同じく所内のコー

---

[12] 本章の中で"短単位"という言葉は，①言語単位 (ものさし) としての意味と，②その言語単位で切り出してきた単語相当のもの (実体) の 2 つの意味を併用していることに注意されたい．ここでは②の意味で使用している．

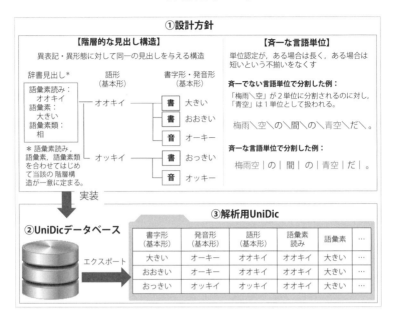

図 1.5 UniDic の全体像

図 1.6 UniDic データベースとコーパスデータベースの関係

パスのデータベースと参照関係にあり，完成したコーパスデータベース中の短単位は，UniDic データベースに登録されており，UniDic データベース中の一意のエントリを参照する (リンク付けられている) 状態になっている (図 1.6)。こうしたコーパスと辞書を統合したシステム運営の利点として，以下の 2 点が挙げられる (伝・浅原, 2001)。

- コーパスへの短単位情報アノテーションの作業は，コーパスに出現した各短単位が UniDic データベースのどのエントリであるかを選択していくだけでいい．これによりコーパス中の異なる位置に出現した同一の短単位に対して，活用など一部の情報を異なって付与してしまうミスを防ぎ，コーパス中に不整合が入り込む可能性を少なくできる．
- 現時点の UniDic データベースに存在しない情報・属性 (項目) が，新たに UniDic データベースへ追加された場合でも，データベース間のリンクでコーパスへの反映 (新項目の追加) が瞬時に行える．これによりコーパス中に記述される情報を辞書側から漸進的に豊富にしていくことができる．

またコーパスデータベースとの参照関係の最大の利点は，UniDic データベースの 1 エントリからコーパス中の膨大な用例を一度に引き出せる用例索引の能力にある．図 1.7 に示す『UniDic Explorer』という UniDic データベース用の操作ツールを使うと，データベース中の短単位エントリを指定して用例列挙のボタンを押すだけで，そのエントリに対応する用例を，コーパスデータベースから，語彙素・語形・書字形の段階ごとに一覧して取得できる (小木曽・中村, 2014)．

残念ながら現在，研究所外部のユーザに対して，UniDic Explorer を使った所内コーパスデータベースへの直接アクセスサービスは提供していない．しかし公

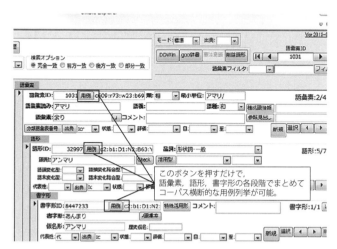

図 1.7　UniDic Explorer
書字形基本形「あんまり」を表示．

1.2 電子化辞書『UniDic』　　　9

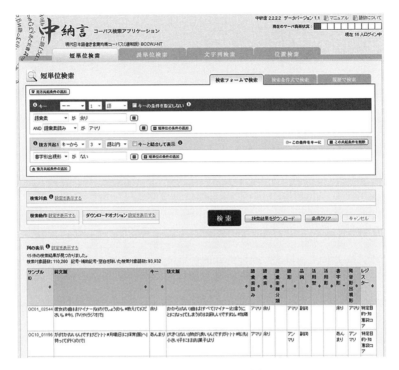

図 1.8　中納言による用例検索
語彙素「余り」かつ語彙素読み「アマリ」の後方 3 短単位以内に書字形出現形「ない」の現れる用例を列挙した。

開済みのコーパスならば，コーパス検索システム『中納言』[13]) を使うことで，共起や連接の指定など，より柔軟かつ簡単な用例検索を行うことが可能である (図1.8)。

前述の通り，UniDic の第一の目的は国語研で構築するコーパスアノテーションを支援することである。解析用 UniDic ももともとは『日本語話し言葉コーパス (CSJ)』の (i) 短単位自動アノテーションデータ (非コアデータ) を作成するために構築されたのが始まりだった。『現代日本語書き言葉均衡コーパス (BCCWJ)』構築時からは「解析用辞書を使った短単位自動解析の結果を人手で修正していく」(小木曽, 2014) という作業方針が採られるようになり，現在では (ii) 人手アノテーション作業のコスト削減ツールとしても利用されている。国語研コーパス開発セ

---

[13])　http://pj.ninjal.ac.jp/corpus_center/tool.html

ンターで公開している解析用 UniDic[14]) も，上記 2 つの用途 (i, ii) を意図している。吉田 (1984) によると，形態素解析の工学的目的には，大きく 2 つの立場があり，1 つ目は，形態素解析を後段の構文解析・意味解析へ進むための準備段階と捉え，機械翻訳・質問応答・情報検索など，より下流の解析処理を目指していく立場。2 つ目は，この形態素解析の段階での結果を最終的なものとして使用する立場で，短単位のアノテーション補助を目的に作られている UniDic にとっては，この 2 つ目の立場が当てはまる。

また短単位は，漏れの少ない用例検索を重視した設計 (単位の長さ，可能性に基づく品詞体系，語源主義に基づく脱文脈化) となっているため，NLP の統語解析や意味解析に向いていないことに十分注意されたい。統語解析には，構文機能に着目し，文節からトップダウンに認定する長単位 (1.2.4 項参照) の使用を推奨している。反面，用例検索に向けた斉一な単位であるため，文脈の有無や，文脈の違いによらず，一貫した自動解析を実現でき，検索エンジンのような情報検索システムで有効性があるとの報告もある (高橋・颯々野, 2016)。

形態素解析のアルゴリズムの詳細などに関しては，本講座第 2 巻第 5 章や，第 8 巻第 3 章に譲るとして，本章では，"日本語" 形態素解析と電子化辞書の関係について解説する。

1.2.2　形態素解析と短単位自動解析

「形態素解析」は "Morphological Analysis" の和訳だが，一般に "日本語" 形態素解析といったとき，それはもともとの Morphological Analysis と同じ解析処理ではない。

Morphological Analysis は，英語のような語形変化のある言語に対し以下のように，与えられた単語の出現形を，それを構成する形態素 (morpheme) へと分解する処理を指す。詳しくは Jurafsky (2009); 永田 (1999); 吉田 (1984) を参考にしてほしい。

- loving → love + ing (進行形)
- happiest → happy + est (最上級)
- girls → girl + s (複数)

---

[14]) http://unidic.ninjal.ac.jp/

一方，日本語解析処理の文脈で「形態素解析」といったとき，基本的には以下の3つの処理を行うことを指す．
 1) 与えられた文字列 (主に「文」) の分かち書き (Segmentation)
 2) 品詞タグ付け (Part Of Speech (POS) Tagging)
 3) 活用推定 (+原形推定) (Lemmatization)
両者の大きな違いは，もともとの Morphological Analysis は単語をスタートとする解析処理であるが，日本語の形態素解析は 1) のように，分かち書き処理を含んでいる点である．これには次のような理由がある．英語は「文中の空白で区切られた単位が"単語"である」という暗黙の了解がある．つまり「分かち書きされている言語」である．対する日本語は，文が単語に「分かち書きされていない言語」である．そのため，日本語に欧米で開発された単語ベースの自然言語処理の手法を適用するためには，まず分かち書きの自動化がどうしても必要だった．

日本語を計算機を使って自動で分かち書きする際，品詞や活用は非常に強力な情報となる．しかし品詞や活用を定めるためには，そもそもそれらが付与される対象が分かち書きによって切り出されていないといけない．そこで，品詞や活用までを記憶した単語の電子化辞書が整備され，それを使って 1)～3) の処理を同時に行う自動分かち書きの手法が提案され (長尾ほか，1978)，その処理の中にMorphological Analysis に含まれる 3) の処理を含んだことから，この解析を日本語では「形態素解析」と呼んでいる (長尾ほか，1978; 首藤，1980)[15)][16)]．3) の処理を行うためには，1) 2) との同時処理が必要である，という見方もできる (吉田，1984)．

また "形態素" 解析と呼んでいるが，日本語の形態素解析は一般に，入力文字列を言語学的意味の "形態素" ではなく "単語" に分割した上で，その品詞や活用などの文法機能を同定する処理とみなされている[17)]．しかし分かち書きをしない日本語において「何を "単語" とみなすか？」は自明でなく，日本語母語話者の間で

[15)] 長尾ほか (1978) の本文中では「単語単位への分割と品詞認定」と書かれているが，英文アブストラクトには「Morphological analysis of Japanese sentences」と記載されている．
[16)] 首藤 (1980) の本文中では「欧米語における語の屈折を取扱う段階の類似性から」「(広義の) 形態素解析と呼ぶこともできよう．」と記載されている．
[17)] つまり日本語形態素解析は Morphological Analysis のように形態素単位へと分割する処理ではないのだが，「形態素」解析という呼び方が定着してしまっていることもあり，しばしば混乱を招いている．本章では曖昧を避けるため，日本語の解析処理に関して，あえて冗長に「日本語 (の) 形態素解析」という言葉を使っている．

も，皆が納得するような明確な"単語"の定義はない。そのため実際の解析における分割の単位は，「解析用辞書にどのような"基準"で表層形を登録したか？」に依存して決まる。UniDicの場合，この"基準"として次項で述べる"短単位"を設定しているため，解析結果は，入力文字列を短単位へと分割したものとなる。そのためUniDicを使った形態素自動解析は「短単位(自動)解析」と呼ばれている。

1.2.3 短 単 位

　単語を対象とした計量調査にあたって，まず「"単語"とは何か？」ということが重要になる。しかし，分かち書きをしない日本語において「何を"単語"とみなすか？」は自明でなく，日本語母語話者の間でも，皆が納得するような明確な「単語」の定義はない。たとえば，「国立国語研究所」という文字列を全体で1語と考える人もいれば，「国立＼国語＼研究＼所」のように細かく区切ったそれぞれを1語だと考える人もいる。1人の人間であっても「青空」は1語だとみなすが，「梅雨＼空」になると2語だとみなすといったように，似たような文字列を異なる方法で分割する場合もありえ，毎回必ず同じ分割をするとも限らない。

　コーパス中の分割に不統一があると，その用例検索に問題が生じる。たとえば，1つのコーパス中で「研究所」が「＼研究所＼」と「＼研究＼所＼」の2通りの方法で分割されていたとすると，「研究所」の全用例を集めるためには，「研究所」のほかに「研究」＋「所」も検索しなくてはならない。また，「研究所」と似たような文字列の構成を持つ「資料館」や「博物館」を検索するときには，これらがどういった分割でコーパスに格納されているかを毎回すべて確認する必要がある。

　また，分析においても斉一性の確保は重要である。大野(1956)では，古典文学8作品の品詞比率を索引を基に調査し，万葉集において，動詞の比率が8作品中でもっとも低い，という結論を出している。しかし宮島(1969)ではそれを，大野(1956)で使用された万葉集の索引がほかの索引と異なり，複合動詞の多くを分割していることによる結果ではないかと指摘し，分割基準をほかの作品とそろえると，万葉集の動詞比率は枕草子などの随筆作品に近くなると述べている。

　この問題を受けて，中野(1998)では，言語の計量的研究における「調査単位(語に相当するもの)」が備えているべき条件として以下を挙げた。

- 条件1：その単位は，対象となる言語表現の何について調べるためのものであるかが，誰にでもわかり，誰でもが試みることができ，再試すれば同じ結

果を得ることができるものであること．
- 条件2：ある言語現象に対して，あいまいさや矛盾がなく，一義的にその単位を切り取ることができること．切り取られた単位は等質であること．

そこで国語研での語彙調査では，調査単位 (単位語) の設定に当たって，「調査目的に対して最もふさわしい単位を設計する」という方針の下，

「これこれこういうものを『〜単位』とする」という規定をするだけで，その「〜単位」が言語学的にどういうものなのか，単語なのか，単語でないとするなら，どこが単語と違うのかといった問題にはまったく触れない．

という「操作主義的な立場」を一貫してきた．

この操作主義的な立場を守り，『BCCWJ』や『UniDic』でも，語彙調査の時と同じく，中野 (1998) の条件をみたすよう，規定集によって厳格な言語単位の認定手続きが与えられている (小椋ほか，2010a, 2010b)．

1.2.4 『現代日本語書き言葉均衡コーパス (BCCWJ)』と『UniDic』の言語単位

『UniDic』はもともと，本講座第2巻で取り扱った『BCCWJ』の形態論情報アノテーション用に開発された辞書である．前述の通り，UniDic データベースは，コーパスデータベースと密接に関係しているため，UniDic が採用している見出しの登録方針も BCCWJ の言語単位 (単位語) の設計方針と一致している．

BCCWJ へ形態論情報を付与する際の言語単位は，語彙調査同様に，まず目的を設定した上でその目的に適した単位を設計した．この場合の目的とは，

BCCWJ を使って，どのような言語研究を行いたいか？

ということで，BCCWJ では次のような方針を掲げている．

コーパスに基づく用例収集，各ジャンルの言語的特徴の解明に適した単位を設計する．

コーパスの日本語研究への活用としてまず考えられるのは，コーパスから用例を集めることである．そのため BCCWJ を日本語研究で幅広く利用できるようにするには，

a) 用例収集に適した単位を設計する必要がある。

また BCCWJ は，新聞・雑誌・書籍といった複数の媒体を対象としたコーパスであり，内容も政治・経済・自然科学・文芸等と多岐にわたっている。そのため，

b) 媒体別・ジャンル別の言語的な特徴を明らかにしていくことが重要な研究テーマになると考えられ，そのような分析に適した単位を設計することが必要になる。

以上の a), b) の必要に応じて，BCCWJ が採用したのが以下の 2 つの単位である。

a)' 用例収集を目的とした短単位

b)' 言語的特徴の解明を目的とした長単位

短単位は，言語の形態論的側面に着目し，次々節で述べる最小単位を基に，斉一性を重視して規定された言語単位 (単位語) である。1 単位当たりの字数も短い (少ない) ため，短い検索クエリで目的の用例を広く多く集めることに向いている。一方の長単位は，短単位では捉え難い複合語をカバーすることで，短単位よりも長い特定の語に着目した用例検索に向いている。また文節を自立部と付属部にわけることで認定するため，言語の構文的な機能に着目して規定された言語単位ともいえる。文節，長単位，短単位と最小単位の関係を図 1.9 に示す。UniDic はこのうち，短単位の辞書というわけである。

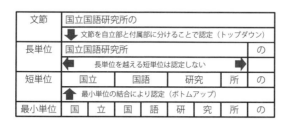

図 1.9 文節，長単位，短単位と最小単位の関係

1.3 『UniDic』の言語単位と品詞体系

本節の内容は，本講座第 2 巻第 4 章と重複する部分もある。しかし本章の内容に合わせ説明をコンパクト化しつつ，必要に応じて新たに付け加えた補足事項もあるため，是非とも第 2 巻とあわせて参照されたい。

1.3.1 短単位の概要

短単位は，『BCCWJ』からの用例収集を目的として，言語の形態論的側面に着目して規定された単位である。"形態論的側面に着目して"ということは，単語の内部構造を扱う領域の単位であり，長単位は反対に統語論，単語を組み合わせて文を作る領域の単位といえる。

短単位の認定にあたっては，まず現代語において意味を持つ最小の単位 (以下で説明する「最小単位」) を規定する。その上で，最小単位を"短単位の認定規定"に基づいて結合させる，または結合させないことにより，短単位を認定する。そのため短単位の認定規定は最小単位と短単位，2つの認定規定から成る[18]。

1.3.2 最小単位とその認定規定

最小単位は，現代語において意味を持つ最小の単位で，言語学でいう形態素に概ね相当するが，「活用語の活用語尾を独立した単位としない」などの違いがある。また，漢字は基本1字で1最小単位となる。

最小単位は，和語，漢語，外来語，記号，人名，地名の種類ごとに図 1.10 のように規定されている。和語・漢語・外来語の語種判定は原則として『新潮現代国

分類		例	結合方法
一般	和語	豊か 大 雨…	2つまで結合可
	漢語	国 語 研 究 所…	2つまで結合可
	外来語	コール センター オレンジ…	結合不可
付属要素	接頭的要素	御 各…	結合不可
	接尾的要素	兼ねる がたい 的…	結合不可
その他	記号	、 ・ 。 「 」…	結合不可
	数	一 二 十 百 千…	「数」同士で結合可
	人名・地名	星野 仙一 大阪 六甲…	結合不可
	助詞・助動詞	だ ます か から て の…	結合不可

(「結合不可」…1 最小単位 = 1 短単位)

図 1.10 最小単位の規定

---

[18] UniDic データベースへの辞書見出し追加は，「コーパスの短単位情報アノテーションを行っていく際に出現した短単位を，随時追加していく」が基本方針である。そのため，アノテーション中のコーパスから，短単位を切り出して，UniDic データベースに照合するプロセスを踏むが，この「切り出し」が上でいう「短単位の (境界) 認定」である。また切り出してきた短単位の品詞・活用を定めるのが「品詞認定」。語彙素読み・語彙素・語彙素類を定めるのが「語彙素認定」。発音形出現形を定めるのが「発音形認定」である。

語辞典 第二版』(新潮社) により，『新潮現代国語辞典 第二版』の見出しにない語は『日本国語大辞典 第 2 版』(小学館) を主たる資料として語種判定を行う。また『新潮現代国語辞典 第二版』の語種判定に従い難いと判断した場合は，『日本国語大辞典 第 2 版』などを参照して，独自に語種を判定している。

注意すべき点として，最小単位は短単位の認定を行うために規定するものであり，短単位の認定のために必要な「概念」としてしか存在していない。

1.3.3 短単位の認定規定

短単位の認定規定は，前述の最小単位の表 (図 1.10) の分類ごとに適用すべき規定が定められている。その規定に基づいて最小単位を結合させる，もしくは結合させないことで，短単位を認定する。結合規定の詳細は『形態論情報規定集 (下)』(小椋ほか，2010b) を参照してほしい。

『形態論情報規定集』は，100 ページを超える分厚さだが，実はほとんどが例外規定で，基本となるルールは，以下の 2 つを原則とする単純なものである。

- 和語・漢語は，2 最小単位の 1 次結合体を 1 短単位とする。｜母＝親｜｜食べ＝歩く｜｜言＝語｜資＝源｜｜研＝究｜所｜｜本＝箱｜作り｜
- 外来語は，1 最小単位を 1 短単位とする。｜コール｜センター｜｜オレンジ｜色｜

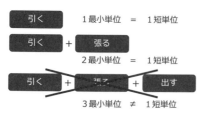

図 1.11 短単位認定規定 1：和語 + 和語の結合は 2 つまで

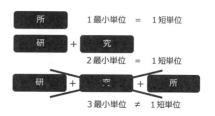

図 1.12 短単位認定規定 2：漢語 + 漢語の結合は 2 つまで

図 1.13 短単位認定規定 3：外来語は結合させない

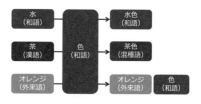

図 1.14 短単位認定規定 4：和語 + 漢語，漢語 + 和語の結合も 2 つまで (混種語)

1.3 『UniDic』の言語単位と品詞体系

　もう少しわかりやすく図を使って表すと，図1.11〜1.14のようになる。先に挙げた「青空」と「梅雨空」の例でいうと，「青（あお）」は和語の1最小単位，「空（そら）」も和語の1最小単位であるため，図1.11のルールから「青空」は和語の1短単位となる。また「梅雨（つゆ）」は漢字2字で構成されるが，「梅」と「雨」がそれぞれ「つ」と「ゆ」という読みを持っているわけでなく，「梅」と「雨」を合わせてはじめて「つゆ」と読む和語であるため，ここでは「漢字は基本1字で1最小単位」というルールは適用されず，「梅雨（つゆ）」で和語の1最小単位となる。よって「青空」と同じく図1.11のルールから「梅雨空」も和語の1短単位となる。

　また短単位の特長としては，次の2点が挙げられる。

- **長所1**：基準がわかりやすく，揺れが少ない。　これは，短単位の基礎となる最小単位の認定の時点で，基準として，人によって捉え方が揺れるような要素を持ち込んでいないことによる。また，基準がわかりやすく，揺れが少ないという短単位の長所は，アノテーション作業の効率化につながるだけでなく，コーパスの使いやすさにもつながる。基準がわかりやすければ，利用者が語を検索する際，どのように検索条件を指定すればよいか迷うことが少なくなるためだ。また，揺れの少なさ，つまりデータの精度の高さは，それを使った研究成果の確かさにもつながる。

- **長所2**：取り出した単位が文脈から離れすぎない。　上で短単位は揺れが少ない単位であると述べたが，実はもっとも揺れが少ない単位は，短単位ではなく，その基礎となっている最小単位である。それにもかかわらず，最小単位を言語単位として採用しなかったのは，最小単位は文脈から離れすぎ，日本語の研究に使いにくいからである。たとえば，短単位「気持ち」は「気」と「持ち」の2つの最小単位に分割することができる。もしこのような最小単位でコーパスが解析されていると，動詞「持つ」を検索した際に，「荷物を持つ」などの「持つ」とともに，「気持ち」の「持ち」も検索結果として得られてしまうことになる。だが，動詞「持つ」の分析を行う際に，「気持ち」の「持ち」まで検索結果に含まれるのは望ましくない。それは，実際の文脈の中では，動詞「持つ」として機能していないからである。したがって，コーパスから用例を収集し，分析することを考えた場合，正確に単位認定ができるとしても，最小単位のような単位では問題が多いということになる。

以上のように考えた場合，短単位は，
- 基準のわかりやすさ
- 揺れの少なさ

という条件を満たしつつ，用例を収集して分析を行うという利用目的にもかなう単位といえる．

1.3.4 階層的な見出し構造
〈1〉 書字形 (出現形と基本形)

前項では，短単位が用例検索のための単位だということを説明した．しかし実は，『UniDic』にはさらに，用例検索に向けた設計が施されている．それが，階層的な見出し構造である．

たとえば，簡単な例として，コーパスから「大きい」という短単位の用例を集めたいとする．単純な文字列検索だと，たとえばもしコーパス中に「巨大きいちご」という文字列があったとしたら，その文字列まで「大きい」の用例として上がってきてしまう．しかし，短単位に分割済みのコーパスならば，「巨大|きいちご」と分割してあるため，この用例まで列挙してしまうことはない．

では，「大きい」の連用形である「大きく」や，仮定形の「大きけれ」はどうか．もし，集めたい対象が活用変化を含まないのならば，単に「大きい」という表層形 (書字形出現形) を集めればいい．しかし，もし「大きい」という短単位を活用の変化も含めてすべて列挙したいとするなら，どうすればよいか．

この問題に対応するため，UniDic 中の書字形出現形には，対応する書字形基本形という項目が設定されており，活用変化する短単位には，その書字形出現形が活用変化する前の基本形 (終止形)，活用しない短単位には当該の書字形出現形がそのまま登録されている．「大きい」「大きく」「大きけれ」の場合，いずれの書字形基本形も「大きい」である．そのため，書字形基本形が「大きい」の短単位を集めれば，活用変化を含めてすべての「大きい」の用例を集められる．

〈2〉 語　　形

しかし，もしコーパス中に「大きい」が「おおきい」と平仮名表記されていたらどうか．「大きい」「大きく」「大きけれ」の書字形基本形は「大きい」だが，「おおきい」「おおきく」「おおきけれ」の書字形基本形は「おおきい」である．そのため，書字形基本形で「大きい」の用例を集めても，「おおきい」の用例は集めら

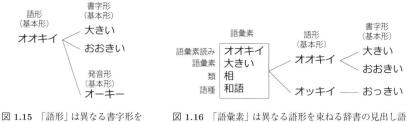

図 1.15 「語形」は異なる書字形を束ねる階層

図 1.16 「語彙素」は異なる語形を束ねる辞書の見出し語相当の階層
図中では簡単のため発音形を省略している。

れない。

そこで,「大きい」や「おおきい」のような異なる表記を束ねる階層として,UniDic には「語形」がある (図 1.15)。語形にも,書字形と同じく出現形と基本形があり,それぞれ書字形の出現形と基本形を束ねる形になっている[19]。また,語形は,カタカナを使って表記される。そのため,語形だけでは「回」と「下位」と「貝」は等しくに「カイ」と扱ってしまう。これは書字形レベルでも同じで,平仮名で書かれたクエリ「かい」だけでは同音異義の「回」「下位」「貝」をすべて列挙してしまう。そのため,次に説明する「語彙素」を同時に指定して階層構造を利用した検索を行う必要がある。ちなみに,UniDic データベースでは,図 1.15 のように書字形の発音形 (発音形出現形,発音形基本形) も書字形と並べて語形の直下の要素とすることで同一語形下の書字形すべての発音を表すことにしている。

〈3〉語 彙 素

語形は「大きい」「おおきい」のような表記の違いをまとめる階層である。そのため,「大きい」のくだけた表現である「おっきい」は発音が異なり,「大きい」「おおきい」とは別の語形「オッキイ」とみなしている。また口語・文語のような活用型の違いも別の語形とみなす。

これら異語形をまとめ上げる最上位の階層が「語彙素」である。実際には,「語彙素読み」「語彙素 (+ 語彙素細分類)」「語彙素類」の 3 つ組み情報だが,ここではまとめて「語彙素」と呼ぶことにする。

語彙素は語形の違いによらず,もともと同一とみなせる語形を 1 つにまとめ上げる,辞書でいう「見出し語」に相当する階層である (図 1.16)。語彙素: オオキ

---

[19] 実際の UniDic データベース内では基本形をベースに短単位を管理しており,活用変化してできる短単位には,活用変化表で派生対応している。詳しくは伝ほか (2007) を参照。

イ–大きい–相によって，異なる語形 (基本形，出現形) が 1 つにまとめ上げられるので，語彙素だけ指定して検索すると，異なる語形も一度に用例検索することができる。

また見出し語としての語彙素は中野 (1998) の言語研究における調査単位が備えるべき条件の 3 つ目，

- 条件 3：切り取られた単位に対して，その見出し語が決まること。ある単位と別の単位が同じ見出しを持つか否かが見分けられること。

をみたすものとして作られている。そのため，書字形から語彙素まで階層的に指定して検索することで，先に上げた「回」「下位」「貝」が平仮名表記されている場合も区別して検索することが可能となっている。

これが階層的な見出し構造である。ここでは概略しか述べていないが，さらに詳しく知りたい人は伝ほか (2007) を参考にしてほしい。

1.3.5　語源主義に基づく脱文脈化

- 我々のメンツに関わる問題だ
- 野球のメンツがそろわない

この 2 つの「メンツ」を見たとき，2 つが同じ意味だと思う人はほとんどいないだろう。だが，『日本国語大辞典』を引くと，この 2 つの「メンツ」は実は同じ見出し語「メン–ツ (面子)」として登録されている。ただし，

【1】体面。面目。
【2】マージャンを行なうのに必要な人。また，一般にある集まりの参加者。

といったように，見出し語の下で異なる語義として並べられている。これは，『日本国語大辞典』が派生的な意味を別語として扱わないで，語源主義によって見出し語を立項しているためである。

「我々のメンツにかかわる問題だ」の「メンツ」は【1】の「体面。面目。」の語義にあたり，「野球のメンツがそろわない」の「メンツ」は【2】の「ある集まりの参加者。」の語義にあたる。これに対し UniDic データベース内でも，この 2 つの「メンツ」の語彙素を同一のものとして，区別しない。これが語彙素が "辞書の見出し語相当のもの" といわれる理由の 1 つであり，短単位の「語源主義に基

づく脱文脈化」[20] である。

1.3.6 可能性に基づく品詞体系

UniDic の品詞体系は (活用も含めて) 学校文法におおむね基づき, ipadic2.7.0[21] や『岩波国語辞典』を参考に作られている. その詳細はここでは省略するが, 詳しくは『形態論情報規定集 (下)』(小椋ほか, 2010b) を参照してほしい.

UniDic の品詞体系では,「可能性に基づく品詞体系」を採用している. これは, 用法による品詞の区別は行わず, 当該短単位がとりうる用法をすべて考慮した1つの品詞を付与する品詞体系である. たとえば,「今度」という短単位は以下のように, 文脈に応じて複数の品詞をとりうるが, これには「名詞–普通名詞–副詞可能」という複合的な品詞が付与される.

- 今度 (副詞) 行きます.
- 今度 (名詞) が最後だ.

可能性に基づく品詞体系の最大の特徴は, 用法による品詞の区別を "あえて" 行わない点である. 可能性に基づく品詞体系は ipadic でも採用されているが, 前述の通り短単位は形態論的側面に着目した用例集のための単位であり, i) 用例検索する際に文脈に依存しない用例収集を可能にするため, ii) 人手のアノテーションの際の揺れを減らすため, この複合的な品詞が以下のように ipadic にくらべて多く設定されている (ipadic では,「副詞可能」くらいしかない).

- 名詞–普通名詞–サ変可能 (e.g., 運動, アクセス)
- 名詞–普通名詞–形状詞[22] 可能 (e.g., 安全, 健康, アクティブ)
- 名詞–普通名詞–サ変形状詞可能 (e.g., 安心, おしゃれ, オーバー)
- 名詞–普通名詞–副詞可能 (e.g., 今日, 毎日, 以上, 今度)
- 名詞–普通名詞–助数詞可能 (e.g., 円, ドル, メートル, グラム, 時間, 箇月, 条)
- 動詞–非自立可能 (e.g., する, くる, いく)
- 形容詞–非自立可能 (e.g., ない, 欲しい, よい)
- 接尾辞–名詞的–サ変可能 (e.g., 化, ナイズ, 分)

---

[20] 文脈に即した意味までは扱わないという意味. 長単位が文脈に依拠するのに対し, 短単位は文脈から離れて, 辞書として独立した見出しを立てている.

[21] 情報処理振興事業協会 (IPA) が定める品詞体系 (THiMCO97) に基づき, 奈良先端科学技術大学院大学で拡張・修正を行なったもの. MeCab のデフォルトの解析用辞書となっている.

[22] 形容動詞語幹相当の品詞.

- 接尾辞–名詞的–形状詞可能 (e.g., 三昧，深)
- 接尾辞–名詞的–サ変形状詞可能 (unidic-mecab-2.1.2_src に 0 例)
- 接尾辞–名詞的–副詞可能 (e.g., 当り，中，後)

可能性に基づく品詞体系の多用には賛否両論がある．たとえば，UniDic では非自立動詞と自立動詞の区別をなくし，「する」「くる」「いく」のような非自立動詞になりうる短単位に「動詞–非自立可能」という品詞を付与している．そのため UniDic の品詞体系では，「学校にいく」の「いく」と，「生きていく」の「いく」を区別しない．このことは，恐らく解析結果に唯一の解を欲する自然言語処理の研究者やエンジニアにとって，非常に不可解に感じられるかもしれない．しかしたとえば，「出勤する時はいつもコンビニに寄っていく」の「いく」が自立か非自立か，と問われると，皆の意見が一致することは当然，1 人の中でも識別を一貫していくことは困難であろう．そこであえてどちらか一方に倒してしまうのではなく，最終的な判断はその分野の研究者自身に任せ，その判断自体を研究の対象としてもらうことを UniDic では目指すこととした．UniDic にとって一番重要なのは，あくまで用例収集までであり，用例の検索漏れを減らすべく，上記 i) と ii) に重きを置いた結果でもあり，先に述べた用法を区別しない脱文脈化の延長ともいえる．

また構文など，文脈依存な検索のため，長単位には可能性に基づく品詞がない．そのためコーパス中で当該の短単位を包含している長単位の品詞を参照することで，短単位の品詞の曖昧性は解消可能であり，短単位解析の結果を自動的に長単位の列にまとめ上げる Comainu[23] (小澤ほか，2014) というツールも存在する (第 2 章参照)．

1.4 応用

1.4.1 言語研究への応用

『UniDic』の設計の有用性，特に階層的見出し構造の利点を示すため，表記や語形の変異に対する簡単なケーススタディを紹介する．今回は分析対象として Web から集めて (クロールして) きた 1 億文を扱うことにする．Web のデータを集めるというと，難しそうに思えるかもしれないが，近年ではビッグデータブームも

---

[23] https://ja.osdn.net/projects/comainu/

あり，単純なプログラミングやツールを用いて Web のクロールが可能になっており，そのためのハウツー本も多い (加藤，2016)。また今回 Web データを扱ったのは，Web 上では書き言葉でありつつ，くだけた話し言葉に近い表現が多用されるため，語形と表記の変異を同時に分析できたためである。クロールした文は，形態素解析器 MeCab 0.996 と現代書き言葉解析用辞書 unidic-cwj-2.2.0 で自動解析させた[24]。

1.4.2　Web テキストに見られる語形の変異

話し言葉では，「大きい」に対する「おっきい」，「あなた」に対する「あんた」など，さまざまな語形の変異が見られる。これを収集した Web の 1 億文を使って観察してみる。

表 1.1 は，出現頻度 1,000 以上の語彙素[25] の内，2 つ以上の語形基本形を持つものについて，語形の変異の大きなものを上位 10 個まで示したものである。具体的には，まず語彙素ごとに各語形基本形の出現比率を計算し，その値がもっとも大きいものを取り出した。次にその逆数を"語形の変異の大きさ"として，ほかの語形と比較した。

「えーと」のような感動詞 (フィラー) に関する変異が大きいことは，伝ほか(2007) でも報告されているが，Web の文では最上位の「ほほほ」や「むむ」のように，話し言葉と似ていても実際に発話に現れないような表現の変異が観測された。また伝ほか (2007) は統制のとれた書き起こし文を対象に語形の変異を観測していたが，実際には発音の違いから別語形に分けられる外来語や外国人名でも大きな変異が生じることがわかった。

1.4.3　Web テキストに見られる表記の変異

書き言葉では，「表わす」「表す」「あらわす」など，同一語形に対する表記の揺れが多く見られる。これを Web の 1 億文を使って観察してみる。表 1.2 は，出現頻度 1,000 以上の語形基本形[26] の内，2 つ以上の書字形基本形を持つものについて，表記の変異の大きなものを上位 10 個まで示したものである。具体的には，

---

[24]　解析はすべて自動で行ったため，結果には誤解析が含まれていることに注意されたい。
[25]　実際は，語彙素読み + 語彙素 + 類
[26]　実際は，語彙素読み + 語彙素 + 類 + 語形基本形

表 1.1 Web の 1 億文における語形の変異

クエリ				頻度	語形基本形の内訳 (%)
語彙素読み	語彙素	類	品詞		
ホホホ	ほほほ	他	感動詞—一般	2,397	ホホホホホ (5.1) ホッホ (8.0) ホッホッホ (5.6) ホホホ (31.0) ホホ (31.0) ホッホッホッ (3.0) ホホホッ (2.0) ホホホホ (6.3) ホッホッ (3.7) ホホッ (1.9) ホッホッホー (0.4) ホーホホホ (0.1) ホッホホ (0.3) ホッホホ (0.7) ホホホホッ (0.2) ホーッホッホッホ (0.1)
ムム	むむ	他	感動詞—一般	3,550	ムム (32.0) ムッ (38.1) ムムム (25.1) ムッ (4.6) ムムウ (0.3)
ウインドー	ウインドー–window	体	名詞–普通名詞—一般	37,747	ウインドーズ (40.0) ウィンドウ (31.1) ウインドゥ (0.2) ウインド (6.5) ウインドウ (12.1) ウインドー (1.7) ウインドウズ (2.1) ウィンドウズ (4.2) ウィンドーズ (0.1) ウィンドー (1.6) ウィンドゥ (0.4)
インターフェース	インターフェース–interface	体	名詞–普通名詞—一般	9,600	インターフェース (40.0) インタフェース (24.3) インターフェイス (35.7)
エート	えーと	他	感動詞–フィラー	8,001	エット (40.4) エート (27.6) エーット (14.7) エト (16.0) エットー (0.8) エトー (0.3) エートー (0.2) エーットー (0.5) エエット (0.1)
ムハンマド	ムハンマド–Muhammad	人名	名詞–固有名詞–人名—一般	1,044	ムハンマド (41.2) モハメド (24.8) モハメド (3.5) ムハマド (6.0) モハンマド (1.4) モハメッド (8.3) マホメット (10.3) モマッド (0.1) ムハマッド (0.7) マホメッド (2.0) ムハメッド (0.3) ムハメド (0.3) モハンメド (0.1)
ビューアー	ビューアー–viewer	体	名詞–普通名詞—一般	2,112	ビューワ (13.1) ビューア (41.2) ビューアー (17.2) ビューワー (19.3) ビュアー (9.2)
ヨゼフ	ヨゼフ–Josef	人名	名詞–固有名詞–人名—一般	1,068	ヨセフ (41.9) ヨーゼフ (38.7) ヨゼフ (19.5)
ラジエーター	ラジエーター–radiator	体	名詞–普通名詞—一般	1,673	ラジエーター (28.2) ラジエター (42.4) ラジエータ (29.2) ラジエタ (0.1)
ヒャア	ひゃあ	他	感動詞—一般	3,589	ヒャ (43.0) ヒャア (21.3) ヒヤア (3.2) ヒャッ (32.1) ヒャアー (0.4)

内訳の括弧内は語形ごとの比率

表 1.2 Web の 1 億文における書字形の変異

語彙素読み	語彙素	類	品詞	語形基本形	頻度	書字形基本形の内訳 (%)
メグリアウ	巡り会う	用	動詞−一般	メグリアウ	4,346	めぐり合う (20.7) 巡り合う (20.5) めぐり逢う (7.8) めぐり会う (4.9) 巡り会う (23.5) 巡り逢う (2.8) めぐりあう (14.0) 巡りあう (5.6) めぐり遇う (0.1)
アカリ	明かり	体	名詞−普通名詞−一般	アカリ	22,816	灯 (24.0) あかり (19.2) 燈 (6.8) 灯り (22.3) 明かり (25.7) 明り (1.8) AKARI (0.1)
テマエ	てまえ	体	代名詞	テメエ	3,951	テメエ (6.3) てめぇ (26.6) テメェ (13.9) てめー (16.0) てめえ (21.9) てめぇ (1.6) テメー (13.7) てめエ (0.1) 手めえ (0.1)
アシ	葦	体	名詞−普通名詞−一般	アシ	7,243	あし (27.0) アシ (27.0) 葦 (17.0) 蘆 (2.7) 芦 (24.5) 葭 (1.9)
オモリ	重り	体	名詞−普通名詞−一般	オモリ	3,393	重り (27.0) おもり (24.9) オモリ (21.3) 錘 (26.7)
ムチウチ	鞭打ち	体	名詞−普通名詞−一般	ムチウチ	1,262	ムチ打ち (15.0) むちうち (16.6) ムチウチ (19.7) むち打ち (27.3) 鞭打ち (21.2) 笞打ち (0.2)
ゼイゼイ	ぜいぜい	相	副詞	ゼイゼイ	1,053	ゼーゼー (29.1) ぜえぜえ (4.0) ぜいぜい (18.3) ゼイゼイ (26.6) ゼーゼー (11.9) ぜぇぜぇ (10.2)
メグリアウ	巡り会う	用	動詞−一般	メグリアエル	4,347	巡りあえる (5.8) めぐり逢える (3.9) めぐり合える (21.9) 巡り合える (23.1) 巡り会える (30.0) めぐり会える (5.3) めぐりあえる (6.5) 巡り合る (0.2) 巡り逢える (3.4) 廻り合える (0.1)
ユノミ	湯飲み	体	名詞−普通名詞−一般	ユノミ	2,665	湯のみ (30.0) 湯呑み (20.1) 湯呑 (17.6) 湯飲み (26.0) ゆのみ (5.6) 湯呑 (0.1) 湯飲 (0.3)
ソラマメ	空豆	体	名詞−普通名詞−一般	ソラマメ	2,950	ソラマメ (25.6) そらまめ (22.9) 空豆 (18.3) そら豆 (30.4) 蚕豆 (1.3) ソラ豆 (1.0) 天豆 (0.3)

内訳の括弧内は書字形ごとの比率

まず語形ごとに各書字形基本形の出現比率を計算し，その値がもっとも大きいものを取り出した．次にその逆数を表記の変異の大きさとして，ほかの語形と比較した．また数詞，記号と人名は分析から除外した．

表1.2を見ると，漢字・仮名の表記違いが非常に多い．Web上の日本語文は，日本語入力ソフトウェアの仮名漢字変換を利用して記述される．そのため，書き手が手書きでは普段使わなかったり，知らないような漢字表記も簡単に記述できてしまい，それが表1.2の「巡り会う」のような表記の多様性につながっていると考えられる．また表中にある語彙素「鞭打ち」は，実際に鞭で人を打つ行為を表す名詞と，鞭打症の「鞭打ち」が合わさってカウントされた面白い例である．実際，この2つは『日本国語大辞典』では，同じ見出し項目の下に記述されている．そのため先に述べたUniDicの脱文脈化により，2つの「鞭打ち」は区別されることなく同一語彙素として扱われている．

1.5 おわりに

本章では，言語研究を目的に設計された電子化辞書『UniDic』について概説し，単純なケーススタディでその活用法の一部を紹介した．今回ケーススタディで用いたのは現代書き言葉用UniDicだったが，ほかにも，話し言葉用，中古和文や近代文語といった日本語史資料にむけた解析用UniDicが公開されている[27]．また固有名詞を中心に新語の拡充を続けている『neologd』[28]というMeCab用解析用辞書も存在する．これらの単語の電子化辞書を活用することで個人でも大規模な言語の調査研究が可能であり，従来の人手の作業にあてられていた時間も，分析的研究に費やすことができる．

電子化辞書をはじめ，日本語の言語研究資源は年々拡充されており，国立国語研究所だけでなく，自然言語処理関係の大学研究室[29][30]や言語資源協会(GSK)[31]などによって，さまざまな目的にあわせた言語資源が公開されている．また言語資源の情報はWebや書籍などから知ることも可能であるが，国立国語研究所コーパス開発センターでも年に1回，「言語資源活用ワークショップ」を開催し，言語

---

[27] http://unidic.ninjal.ac.jp/
[28] https://github.com/neologd
[29] https://cl.naist.jp/
[30] http://www.cl.ecei.tohoku.ac.jp/
[31] http://www.gsk.or.jp/

資源の開発や活用に興味をもつ研究者同士が知り合う機会を提供している。言語の研究者が自身の研究を促進させるような新たな研究源に出会える場は，これからも増えていくと考えられるが，本章もその一助となることを願って執筆した。

[岡　照晃]

参 考 文 献

Jurafsky, D. (2009) "Words and Transducers," in *Speech and Language Processing: An Introduction to Natural Language Processing, Computational Linguistics, and Speech Recognition*, International Edition, pp. 79–116.

Kudo, T., K. Yamamoto, and Y. Matsumoto (2004) "Applying Conditional Random Fields to Japanese Morphological Analysis," *Proceedings of EMNLP-2004 (the 2004 Conference on Empirical Methods in Natural Language Processing)*, 230–237.

江口萌, 松吉俊, 佐尾ちとせ, 乾健太郎, 松本裕治 (2010)「モダリティ, 真偽情報, 価値表現を統合した拡張モダリティ解析」,『言語処理学会第 16 回年次大会論文集』, pp. 852–855.

大野晋 (1956)「基本語彙に関する二三の研究——日本古典文学作品に於ける」,『国語学』, **24**, 34–36.

小木曽智信 (2014)「形態素解析」, 山崎誠 (編)『講座日本語コーパス 2 書き言葉コーパス——設計と構築』, 朝倉書店, pp. 89–115.

小木曽智信, 中村壮範 (2014)「『現代日本語書き言葉均衡コーパス』形態論情報アノテーション支援システムの設計・実装・運用」,『自然言語処理』, **21**(2), 301–332.

小椋秀樹, 小磯花絵, 冨士池優美, 宮内佐夜香, 小西光, 原裕 (2010a)「『現代日本語書き言葉均衡コーパス』形態論情報規定集 第 4 版 (上)」,『国立国語研究所内部報告書』, LR-CCG-10-05-01. http://pj.ninjal.ac.jp/corpus_center/bccwj/doc/report/JC-D-10-05-01.pdf

小椋秀樹, 小磯花絵, 冨士池優美, 宮内佐夜香, 小西光, 原裕 (2010b)「『現代日本語書き言葉均衡コーパス』形態論情報規定集 第 4 版 (下)」,『国立国語研究所内部報告書』, LR-CCG-10-05-02. http://pj.ninjal.ac.jp/corpus_center/bccwj/doc/report/JC-D-10-05-02.pdf

小澤俊介, 内元清貴, 伝康晴 (2014)「長単位解析器の異なる品詞体系への適用」,『自然言語処理』, **21**(2), 379–401.

加藤耕太 (2016)『Python クローリング＆スクレイピング——データ収集・解析のための実践ガイド』, 技術評論社.

国立国語研究所 (編) (2004)『分類語彙表増補改訂版』, 大日本図書.

小林のぞみ, 乾健太郎, 松本裕治, 立石健二, 福島俊一 (2005)「意見抽出のための評価表現の収集」,『自然言語処理』, **12**(3), 203–222.

首藤公昭 (1980)「日本語の形態素解析について」,『計算言語学』, **21**(3), 1–6.

高橋文彦, 颯々野学 (2016)「情報検索のための単語分割一貫性の定量的評価」,『言語処理学会第 22 回年次大会 (NLP2016)』, 949–952.

伝康晴, 浅原正幸 (2001)「リレーショナル・データベースによる統合的言語資源管理環境」,『第 1 回「話し言葉の科学と工学」ワークショップ講演予稿集』, pp. 77–84.

伝康晴, 小木曽智信, 宇津呂武仁, 山田篤, 浅原正幸, 松本裕治 (2002)「話し言葉研究に適した電子化辞書の設計」,『第 2 回「話し言葉の科学と工学」ワークショップ講演予稿集』, pp. 39–46.

伝康晴, 小木曽智信, 小椋秀樹, 山田篤, 峯松信明, 内元清貴, 小磯花絵 (2007)「コーパス日本

語学のための言語資源——形態素解析用電子化辞書の開発とその応用」,『日本語科学』, **22**, 101–123.

長尾真, 辻井潤一, 山上明, 建部周二 (1978)「国語辞書の記憶と日本語文の自動分割」,『情報処理』, **19**(6), 514–521.

永田昌明 (1999)「形態素解析, 構文解析」, 田中穂積 (編)『自然言語処理——基礎と応用』, 電子情報通信学会, pp. 2–45.

中野洋 (1998)「言語の統計」,『岩波講座 言語の科学 9 言語情報処理』, 岩波書店, pp. 149–199.

林部祐太, 河原大輔, 黒橋禎夫 (2015)「格パターンの多様性に頑健な日本語格フレーム構築」, 情報処理学会第 224 回自然言語処理研究会, NL-224-14, 1-8.[32]

宮島達夫 (1969)「総索引への注文」,『国語学』, **76**, 110–120.

山崎誠 (2013)「語彙調査の系譜とコーパス」, 前川喜久雄 (編)『講座日本語コーパス 1 コーパス入門』, 朝倉書店, pp. 134–158.

吉田将 (1984)「形態素解析」, 電子通信学会 (編)『日本語情報処理』, 電子情報通信学会, pp. 86–113.

---

[32] 誤字等が多いため, 次の URL で修正稿が公開されている:https://hayashibe.jp/publications/

第 2 章　異なる粒度での語の解析

2.1　は　じ　め　に

　言語コーパスにおける語の認定と形態論情報の付与は，言語の定量的分析や自然言語処理技術の工学的応用にとって，もっとも基本的なステップである．近年，形態論情報を自動解析するためのソフトウェアや，高精度な形態論情報を備えた言語コーパスが多数提供されている (本講座第 1 巻『コーパス入門』第 5 章，第 2 巻『書き言葉コーパス——設計と構築』第 5 章などを参照)．

　一口に「語」といってもその認定の仕方にはさまざまな基準が考えられる．とくに分かち書きのない日本語では，「何をもって一語とするか」には選択の幅が大きく，利用目的によっても適切な選択肢は変わりうる．たとえば，用例検索を目的とする場合は，さまざまなレジスター[1]にわたって出現する基本的な語が認定されていることが望ましく，比較的短い語が適している (「日本」「語」「国」など)．一方，レジスターごとの特徴の解明を目的とする場合は，合成語を含む，比較的長い語が適している (「日本語コーパス」「日本国憲法」など)．『現代日本語書き言葉均衡コーパス (BCCWJ)』では，これらの目的のために，短単位・長単位という異なる粒度 (単位の長さの長短の異なり) の「語」の単位が設定されている (小椋ほか, 2011) (本講座第 2 巻第 4 章も参照)．

　形態論情報を自動解析するソフトウェアにおいても，このような異なる粒度の語を認定できることが望まれる．第 1 章で紹介した形態素解析辞書『UniDic』[2](伝ほか, 2007) は，短単位に基づく形態素解析システム用に開発された電子化辞書であるが，それ以外の単位の認定に必要な付加的な情報も含んでいる．BCCWJ の

---

[1]　書き言葉の書籍・雑誌・新聞や話し言葉の講演・インタビュー・雑談など，言語の使用域．
[2]　http://ja.osdn.net/projects/unidic/

形態論情報付与では，まず形態素解析辞書 UniDic と形態素解析器 MeCab[3] により短単位を自動認定した後，中・長単位解析器 Comainu[4] (小澤ほか，2014) で長単位を自動認定した (それぞれ適宜人手で修正した) (本講座第 2 巻第 4 章参照)。これらに加え，テキスト音声合成などの音声情報処理技術への応用を見据えた，中単位を新たに設定し，その自動認定も目指した[5]。

本章では，このような異なる粒度での語の解析について説明する。

2.2 異なる粒度の単位に基づく語の解析

図 2.1 に異なる粒度での語の認定の例を挙げる。「外来」「語」「仮名」「表記」は短単位でそれぞれ一語であるが，中単位では「外来語」と「仮名表記」がそれぞれ一語であり，長単位では「外来語仮名表記」全体で一語である。

	外来	語	仮名	表記	に	つい	て	調査	し	た
短単位	名詞	名詞	名詞	名詞	助詞	動詞	助詞	名詞	動詞	助動詞
中単位	名詞		名詞		助詞	動詞	助詞	名詞	動詞	助動詞
長単位	名詞				助詞			動詞		助動詞

図 2.1 異なる粒度での語の認定の例

このような異なる粒度の語を自動認定するとき，もっとも単純な方法として，異なる粒度ごとに辞書を複数用意し，それらを用いて形態素解析することが考えられる。しかし，短単位の組み合わせから作られる長単位の語は，短単位と比べて，はるかに語彙数が多くなる。たとえば，「国立」「国語」「研究」「所」という 4 つの短単位からは「研究所」「国語研究」「国立研究所」「国語研究所」「国立国語研究所」という 5 つの複合語が作れる。もとの 4 つと合わせると語彙数はざっと倍以上になる。実際，『BCCWJ』における異なり語数 (語彙数) は，短単位では約 18 万 5 千語であるが，長単位では約 243 万 5 千語と，およそ 13 倍にもなっている。もちろん，これ以外にも，短単位の組み合わせとして可能ではあるが，コーパス中には出現していない長単位もあるので，辞書としてははるかに大きなサイズのものが必要である。したがって，長単位用の辞書を作って形態素解析す

---

[3] http://taku910.github.io/mecab/
[4] http://ja.osdn.net/projects/comainu/
[5] 中単位の情報は BCCWJ には含まれていない。

図 2.2 異なる粒度の単位に基づく語の解析

るという方式は非現実的である。

そこで，短単位で解析した結果からより長い単位を構成するという方式が考えられる。この方式による短単位・中単位・長単位の解析の概念図を図 2.2 に挙げる。この方式では，まずテキストを形態素解析し，短単位列を得る (本講座第 2 巻第 5 章や第 8 巻『コーパスと自然言語処理』第 3 章を参照)。次に，短単位列から長単位を切り出す。これにはチャンキングという手法が有用である (2.3 節参照)。最後に，各長単位内で短単位間の局所的な係り受け関係を解析し，分岐の方向を手掛かりとして中単位を認定する (2.4 節参照)。これらはいずれも機械学習による統計モデルを用いて実現される。長単位から文節が簡単に認定でき，文節は係り受け解析など，より高度な言語解析の基本単位として用いることができる (本講座第 1 巻第 4 章や第 8 巻第 4 章を参照)。一方，中単位は連濁や複合語アクセントなどの音韻論的解析に用いることができる (2.5 節参照)。

以下，長単位解析と中単位解析について順に説明し，その後，音韻論的解析の例として音変化処理について説明する。

2.3 長単位解析

2.3.1 長単位の役割

長単位は概ね，文節を自立語と付属語に分けたものであり，1 つの短単位からなるか，あるいは，複数の短単位を合成したものからなる (小椋ほか，2011)。たとえば，「日本 | 語 | コーパス」や「日本 | 国 | 憲法」などは複数の短単位からなる長単位である ('|' は短単位の境界を示す)。これらはテキスト中で書き手や話し手がどのような意味概念に言及しているかを知る手掛かりとなり，レジスターごとの言語特徴の解明などに利用できる。また，長単位は文節に依拠した単位であり，長単位を認定することは文節を認定することと等価である。文節，および，文節間の係り受け関係を認定することは，文の構造や意味を理解するための基礎であり，言語の定量的分析や自然言語処理の工学的応用にとって基本的なステッ

プとして位置付けられている．それゆえ，長単位を自動認定する技術は，自然言語処理のみならず，言語の定量的分析にとっても重要である．

2.3.2　長単位の自動認定

長単位の自動認定は，テキストを短単位で解析した後，短単位をまとめあげることにより行う．この手法はチャンキング (Abney, 1991; Sang and Veenstra, 1999) と呼ばれ，短単位列が与えられたときに各短単位にラベルを付与する問題として扱われる (チャンキングについては第 3 章も参照)．ここでラベルは，短単位と長単位の関係を表すもので，以下のように，長単位の境界のみを自動認定する場合には 2 種類のラベル，さらに品詞・活用型・活用形の情報も同時に自動認定する場合には 4 種類のラベルが必要となる．

〈1〉　長単位の境界の自動認定

長単位の境界を自動認定するには，各短単位が長単位中のどの位置にあるか，より具体的には，長単位の先頭の要素であるか否かが区別できればよい．そのため，次のように 2 種類のラベルを定義する．

B　長単位の先頭の短単位

I　長単位の先頭以外の短単位

これらのラベルを用いて，短単位の解析後に以下のチャンキング処理を行うことにより長単位の境界を自動認定する．

1) 各短単位について，あらかじめ学習した統計モデル (後述) を用いて上記 2 種類のうちいずれかよりもっともらしい方のラベルを推定して付与する．
2) B のラベルが付与された短単位の左側の境界を長単位境界と認定し，長単位境界をまたがないように短単位をまとめあげる．

これにより，各長単位は，B のラベルが付与された短単位 1 つ，あるいは，B のラベルが付与された短単位 1 つとそれに続く I のラベルが付与された短単位 1 つ以上からなる．たとえば，「外来」「語」「仮名」「表記」「に」「つい」「て」「調査」「し」「た」の 10 個の短単位からなる列に対しては，それぞれ図 2.3 のように B あるいは I のラベルが付与され，B のラベルが付与された短単位の左側の境界が長単位境界となるように短単位をまとめあげると，「外来語仮名表記」「について」「調査し」「た」という 4 つの長単位が得られる．

短単位	外来	語	仮名	表記	に	つい	て	調査	し	た
ラベル	B	I	I	I	B	I	I	B	I	B
長単位	外来語仮名表記				について			調査し		た

図 2.3 長単位 (境界) の認定の例

⟨2⟩ 長単位の境界および形態論情報の自動認定

一般に，短単位と長単位では品詞体系が共通あるいは類似していることが多く，長単位を構成する短単位，特に末尾の短単位 (たとえば図 2.3 の「し」) は品詞・活用型・活用形が長単位 (「調査し」) のものと一致する場合が多い。長単位の境界だけでなく，品詞・活用型・活用形の情報も同時に自動認定するためには，この特徴を利用して，各短単位が長単位中のどの位置にあるかということに加えて，品詞・活用型・活用形が長単位と同じかどうかを区別できるようにする必要がある。そこで，ラベルを次のように 4 種類に拡張する。

Ba 長単位の先頭の短単位で，かつ，その品詞・活用型・活用形が長単位のものと一致

B 長単位の先頭の短単位で，かつ，その品詞・活用型・活用形のいずれかが長単位のものと不一致

Ia 長単位の先頭以外の短単位で，かつ，その品詞・活用型・活用形が長単位のものと一致

I 長単位の先頭以外の短単位で，かつ，その品詞・活用型・活用形のいずれかが長単位のものと不一致

これらのラベルを用いて，短単位の解析後に以下のチャンキング処理を行うことにより長単位の境界・品詞・活用型・活用形を自動認定する。

1) 各短単位について，あらかじめ学習した統計モデル (後述) を用いて上記 4 種類のラベルのうち最適なものを推定して付与する。
2) Ba あるいは B のラベルが付与された短単位の左側の境界を長単位境界と認定し，長単位境界をまたがないように短単位をまとめあげる。さらに，各長単位の品詞・活用型・活用形は，Ba あるいは Ia のラベルが付与された短単位のものと一致するものとして認定する。

たとえば，「外来」「語」「仮名」「表記」「に」「つい」「て」「調査」「し」「た」の 10 個の短単位列に対しては，それぞれ図 2.4 のように Ba, Ia, B, I のうちいずれかのラベルが付与される。Ba あるいは B のラベルが付与された短単位の左側の

		外来	語	仮名	表記	に	つい	て
短	品詞	名詞	名詞	名詞	名詞	助詞	動詞	助詞
単	活用型	*	*	*	*	*	五段-カ行	*
位	活用形	*	*	*	*	*	連用形	*
	ラベル	Ba	Ia	Ia	Ia	Ba	I	Ia
長	品詞	名詞				助詞		
単	活用型	*				*		
位	活用形	*				*		

		調査	し	た
短	品詞	名詞	動詞	助動詞
単	活用型	*	サ行変格	助動詞-タ
位	活用形	*	連用形	終止形
	ラベル	B	Ia	Ba
長	品詞	動詞		助動詞
単	活用型	サ行変格		助動詞-タ
位	活用形	連用形		終止形

図 2.4 長単位 (境界・品詞・活用型・活用形) の認定の例

境界が長単位境界となるように短単位をまとめあげ，Ba あるいは Ia が付与された短単位の品詞・活用型・活用形の情報を長単位が継承するものとすると，「外来語仮名表記 (名詞)」「について (助詞)」「調査し (動詞・サ行変格・連用形)」「た (助動詞・助動詞-タ・終止形)」という 4 つの長単位が得られる．

⟨3⟩　長単位の語彙素と語彙素読みの自動認定

長単位の語彙素と語彙素読みは，基本的に短単位の辞書に登録されている情報を結合することにより生成する．短単位の解析に『UniDic』(第 1 章参照) を用いる場合，長単位の語彙素と語彙素読みはそれぞれ次のようにして生成する．

- 語彙素：短単位の語形代表表記[6] 基本形を結合する．ただし，長単位の末尾以外の短単位が活用語の場合は語形代表表記出現形を用いる．また，短単位の品詞が名詞-固有名詞-人名・地名になっている場合は短単位書字形を用いる[7]．

- 語彙素読み：短単位の語形基本形を結合する．ただし，長単位の末尾以外の短単位が活用語の場合は語形出現形を用いる．

---

[6] 第 1 章で説明した UniDic データベースでは，「語形」の階層でも同音異義を区別する表記 (「カイ」に対する「回」「下位」「貝」など) が設けられている．これを「語形代表表記」と呼ぶ．語形代表表記は形態素解析結果には含まれないが，UniDic データベースから取得することができる．

[7] 短単位の人名・地名は語彙素がカタカナ表記になっているが，長単位の語彙素は漢字仮名交じり表記を用いるため，短単位書字形を参照する．

2.3 長単位解析

短単位	語形代表表記出現形	外来	語	仮名	表記	に	つい	て
	語形出現形	ガイライ	ゴ	カナ	ヒョウキ	ニ	ツイ	テ
	語形代表表記基本形	外来	語	仮名	表記	に	つく	て
	語形基本形	ガイライ	ゴ	カナ	ヒョウキ	ニ	ツク	テ
	ラベル	Ba	Ia	Ia	Ia	Ba	I	Ia
長単位	語彙素	外来語仮名表記				について		
	語彙素読み	ガイライゴカナヒョウキ				ニツイテ		

短単位	語形代表表記出現形	調査	し	た
	語形出現形	チョウサ	シ	タ
	語形代表表記基本形	調査	する	た
	語形基本形	チョウサ	スル	タ
	ラベル	B	Ia	Ba
長単位	語彙素	調査する		た
	語彙素読み	チョウサスル		タ

図 2.5　長単位 (語彙素・語彙素読み) の認定の例

たとえば，図 2.4 で境界と形態論情報が認定された長単位に対しては，それぞれ図 2.5 のように語彙素・語彙素読みが生成される．ここで，「について」のように，複数の短単位がひとまとまりの長単位となり助詞のような機能語相当として働く表現は複合辞 (第 3 章参照) と呼ばれる．複合辞では上記の構成的な規則で適切な語彙素・語彙素読みが得られない場合がある．そこで，これらの複合辞に対しては，あらかじめ用意した複合辞辞書から表記と読みの情報を得て，それぞれ語彙素・語彙素読みとして用いる．

〈4〉　後　処　理

上述の方法により，長単位を構成する短単位のいずれかに Ba あるいは Ia のラベルが付与された場合は長単位の境界と品詞・活用型・活用形を同時に認定できる．しかし，品詞体系が詳細になると，長単位と短単位の品詞・活用型・活用形が一致するケースは少なくなり，上述の方法では長単位の形態論情報が得られない場合が多くなる．たとえば，図 2.6 は，図 2.4 の例を UniDic における詳細な形態論情報に置き換えたものである．ここでは，短単位の品詞が「調査 (名詞–普通名詞–サ変可能)」「し (動詞–非自立可能)」のように細分化されており，長単位の細分化された品詞が「調査し (動詞–一般)」のように短単位と異なっている．このような場合，当該長単位内の短単位に付与されるラベルが B と I のいずれかに

		外来	語	仮名	表記	に	つい	て
短単位	品詞	名詞−普通名詞−一般	名詞−普通名詞−一般	名詞−普通名詞−一般	名詞−普通名詞−サ変可能	助詞−格助詞	動詞−一般	助詞−接続助詞
	活用型	*	*	*	*	*	五段−カ行	*
	活用形	*	*	*	*	*	連用形−イ音便	*
	ラベル	Ba	Ia	Ia	I	Ba	I	I
長単位	品詞	名詞−普通名詞−一般				助詞−格助詞		
	活用型	*				*		
	活用形	*				*		

		調査	し	た
短単位	品詞	名詞−普通名詞−サ変可能	動詞−非自立可能	助動詞
	活用型	*	サ行変格	助動詞−タ
	活用形	*	連用形−一般	終止形−一般
	ラベル	B	I	Ba
長単位	品詞	動詞−一般		助動詞
	活用型	サ行変格		助動詞−タ
	活用形	連用形−一般		終止形−一般

図 2.6 長単位 (境界・品詞・活用型・活用形) の認定の例 (形態論情報が詳細化された場合)

限られる (Ba や Ia を含まない) ことになり，長単位の品詞・活用型・活用形の情報を得るためには別途後処理が必要となる．以下，自動獲得した規則に基づく方法と，統計モデルに基づくカテゴリ推定の方法を紹介する．

⟨5⟩　自動獲得した規則による後処理

チャンキングで品詞・活用型・活用形の情報が得られなかった長単位の中には，「にも関わらず」のような複合辞など，出現頻度の比較的高いものも多い．このような場合には，短単位と長単位の品詞・活用型・活用形の関係を規則として獲得して利用するのが効果的である．規則は，『BCCWJ』のように短単位と長単位の情報が与えられているコーパスからあらかじめ自動獲得しておく．そして，上述のチャンキング処理後に，品詞・活用型・活用形の情報が得られていない (Ba や Ia のラベルが付与された短単位を含まない) 長単位に対して適用する．規則は，適用条件を規定する前件部と，その条件に合致する長単位の形態論情報を示す後件部からなる．規則は以下のようにして自動獲得する．

1) Ba や Ia のラベルが付与された短単位を含まない長単位に注目し，その長単位を構成する短単位列とその前後の 1 短単位ずつについて，書字形・品

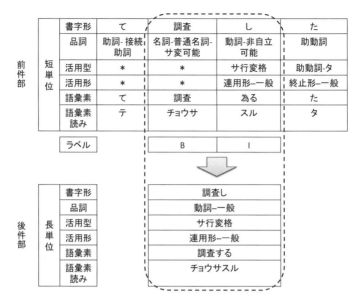

図 2.7　自動獲得した規則の例

詞・活用型・活用形・語彙素・語彙素読み・ラベル (B または I) の情報をそれぞれ抽出し，規則の前件部とする．

2) 注目している長単位について，書字形・品詞・活用型・活用形・語彙素・語彙素読みの情報を抽出し，規則の後件部とする．
3) 前件部が同じである規則が複数得られた場合，もっとも頻度の高いもののみを残す．

これにより，たとえば，図 2.6 の「調査し」については図 2.7 のような規則が獲得される．この規則は，「調査」「し」という短単位にそれぞれ B と I のラベルが付与され，前方 (文頭側) の短単位が「て」，後方 (文末側) の短単位が「た」であるとき，「調査し」という長単位の品詞・活用型・活用形・語彙素・語彙素読みとしてそれぞれ「動詞–一般」「サ行変格」「連用形–一般」「調査する」「チョウサスル」が得られることを意味している．

対象となる長単位に対して適用できる規則がない場合は，以下の優先順で規則を汎化して再適用する．

1) 後方文脈の情報を削除
2) さらに前方文脈の情報を削除

3) さらに書字形・語彙素・語彙素読みの情報を削除

ここで，前方文脈とは対象の長単位より前方 (文頭側) の短単位 (図 2.7 の「て」)，後方文脈とは対象の長単位より後方 (文末側) の短単位 (図 2.7 の「た」) を指す．

この手順で規則を再適用しても，結果的にどの規則も適用されない場合がある．また，一般に規則を汎化して適用すると認定精度が低くなることが多い．そのような場合には，次のように長単位の品詞・活用型・活用形のカテゴリを自動推定する方法が有効である．

⟨6⟩　カテゴリ推定による後処理

チャンキングで品詞・活用型・活用形の情報が得られなかった長単位について，品詞・活用型・活用形からなるカテゴリを直接推定する方法を紹介する．推定すべきカテゴリの集合は，BCCWJ など短単位と長単位の情報が正しく与えられているコーパスからそこに現れる長単位の品詞・活用型・活用形のすべての異なりパターンを抽出することにより得る．ここで，カテゴリとしては，単純には「動詞—一般_サ行変格_連用形—一般」のように品詞・活用型・活用形をひとまとまりとしたものが考えられるが，そうすると異なりの数が大きくなり過ぎるため，品詞・活用型・活用形のそれぞれについてカテゴリを設定するのが現実的である．

カテゴリ推定の際には，B か I のラベルが付与された短単位のみから構成される長単位を対象に，あらかじめ学習した統計モデルを用いて最適なカテゴリを推定し，対象となる長単位の品詞・活用型・活用形としてそれぞれ認定する．この方法によると，助詞や助動詞が最適なカテゴリと推定されやすいという傾向がある．これは，一般に助詞や助動詞の品詞を持つ長単位は数が多く，複合辞のように助詞と動詞の組み合わせといったさまざまな品詞の短単位から構成される場合もあるなど多様性にも富んでいるためである．そのため，品詞のカテゴリ推定の際には，長単位を構成する短単位列があらかじめ用意した複合辞辞書の文字列候補と一致している場合を除き，カテゴリの選択候補から助詞と助動詞を除いて推定するとよい．

⟨7⟩　統計モデルと素性

統計モデルとしては，SVM (Support Vector Machine) (Vapnik, 1998) や CRF (Conditional Random Fields) (Lafferty, et al., 2001)，MIRA (Margin Infused Relaxed Algorithm) (Crammer, et al., 2006) などの教師あり機械学習モデルが用いられる．これらの教師あり機械学習モデルでは，入力として与えられた情報

2.3 長単位解析

と，出力としてあらかじめ設定したカテゴリ (あるいはラベル) との関係が学習データから自動学習される．学習の際，入力に対応する適切なカテゴリとほかの出力候補のカテゴリとを識別するために，参照する情報をあらかじめ指定する必要があり，その情報は素性と呼ばれる．出力が未知の新たな入力が与えられたときには，その入力から素性となる情報を抽出して参照し，あらかじめ学習したモデルを用いてもっとも尤もらしいカテゴリを推定し，最適なカテゴリとして出力する．

たとえば，学習データとして BCCWJ を用い，短単位解析に UniDic を用いる場合，チャンキングに用いる素性としては，着目する短単位とその前後 2 短単位，あわせて 5 短単位に関する以下の情報を用いると有効である．

- 書字形・品詞・活用型・活用形・語彙素・語彙素読み・語種情報 (和語・漢語・外来語・混種語・固有名・記号のいずれか)・囲み情報 (①などの丸付き数字に関する情報)
- 階層化された情報を持つ素性について上位階層で汎化した情報：たとえば「名詞–普通名詞–一般」に対しては，より汎化した「名詞–普通名詞」「名詞」の情報を素性として用いる．

カテゴリ推定の際に用いる素性としては，着目している長単位とその前後の長単位，合わせて 3 長単位に対して，それぞれの長単位について先頭から 2 短単位と末尾から 2 短単位の計 12 短単位の情報を用いると有効である．このとき，長単位が 1 短単位からなる場合は，先頭から 2 短単位目の情報は与えられなかったもの (NULL) として扱う．各短単位に対しては，書字形・品詞・活用型・活用形・語彙素・語彙素読み・および，階層化された情報を持つ素性について上位階層で汎化した情報を素性として用いる．

図 2.6 の「調査し」に対して品詞のカテゴリ推定を行う際に参照する素性の例を図 2.8 に示す．「調査し」では，前後の長単位をあわせた「について」「調査し」「た」の 3 長単位に対し，「に」「つい」(「について」の先頭 2 短単位)，「調査」「し」(「調査し」の先頭 2 短単位)，「た」「NULL」(「た」の先頭 2 短単位)，および，「つい」「て」(「について」の末尾 2 短単位)，「調査」「し」(「調査し」の末尾 2 短単位)，「た」「NULL」(「た」の末尾 2 短単位) の各短単位の情報を素性として用いる．図 2.8 では最尤の品詞として「動詞–一般」が選択されている．

活用型や活用形のカテゴリ推定については，推定するカテゴリが品詞ではなく

	書字形	に	つい	て	調査	し	た
短単位	品詞	助詞-格助詞	動詞-一般	助詞-接続助詞	助詞-普通名詞-サ変可能	動詞-非自立可能	助動詞
	活用型	*	五段-カ行	*	*	サ行変格	助動詞-タ
	活用形	*	連用形-イ音便	*	*	連用形-一般	終止形-一般
	語彙素	に	つく	て	調査	為る	た
	語彙素読み	ニ	ツク	テ	チョウサ	スル	タ
	ラベル	Ba	I	I	B	I	Ba

| 先頭2短単位 | に | つい | | 調査 | し | た | NULL |
| 末尾2短単位 | | つい | て | 調査 | し | た | NULL |

素性の情報として利用   カテゴリ推定

長単位	書字形	調査し
	品詞	動詞-一般
	活用型	サ行変格
	活用形	連用形-一般

図 2.8 品詞のカテゴリ推定の例

それぞれ活用型，活用形となる点，および，動的素性を用いる点を除いて品詞のカテゴリ推定と同様に行う．ここで，動的素性とは，品詞や活用型についてあらかじめ学習した統計モデルを用いてカテゴリ推定した結果の情報のことである．活用型のカテゴリ推定の際には着目している長単位の品詞についてのカテゴリ推定結果を，活用形のカテゴリ推定の際には着目している長単位の品詞と活用型の両方についてのカテゴリ推定結果を用いる．

⟨8⟩　自動認定の精度

BCCWJ の白書・書籍・新聞・雑誌・Web コアデータのうち，約 27,000 文を用いて統計モデルを学習し，チャンキングとカテゴリ推定による後処理を適用し，約 3,000 文を用いて評価したときの長単位の自動認定の性能は，語彙素認定まで含めて概ね F 値で 98% 以上である．ここで，F 値は次のように精度と再現率の調和平均で表される．

$$\text{F 値} = \frac{2 \times 精度 \times 再現率}{精度 + 再現率}$$

$$精度 = \frac{正しく自動認定された長単位の数}{自動認定された長単位の数}$$

$$\text{再現率} = \frac{\text{正しく自動認定された長単位の数}}{\text{人手認定された長単位の数}}$$

「に|つい|て」「を|はじめ」「に|対し」「に|対し|て」「に|も|関わら|ず」('|' は短単位の境界を示す) などの複合辞は 1 つの機能語相当として働くが，複数の短単位から構成されその構成数もさまざまであるなど多様性がある。また，前後の文脈によって複合辞となる場合とそうでない場合があり，一般にほかの長単位と比べて自動認定が難しい。そのため，複合辞を適切に認定するためには，複合辞辞書を整備し，より広範囲の文脈を考慮することにより，参照できる情報を豊富にするとともに，解析方法にも工夫が必要となる。これらの複合辞の計算機処理の詳細については，第 3 章を参照されたい。

2.4 中単位解析

2.4.1 中単位の役割

中単位は，短単位と長単位の中間に位置する単位である。これはおもに，連濁や複合語アクセントなどの音韻論的現象を扱うための単位として設定されている。語の複合による発音やアクセントの変化は，右分岐構造によって阻害されることが多い (佐藤, 1990; 窪薗, 1995)。たとえば，「外来語仮名表記」は [[外来 語] [仮名 表記]] のような内部構造を持ち，「仮名表記」の部分は右分岐になっている。このため，ここでの「仮名」は，「変体仮名 (ガナ) 一覧」(内部構造：[[変体仮名] 一覧]) に見られるような連濁を起こさない。同様に，複合語アクセントも語の内部構造の影響を受ける。たとえば，[[神戸 学院] 大学] は 1 つのアクセント単位として発音されるが (コーベガクインダ⌐イガク)，[神戸 [女子 大学]] は「神戸」と「女子大学」という 2 つのアクセント単位に分かれる (コ⌐ーベ ジョシダ⌐イガク)。そこで，短単位と長単位の間に，連濁や複合語アクセントのスコープとなる中間的な単位を想定できる。これを捉えようというのが中単位である。先の例の対立は，長単位内での中単位境界の有無によって説明できる (「外来語 || 仮名表記」vs.「変体仮名一覧」，「神戸学院大学」vs.「神戸 || 女子大学」。ただし，'||' は中単位の境界で，右分岐の箇所に置かれる)。

近年，機械学習を用いて，連濁や複合語アクセントを自動処理するシステムが提案されている (山田・伝, 2010; 鈴木ほか, 2013)。上記のような中単位を導入することで，これらの処理の精度をさらに向上できると期待できる。そこで，中

単位を自動認定する技術が必要となる．上述のように中単位は語の内部構造に基づいて認定されるため，各長単位内での短単位間の局所的な係り受け関係を解析することで中単位の自動認定が実現できる (Uchimoto and Den, 2008)．

2.4.2 中単位の自動認定

中単位は語の内部構造に従った単位であり，長単位を超えない範囲で，直接的な係り受け関係を持つ，隣接する短単位同士を結合したものとして定義できる．この定義に従い，以下に述べる短単位間の係り受け解析と中単位境界認定ルールにより中単位を認定する．これにより，たとえば，図 2.9 の 4 短単位から構成される長単位「外来語仮名表記」に対しては，「外来語」と「仮名表記」の 2 つが中単位として認定される．

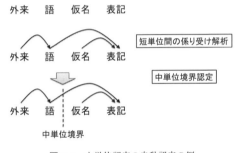

図 2.9 中単位認定の自動認定の例

〈1〉 短単位間の係り受け解析

単純には，複数の短単位から構成される長単位が与えられたとき，1 つの長単位を構成する任意の 2 つの短単位について，それらが係り受けの関係にあるか否か，そして，係り受けの関係にある場合にはその方向を合わせて認定すればよい．一般に日本語の場合には係り受けは左から右方向に限定されるため，次のように 2 種類のラベルを定義する．

  D 着目する 2 つの短単位が係り受け関係にある．
  O 着目する 2 つの短単位は係り受け関係にない．

短単位列が与えられたとき，任意の 2 つの短単位の組み合わせのそれぞれに対し，あらかじめ学習した統計モデルを用いて上記の 2 つのラベルのいずれかより適切であると推定される方を付与することにより短単位間の係り受け関係が得られる．

ただし，このとき次の制約を満たす必要がある．
- 各短単位は末端のものを除き係り先を必ず1つ持つ．
- 係り受けは交差しない．

たとえば，4短単位から構成される長単位「外来語仮名表記」の場合，任意の2つの短単位の組み合わせは「外来」と「語」，「外来」と「仮名」，「外来」と「表記」，「語」と「仮名」，「語」と「表記」，「仮名」と「表記」の6つである．そのそれぞれに対してDかOのいずれかのラベルを付与することになるため，全体では2の6乗通り，つまり，64通りの可能性がある．この中で上記の2つの制約を満たさないものを除き，残ったものから最適なラベルの組み合わせを選択する．「外来」と「語」，「語」と「表記」，「仮名」と「表記」の組み合わせにはD，それ以外にはOのラベルが付与された場合，係り受け関係は図2.9のようになる．

上記の2つの制約を満たす最適解を効率良く探索するアルゴリズムとして，チャンキングを段階適用する手法 (工藤・松本, 2002)，Shift-Reduce法のような遷移に基づく手法 (Nivre, 2003) や，最大全域木 (maximum spanning tree) を用いたグラフに基づく手法 (McDonald *et al.*, 2005a, 2005b) などが提案されている．

たとえば，1つ目の手法では，長単位が与えられると，その長単位を構成する短単位列を入力として，次の手順により係り受け関係を得る．

1) 入力短単位列の各々に対し，その右隣の短単位との間に係り受け関係があるかどうかをあらかじめ学習した統計モデルを用いて推定する．このとき，各短単位にはDとOのうちいずれかよりもっともらしい方のラベルが付与される．ただし，着目している短単位の右側が1短単位のみの場合にはその短単位に係るという選択肢しかないためDのラベルが付与されるものとし，右端の短単位は係り先がないためOのラベルが付与されるものとする．
2) Dが付与された短単位は係り受け関係が特定されたことになるため削除する．
3) 入力短単位列が1つになるまで上記の1)と2)を繰り返す．

長単位「外来語仮名表記」が与えられたとき，図2.10のように段階的に係り受け関係が特定され，各々の推定結果を総合すると図の一番下のような係り受け関係が得られる．

2つ目の手法では，長単位が与えられると，その長単位を構成する短単位列を

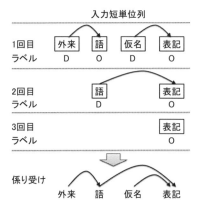

図 2.10 チャンキングを段階適用する手法の適用例

入力として，次の手順により係り受け関係を得る[8]。

1) スタックに何も積まれていない場合には入力短単位列のうち先頭の短単位を左のスタックに積む。
2) スタックの最後尾とその右隣の短単位，つまり，一番最後にスタックに積まれた短単位と残りの入力短単位列のうち先頭の短単位について，係り受け関係があるかどうかをあらかじめ学習した統計モデルを用いて推定する。このとき，DとOのいずれかよりもっともらしい方のラベルが付与される。
3) 推定されたラベルが D の場合は係り元の短単位を削除する Reduce という操作を，O の場合は係り先の短単位をスタックに積む Shift という操作を行う。ただし，入力短単位列が残り 1 短単位の場合には，スタックに積まれた短単位があれば D，なければ O のラベルが付与されるものとする。
4) スタックに積まれた短単位がなくなり，入力短単位列が 1 つになるまで上記の 1)から 3)を繰り返す。

長単位「外来語仮名表記」が与えられたとき，図 2.11 のように Shift と Reduce の操作が適用され，各々の推定結果を総合することにより，図の一番下のような係り受け関係が得られる。

3つ目の手法では，長単位「外来語仮名表記」が与えられたとき，その長単位を構成する短単位間の係り受けの候補は図 2.12 の左図のような有向グラフとなる。各辺には，あらかじめ学習した統計モデルにより係り受けのもっともらしさを表

---

[8] Shift-Reduce 法については，本講座第 8 巻第 4 章にやや詳しい解説がある。

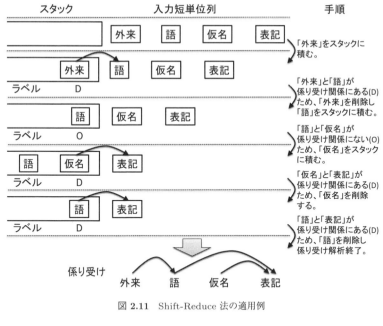

図 2.11 Shift-Reduce 法の適用例

図 2.12 最大全域木を用いた手法の適用例

す重みが与えられる．このうち，先に挙げた係り受け関係の制約を満たす全域木は図 2.13 の 5 つである．この中から，すべての辺の重みの和が最大となる全域木を選択することにより，図 2.12 の右図のような係り受け関係が得られる．

1 つ目や 2 つ目の手法では，得られるのは局所的な最適解になるが，素性としては大域的なものを考慮しやすい．一方，3 つ目の手法では，大域的な最適解が得られるが，素性として大域的な情報を考慮しようとすると最適解の探索に時間がかかるため，最適解ではなく近似解を求めるといった工夫が必要である．なお，ここでは係り受けの方向が左から右へ限定されている場合に特化して説明したが，右から左方向への係り受けもあると仮定して係り受け関係を定義する場合にもこれらの手法は適用可能である．その場合には，ラベルを，係るか係らないかの 2 種

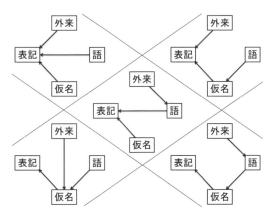

図 2.13　全域木の候補

類から，左から右へ係る，右から左へ係る，係らないの3種類に拡張するとよい。

さらに係り受け関係として係り受けの有無だけでなく並列や同格の関係も合わせて認定する場合は，たとえば次のようにラベルを拡張するとよい。

P　着目する2つの短単位が並列の係り受け関係にある。

A　着目する2つの短単位が同格の係り受け関係にある。

D　着目する2つの短単位が並列，同格以外の係り受け関係にある。

O　着目する2つの短単位は係り受け関係にない。

BCCWJ の白書・書籍・新聞コアデータの一部の約 6,500 文を対象に短単位間の係り受け情報を付与し，そのデータを用いて統計モデルを学習させた場合の係り受け解析の精度は概ね 98% から 99% である。短単位間の係り受け解析の素性には，たとえば以下の情報を利用するとよい。

- 書字形・語彙素・品詞・活用型・活用形
- 階層化された情報を持つ素性について上位階層で汎化した情報

ただし，長単位を構成する短単位の数が増加するにつれて精度が下がる傾向があるため，長い長単位については，統計モデルの学習に用いるデータの量を増やすとともにより広い範囲の情報を考慮するようにするのが望ましい。

〈2〉　中単位境界認定ルールによる中単位の認定

上記で推定した短単位間の係り受け情報に基づき，あらかじめ定めた中単位境界認定ルールを適用することにより，中単位境界を認定する。もっとも単純な中単位境界認定ルールは次の通りである。

- 長単位を越えない範囲で，右隣の短単位と係り受けの関係にあればそれらをまとめる。

これにより図 2.9 の例「外来語仮名表記」に対しては「外来」と「語」，「仮名」と「表記」がそれぞれまとめられ，「外来語」と「仮名表記」の 2 つが中単位として認定される。

上記のルールで認定できない例外がある場合には，別途ルールを追加する。BCCWJ を対象とした場合に追加したルールの例を以下に紹介する。

- 補助記号は独立した中単位とする。

    たとえば，「アジア | ・ | 太平 | 洋」('|' は短単位の境界を示す) という長単位に対しては，係り受けの有無にかかわらず補助記号「・」はまとめず，「アジア」「・」「太平洋」の 3 つの中単位からなるものと認定する。

- 長単位の品詞が形状詞の場合は，長単位内のすべての短単位をまとめて 1 つの中単位とする。

    たとえば，「新 | 自由 | 主義 | 的」という長単位に対しては「新」と「自由」はともに「主義」に係り，単純なルールに従うと 2 つの中単位となるが，長単位が形状詞であるため，すべてまとめて「新自由主義的」を 1 つの中単位と認定する。

- 長単位の品詞が名詞の場合
    - 構成要素の短単位が以下の接頭辞の場合は独立した中単位とする。

        各・計・現・全・非・約

    - 係り受けが並列の関係にある場合はまとめない。ただし，構成要素の短単位の品詞が接頭辞の場合はまとめる。

        たとえば，「都 | 道 | 府 | 県」という長単位に対しては 4 つの短単位が並列の関係にあるためまとめず，「都」「道」「府」「県」をそれぞれ中単位とする。一方，「中 | 小 | 企業」の場合は，「中」と「小」が並列の関係にあるが，ともに接頭辞であるため 1 つにまとめ，「中小企業」を 1 つの中単位と認定する。

    - 後続する短単位列の品詞が名詞＋接尾辞であり，その名詞の短単位を越えて接尾辞の短単位に係る場合はまとめる。

        たとえば，「チェチェン | 共和 | 国」という長単位に対しては，「チェチェン」も「共和」も「国」に係るため，単純なルールに従うと「チェ

チェン」と「共和国」の2つの中単位となるが，「共和 | 国」の品詞が名詞＋接尾辞であり「チェチェン」が「国」に係るためひとつにまとめ，「チェチェン共和国」を1つの中単位と認定する。
- 後続する短単位列の品詞が接頭辞＋名詞であり，その接頭辞の短単位を越えて名詞の短単位に係る場合はまとめる。

　　たとえば，「政界 | 再 | 編成」という長単位に対しては，「政界」と「再」はともに「編成」に係るため，単純なルールに従うと「政界」と「再編成」の2つの中単位となるが，「再 | 編成」の品詞が接頭辞＋名詞であり「政界」が「編成」に係るため1つにまとめ，「政界再編成」を1つの中単位として認定する。

BCCWJ の白書・書籍・新聞に対する中単位の自動認定の F 値は，係り受け解析結果がすべて正しいと仮定した場合，概ね 99% である。

中単位の自動認定の性能は短単位間の係り受け解析の精度に依存し，長単位を構成する短単位の数が増加するにつれて精度が下がる傾向がある。中単位の自動認定の性能向上のためには短単位間の係り受け解析の精度を上げる必要がある。

2.5 音変化処理

短単位より長い語に特有の現象として，連濁や複合語アクセントなどの音韻論的現象がある。ここでは，連濁を含む音変化の自動処理について紹介する。

2.5.1 音変化とは

ここでいう「音変化」とは，語が合成することによって，個々の語を単独で発音した場合から音 (読み) が変化する現象を指す。音変化の典型的な例として，数詞と助数詞 (もしくはそれに類する名詞) の結合に伴うものが挙げられる。たとえば，数詞「三」と助数詞「本」が結合すると，「三本 (サンボン)」のように「本」の語頭音が濁音に変化する。さらに，「一本 (イッポン)」では，「本」の語頭音の半濁音化に加え，「一」の末尾音が促音化する。

このような語頭音や語末音の変化は，数詞–助数詞類結合に限らない。たとえば，「変体」と「仮名」が結合すると，「変体仮名 (ヘンタイガナ)」と後部要素の語頭音が濁音化するし (いわゆる連濁)，「三角」と「形」が結合すると，「三角形 (サンカッケイ)」と前部要素の末尾音が促音化する。

音変化は一見乱雑に見え，日本語学習者にとって大きな障壁となる。また，テキストを読み上げるコンピュータソフトウェアにおいても，音変化が正しく扱えないと不自然な読み方になる。そこで，形態素解析結果に対して正しい読みを与えることが，日本語学習や音声合成などの応用において重要になる。

2.5.2 音変化処理の概要

語の解析という観点からいえば，音変化処理とは形態素解析結果 (短単位) に対して，発音形を修正する処理に相当する。通常，形態素解析辞書には個々の語を単独で発音した場合の発音形が記されており，形態素解析結果の短単位はこのような単独発音形を含む。これらの短単位に対して，以下の処理を行う (図 2.14)。

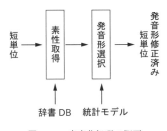

図 2.14 音変化処理の概要

1) 各短単位について，音変化処理に必要な素性を辞書データベースから取得する。この際，その短単位の発音形の可能な異形態をすべて取得する。
2) もし音変化処理が不要であれば (発音形が 1 種類しかなければ)，もとの短単位をそのまま出力する。そうでなければ，あらかじめ学習した統計モデルを参照し，その文脈で適切な発音形を選択して，もとの短単位の発音形を上書きする。

音変化処理に必要な素性として，次節で述べる語頭変化型・語頭変化結合型などがある。たとえば，助数詞「本」の語頭変化型は「ホ混合」型 (基本形以外に濁音形・半濁音形を取る) であり，数詞「三」の語頭変化結合型は「N3」型 (後続語の語頭を濁音化または半濁音化させる) である。第 1 章で紹介した『UniDic』にはこれらの情報が記載されている。そこで，UniDic をデータベース化したもの (UniDic データベースについては 1.2.1 項参照) を検索することでこれらの素性を取得できる。また，助数詞「本」のように，前接する数詞によってさまざまな発

音形を取る語については，可能な異形態がすべて UniDic データベース中に含まれている．そこで，UniDic データベースを検索する際には，可能な異形態もすべて取得する．

発音形が1種類しかない語については，音変化処理は不要であり，もとの短単位をそのまま出力すればよい．発音形が複数ある場合は，その文脈で適切な発音形を選択しなければならない．助数詞類の語頭音の変化については，当該語の語頭変化型と前接語の語頭変化結合型の組み合わせから，適切な語頭変化形を決定できることが多い (山田，2007)．たとえば，語頭変化型「ホ混合」の助数詞類に語頭変化結合型「N3」の数詞が前接した場合は，その助数詞類の語頭変化形は濁音形になる．

しかし，一般の連濁の場合は，このような規則化は必ずしも簡単ではなく，機械学習による手法が有効と思われる．そこで，語頭変化型・語頭変化結合型を含むさまざまな素性を用いて，学習データから統計モデルを構築し，適切な発音形を選択する手法が検討されている (山田・伝，2010)．

なお，2.4.1 項で述べたように，連濁は中単位の内部のみで生じることが多い．そこで，上記の処理を中単位境界を越えて適用しないようにすることで，音変化処理の精度をより高められると期待できる．

2.5.3　音変化処理にかかわる素性

音変化処理では，語頭変化型や語頭変化結合型といった素性が重要な役割を果たす．これらは合成語を考えたときに必要となる素性であるが，UniDic では短単位の形態素解析辞書に記載されており，必要に応じて UniDic データベースから取得できるようになっている．

語頭変化型と各型に対応する語頭変化形の一覧を表 2.1 に挙げる．たとえば「会社」は，単独で用いられたときは語頭音は基本形の「カ」であるが，「株式会社」のように合成語になると語頭音が濁音形「ガ」になる．このような音変化の可能性のある語には，該当する語頭変化型が付与されている．この例にあるように，助数詞類以外の一般の普通名詞や動詞・形容詞などにも語頭変化型は付与されている[9]．

---

[9]　たとえば，動詞では「作る」(「ツ濁」型)，形容詞では「苦しい」(「ク濁」型) など．

2.5 音変化処理

表 2.1 語頭変化型・語頭変化形

語頭変化型	語頭変化形	例	語頭変化型	語頭変化形	例
カ濁	基本形 (カ) 濁音形 (ガ)	会社 (カイシャ)	ハ混合	基本形 (ハ) 濁音形 (バ) 半濁音形 (パ)	杯 (ハイ)
キ濁	基本形 (キ) 濁音形 (ギ)	汽車 (キシャ)	ヒ濁	基本形 (ヒ) 濁音形 (ビ)	拍子 (ヒョウシ)
ク濁	基本形 (ク) 濁音形 (グ)	暮らし (クラシ)	ヒ半濁	基本形 (ヒ) 半濁音形 (ピ)	品 (ヒン)
ケ濁	基本形 (ケ) 濁音形 (ゲ)	軒 (ケン)	ヒ混合	基本形 (ヒ) 濁音形 (ビ) 半濁音形 (ピ)	匹 (ヒキ)
コ濁	基本形 (コ) 濁音形 (ゴ)	国 (コク)	フ濁	基本形 (フ) 濁音形 (ブ)	不足 (フソク)
サ濁	基本形 (サ) 濁音形 (ザ)	山 (サン)	フ半濁	基本形 (フ) 半濁音形 (プ)	分 (フン)
シ濁	基本形 (シ) 濁音形 (ジ)	所 (ショ)	フ混合	基本形 (フ) 濁音形 (ブ) 半濁音形 (プ)	振り (フリ)
ス濁	基本形 (ス) 濁音形 (ズ)	寿司 (スシ)	ヘ濁	基本形 (ヘ) 濁音形 (ベ)	下手 (ヘタ)
セ濁	基本形 (セ) 濁音形 (ゼ)	攻め (セメ)	ヘ半濁	基本形 (ヘ) 半濁音形 (ペ)	編 (ヘン)
ソ濁	基本形 (ソ) 濁音形 (ゾ)	足 (ソク)	ヘ混合	基本形 (ヘ) 濁音形 (ベ) 半濁音形 (ペ)	遍 (ヘン)
タ濁	基本形 (タ) 濁音形 (ダ)	試し (タメシ)	ホ濁	基本形 (ホ) 濁音形 (ボ)	惚れ (ホレ)
チ濁	基本形 (チ) 濁音形 (ヂ)	調子 (チョウシ)	ホ半濁	基本形 (ホ) 半濁音形 (ポ)	歩 (ホ)
ツ濁	基本形 (ツ) 濁音形 (ヅ)	机 (ツクエ)	ホ混合	基本形 (ホ) 濁音形 (ボ) 半濁音形 (ポ)	本 (ホン)
テ濁	基本形 (テ) 濁音形 (デ)	寺 (テラ)	ワ混合	基本形 (ワ) 濁音形 (バ) 半濁音形 (パ)	羽 (ワ)
ト濁	基本形 (ト) 濁音形 (ド)	止まり (トマリ)			
ハ濁	基本形 (ハ) 濁音形 (バ)	橋 (ハシ)			
ハ半濁	基本形 (ハ) 半濁音形 (パ)	泊 (ハク)			

　これに対して，合成語の前部要素が後続語の語頭音に与える影響を記述したものが語頭変化結合型である。これは数詞に対してのみ記述されている。たとえば，「三」の後に「ホ混合」型の「本 (ホン)」が後続すると語頭音は濁音化するし (「三本 (サンボン)」)，「ハ半濁」型の「泊 (ハク)」が後続すると語頭音は半濁音化する (「三泊 (サンパク)」)。このように，前部要素が決まると，後続語の語頭変化型ご

とに適切な語頭変化形が概ね決まる[10]。そこで，このような前部要素に対して特定の型 (たとえば「N3」型) を与えることにより，後続語の語頭変化型との組み合わせから適切な語頭変化形を選択できる。これを実現する素性が語頭変化結合型である。

語頭変化結合型の一覧を表 2.2 に挙げる。この表には，後続語の語頭変化型との組み合わせによって語頭変化形がどのように定まるかも記されている。初期の頃の音変化処理システム (山田, 2007) では，このような表を手作業で記述して利用していた。しかし，近年のシステム (山田・伝, 2010) では，学習データからの機械学習によって，この表に相当するような制約を獲得している。

表 2.2 語頭変化結合型

語頭変化結合型	例	後続語の語頭変化型									
		カ濁	ケ濁	ソ濁	ハ半濁	ハ混合	ヒ半濁	ヒ混合	フ半濁	ヘ半濁	ヘ混合	ホ半濁	ホ混合	ワ混合
N1	一 (イチ)	基	基	基	半	半	半	半	半	半	半	半	基
N3	三 (サン)	濁	濁	濁	半	濁	半	濁	半	半	半/濁	半	濁	基/濁
N4	四 (ヨン)	基	基	基	半	基	基	基	半	基	基	基	基
N6	六 (ロク)	基	基	基	半	半	半	半	半	半	半	半	基/半
N8	八 (ハチ)	基	基	基	半	半	半	半	基/半	基/半	基/半	基/半	基
Nj	十 (ジュウ)	基	基	基	半	半	半	半	半	半	半	半	半
Nh	百 (ヒャク)	基	基	基	半	半	半	半	半	半	半	半	半
Ns	千 (セン)	基	基	基	半	基	半	濁	半	半	半	濁	濁
Nm	万 (マン)	基	基	基	基	基	濁	基	半	半	半	濁	濁
Nn	何 (ナン)	基	基	半	濁	半	濁	半	半	半	半	濁	濁

基：基本形，　濁：濁音形，　半：半濁音形

語末音の変化についても同様の素性 (語末変化型・語末変化結合型) が使える。たとえば，数詞「八 (ハチ)」の語末変化型は「チ促」型であり，基本形以外に促音化した形 (ハッ) を取ることが記されている。これに対して，助数詞類には，前接語の語末音をどのように変化させるかに関する記述である，語末変化結合型が与えられている。たとえば，助数詞「本」の語末変化結合型は「B1S6S8SjShS」型であり，「一 (イチ)」「六 (ロク)」「八 (ハチ)」「十 (ジュウ)」「百 (ヒャク)」の語末音を促音化させることが記されている。

---

[10] ただし，「三」の後に「ワ混合」型の「羽 (ワ)」が後続した場合のように，一意に決まらないこともある (「三羽 (サンワ／サンバ)」)。

数詞–助数詞類結合以外の一般の音変化では，語頭変化結合型や語末変化結合型のような直接的な素性を設けることは難しい．たとえば，連濁には，当該語の語種や濁音の有無，前接語のモーラ数や濁音の有無，前接語の品詞や語形，といったさまざまな要因がかかわっていることが知られている (たとえば佐藤，1990)．このような素性を用いて機械学習するのが有効であると思われる．

2.5.4 音変化処理の例

音変化処理の例を以下に示す．ここでは，UniDic を用いて入力テキストが形態素解析されていることを想定している．

まず，形態素解析結果中に「三 | 本」という短単位列が含まれているとする．

書字形	発音形	語彙素読み	語彙素	品詞	活用型	活用形
三	サン	サン	三	名詞–数詞	*	*
本	ホン	ホン	本	接尾辞–名詞的–助数詞	*	*

「本」の発音形が基本形の「ホン」となっていることに注意しよう[11]．

次に，発音形を除く 6 属性をキーとして UniDic データベースを検索し，可能な異形態をすべて取得するとともに，語頭変化型・語頭変化形・語頭変化結合型を追加取得すると，次のようになる．

書字形	発音形	語彙素読み	語彙素	品詞
三	サン	サン	三	名詞–数詞
本	ホン／ボン／ポン	ホン	本	接尾辞–名詞的–助数詞

活用型	活用形	語頭変化型	語頭変化形	語頭変化結合型
*	*	*	*	N3
*	*	ホ混合	基本形／濁音形／半濁音形	*

この場合，「本」に対して 3 つの異形態が見つかるため，発音形・語頭変化形の値が 3 つ併記されている．

この結果に対して，語頭変化形の値を学習ターゲットにした統計モデルを適用する．ここでは，当該語の語頭変化型「ホ混合」と前接語の語頭変化結合型「N3」の組み合わせから，「濁音形」という語頭変化形が選択される．最後に，選択され

---

[11] UniDic の版によっては，最頻な発音形として別のもの (たとえば「ボン」) が出力されるかもしれない．いずれにせよ，ここでの発音形は前後の文脈を考慮しないものである．

た語頭変化形の値に対応して，発音形の値を選択し，以下の結果を出力する．

書字形	発音形	語彙素読み	語彙素	品詞	活用型	活用形
三	サン	サン	三	名詞-数詞	*	*
本	ボン	ホン	本	接尾辞-名詞的-助数詞	*	*

以上により，文脈に応じて適切な発音形に修正された短単位が得られる．

2.6 お わ り に

本章では異なる粒度での語の解析について述べた．言語の定量的分析や自然言語処理技術の工学的応用では，利用目的に応じてさまざまな粒度で語を認定する必要があり，異なる粒度での語の自動解析はその基礎となる重要な技術である．長単位や中単位の自動認定の性能は98〜99%と十分高いが，これらは自明なケース(長単位がただ1つの短単位からなる場合や，2つの短単位からなる(係り先候補が1つしかない)場合)を含めたものであり，より複雑なケースではさらなる高精度化が望まれる．今後，より高精度化していくためには，① 学習コーパスの拡充(とくに中単位の正解付きデータは少ない)，② 辞書から取得できる素性の拡充(たとえば語義情報(近藤・田中，2017)の利用など)，③ 統計モデルの改良(深層学習の利用など)といったことが考えられる．

一方で，複合辞に見られるように，従来的な意味での構成的な規則に基づかない「語」も考えられる．近年，用法基盤文法(usage-based grammar)などで注目されている「定型表現」(「んだよね」「じゃない」「ような感じ」など)をある種の「語」とみなすことも可能であろう(Wray, 2002; Bybee, 2010)．コーパス言語学や自然言語処理において，このような粒度の「語」を策定することの有効性やその自動認定技術については，今後の研究が期待される． ［伝　康晴・内元清貴・山田　篤］

参 考 文 献

Abney, S. (1991) "Parsing by chunks," in R. Berwick, S. Abney and C. Tenny eds., *Principle-based parsing*, pp. 257–278. Kluwer Academic Publishers.

Bybee, J. (2010) *Language, usage and cognition*. Cambridge University Press.

Crammer, K., O. Dekel, J. Keshet, S. Shalev-Shwartz and Y. Singer (2006) "Online passive-aggressive algorithms," *Journal of Machine Learning Research*, **7**, 551–585.

Lafferty, J. D., A. McCallum and F. C. N. Pereira (2001) "Conditional random fields: Probabilistic models for segmenting and labeling sequence data," in *Proceedings of*

the 18th International Conference on Machine Learning (ICML 2001), pp. 282–289.
McDonald, R., F. Pereira, K. Ribarov and J. Hajic (2005a) "Non-projective dependency parsing using spanning tree algorithms," in *Proceedings of the Conference on Human Language Technology and Empirical Methods in Natural Language Processing (HLT/EMNLP 2005)*, pp. 523–530.
McDonald, R., K. Crammer and F. Pereira (2005b) "Online large-margin training of dependency parsers," in *Proceedings of the 43rd Annual Meeting on Association for Computational Linguistics (ACL 2005)*, pp. 91–98.
Nivre, J. (2003) "An efficient algorithm for projective dependency parsing," in *Proceedings of the 8th International Workshop on Parsing Technologies (IWPT 2003)*, pp. 149–160.
Sang, E. F. T. K. and J. Veenstra (1999) "Representing text chunks." in *Proceedings of the 9th Conference on European Chapter of the Association for Computational Linguistics (EACL 1999)*, pp. 173–179.
Uchimoto, K. and Y. Den (2008) "Word-level dependency-structure annotation to *Corpus of Spontaneous Japanese* and its application," in *Proceedings of the 6th International Conference on Language Resources and Evaluation (LREC 2008)*, pp. 3118–3122.
Vapnik, V. N. (1998) *Statistical learning theory.* Wiley-Interscience.
Wray, A. (2002) *Formulaic language and the lexicon.* Cambridge University Press.
小椋秀樹, 小磯花絵, 冨士池優美, 宮内佐夜香, 小西光, 原裕 (2011)「『現代日本語書き言葉均衡コーパス』形態論情報規定集第4版（上・下）」, 国立国語研究所内部報告 (LR-CCG-10-05-01/02).
工藤拓, 松本裕治 (2002)「チャンキングの段階適用による日本語係り受け解析」, 『情報処理学会論文誌』, **43** (6), 1834–1842.
窪薗晴夫 (1995)『語形成と音韻構造』, くろしお出版.
小澤俊介, 内元清貴, 伝康晴 (2014)「長単位解析器の異なる品詞体系への適用」, 『自然言語処理』, **21**, 379–401.
近藤明日子, 田中牧郎 (2017)「分類語彙表・UniDic 見出し対応表の構築——コーパスへの網羅的・系統的な語義情報付与を目指して」, 『言語処理学会第23回年次大会発表論文集』, pp. 90–93.
佐藤大和 (1990)「複合語におけるアクセント規則と連濁規則」, 杉藤美代子 (編)『日本語と日本語教育 2 日本語の音声・音韻 (上)』, pp.233–265, 明治書院.
鈴木雅之, 黒岩龍, 印南佳祐, 小林俊平, 清水信哉, 峯松信明, 広瀬啓吉 (2013)「条件付き確率場を用いた日本語東京方言のアクセント結合自動推定」, 『電子情報通信学会論文誌』, **J96-D**, 644–654.
伝康晴, 小木曽智信, 小椋秀樹, 山田篤, 峯松信明, 内元清貴, 小磯花絵 (2007)「コーパス日本語学のための言語資源——形態素解析用電子化辞書の開発とその応用」, 『日本語科学』, **22**, 101–123.
山田篤 (2007)「数字列への読み付与——NumTrans と ChaOne」, 『特定領域研究「日本語コーパス」平成19年度全体会議予稿集』, pp. 85–90.
山田篤, 伝康晴 (2010)「UniDic 汎用後処理ツールの設計と実装」, 『特定領域研究「日本語コーパス」平成21年度公開ワークショップ予稿集』, pp. 23–28.

第3章 機能表現の計算機処理

　日本語の表現は，内容的・機能的という観点から，おおきく2つに分類できる．さらに，「表現を構成する語の数」という観点を加えると，表 3.1 のように分類できる．ここで，複合辞とは，「にたいして」や「なければならない」のように，複数の語から構成されているが，全体として1つの機能語のように働く表現のことである．本章では，機能的というカテゴリに属する機能語と複合辞を合わせて機能表現と呼ぶ．

表 3.1　日本語表現の分類

	一語	二語以上
内容的	内容語 (名詞，動詞，形容詞など)	複合名詞，複合動詞，慣用表現
機能的	機能語 (助詞，助動詞，接続詞，形式名詞)	複合辞

　本章では，機能表現の計算機処理における諸問題をとりあげ，その解決法について述べる．3.1 節においては，機能表現の中でも，特に，複合辞に焦点を当て，そのうちの代表的な表現を対象として，まず，人手で表現のリストを作成した後，それらの表現の用例を収集してデータベースを作成した事例について紹介する．一方，3.2 節においては，日本語機能表現の網羅的な辞書を設計・作成した事例を紹介する．続く 3.3 節においては，3.1 節で作成した用例データベース中の用例を正・負例の教師事例として利用して，文中における機能表現を自動検出する処理技術を紹介する．最後に，3.4 節において，本章で紹介した技術に関連する研究について述べる．

3.1　複合辞の用例データベース

　日本語には，複数の語がひとかたまりとなって，1つの機能語相当語として働く表現が多数存在する．このような表現は一般に複合辞と呼ばれ，日本語文の構

造を理解するために非常に重要である。

例として，以下の2つの文を翻訳する場合を考える。

(1) 私は彼について話した。→ I talked about him.
(2) 私は彼について走った。→ I ran following him.

この2つの文には「について」という表現が共通して現れているが，文(1)の「について」は前置詞 about と翻訳されるのに対して，文(2)の「について」は動詞 follow の現在分詞に翻訳される。このように区別して翻訳するには，文(1)中の「について」をひとかたまりの複合辞として検出すると同時に，文(2)中の「ついて」は本来の動詞の意味で用いられていると区別して，それぞれの文の構造を正しく把握しておく必要がある。

複合辞は，日本語の文構造を把握するときに重要な役割を果たしているにもかかわらず，従来の自然言語処理における複合辞の取り扱いは不十分であった(土屋ほか，2006)。この状況を改善するには，複合辞である可能性がある単語列が現れたときに，非構成的な意味を持つ複合辞として用いられているか，その単語列本来の意味で構成的に用いられているかを区別できる検出器が必要である。本節では，そういった検出器を作成するための基礎資料として，複合辞と同一の単語列が，非構成的な意味を持つ複合辞として用いられている用例だけでなく，その単語列本来の意味で構成的に用いられている用例を含み，かつ，それぞれの複合辞について十分な数の用例を含む複合辞用例データベースを作成する手順について述べる。加えて，実際に用例データベースを作成した結果と，作成した用例データベースを用いて日本語複合辞について分析した結果を述べる。

まず，本節では，用例データベースに収録する複合辞のリストを選定するにあたって，『現代語複合辞用例集』(国立国語研究所，2001)(以下，用例集と呼ぶ)を基礎資料とし，この用例集でとりあげられている全125項目のうちの123項目の複合辞を収録対象とした[1]。次に，複合辞用例データベースを設計するにあたって，その中心部分を占める用例の収集方針としては，以下の点に留意した。

- 複合辞と同一の単語列が，その単語列の本来の意味で構成的に用いられてい

---

[1] 本節で収録対象とする複合辞は，『現代日本語書き言葉均衡コーパス (BCCWJ)』(http://www.ninjal.ac.jp/corpus_center/bccwj/) において選定されている複合辞 (小椋ほか，2011; 近藤ほか，2011) とは別であり，両者の間には一致しない複合辞が存在する。

る場合と，非構成的な意味で複合辞として用いられている場合があるので，それぞれの場合に対応した用例が必要である。
- 複合辞は，既存の形態論的体系や形態素解析器と整合的ではない場合もあると予想されるが，そのような用例も必要である。
- 通常のコーパスを作成する場合は，一定量のテキストを用意し，そのテキスト全体に斉一的にタグ付与作業を行う。しかし，この方法では，対象テキスト中の複合辞の出現頻度によって，それぞれの複合辞の用例の数が変わってきてしまう。出現頻度の低い複合辞も含めて，十分な量の用例を確保するには，大量のテキストにタグ付与作業を行わなければならなくなる。そこで，本節では，複合辞の種類ごとに，複合辞と同一の単語列を含む用例を均等に収集し，これらの用例に対して複合辞の用法のタグ付けを行う。

また，作成された複合辞用例データベースが，研究用に広く利用できることを考慮して，用例収集の際の出典としては，すでに研究用に広く利用されている新聞記事 (毎日新聞) を採用した。

なお，本節で紹介する複合辞用例データベースについての詳細は土屋ほか (2006) に述べられており，データベースは，http://nlp.iit.tsukuba.ac.jp/must/ において公開されている。

3.1.1 複合辞リストの作成
〈1〉複合辞

複合辞とは，いくつかの語が複合してひとかたまりの形となって非構成的な意味を持ち，辞的な機能を果たす表現である。用例集では，複合辞は以下の5つに分類されている。

A. 基本的に活用しない「助詞的複合辞」

接続辞類　基本的に節を受けて，複文前件を形成するもの (「〜とはいえ」など36項目)。

連用辞類　基本的に名詞を受けて，述語にかかる成分を形成するもの (「〜について」など45項目)。

連体辞類　名詞や節などを受けて，連体修飾句を形成するもの (「〜といった」など2項目)。

文末辞類　文末に付加されて，話し手のコミュニケーション上のさまざまな

気持ちを示すもの (0 項目, 詳しくは後述)。
- **B.** 述語の部分に付加されて活用する「助動詞的複合辞」(「～つもりだ」など 42 項目)

本節では, この 5 分類に, 前の文を後ろの文に関係付ける働きをする接続詞類を加えて, 複合辞を 6 つに分類する。

⟨2⟩ 既存の複合辞リスト

用例集は, 図 3.1 のような形式の 125 項目の解説からなっている。それぞれの項目は,「A56～にとって・～にとり」というような見出しと,「接続」「意味・用法」「文法」「ノート」といった説明文, および用例を含む。また, 用例集では, 複合辞は, 上述したように 5 種類に分類されている。ただし, 以下の例文の下線部のように終助詞的な働きをする文末辞類の複合辞は, 用例集には収録されていない。

毎年大量の雨が降っている<u>ではないか</u>

用例集以外に, 複合辞を列挙したリストとしては以下の 2 つがある。
- 『日本語表現文型』(森田・松木, 1989): 7 機能的分類, 52 意味大分類, 210

◇ **A56～にとって・～にとり**
接続　名詞 (名詞節を含む) に付く。
意味・用法
　「A にとって B」という形で文の内容を規定する形で用いられ,「A にとって B」が係っていく文の内容として述べられる個別的な判断・とらえ方をする主体を表す。
用例
　(1) 技術的な問題 (拡大・縮小や, ゆがみ, 雑音など) はいろいろありますが, コンピュータにとって「原理的に不可能」とはいえません。
　　　(野崎昭弘「人工知能はどこまで進むか」)
　　　…
文法
　「にとり」という言い方も, いささかぎこちないがなお可能である。連体修飾の言い方としては,「にとる」とそのまま連体形にしては用いられないが,「にとっての」という形でなら可能である。「にとりまして」という丁寧の形も取れる。とらえ方をする主体という立場を強調した言い方として …「～にとってみれば」という形もある。

図 3.1 用例集の項目例

意味小分類，450 表現
- 『日本語文型辞典』(グループ・ジャマシイ, 1998)：115 意味分類，965 表現，2,169 用法

用例集に収録されている複合辞は，この 2 つのリストに収録されている複合辞の一覧対照表を作成した上で，日本語表現文型に収録されている複合辞を基本とし，その中でも 1 つの複合形式として熟合度が高く，また一般性も高いと判断される複合辞が選ばれている。

〈3〉 収録対象とする複合辞の体系化

用例集では，意味的・機能的に似通った，ある範囲の異形態 (3.2.1 項の 〈2〉 参照) は項目として区別されず，1 つの項目で説明されている。そのため，そのままの形式では，用例データベースに収録する複合辞リストとしては不十分であり，異形態を明示的に列挙・体系化したリストが必要である。本節では，最初に，収録する項目について説明し，次に，各項目で説明されている複合辞を全て明示的に列挙・体系化する方法を説明する。

用例集は 125 項目からなっている。その内，「A66〜といい〜といい」および「A67〜といわず〜といわず」は，(連続しない) 複数の要素の呼応という特別の形をとっているため，これらの項目で説明されている複合辞の用例を収集するには，特殊な工程が必要になる。そこで，データベース作成にあたっては，これら 2 つの項目は対象外として，123 項目を対象とする。

用例集の 1 つの項目では，ある範囲の異形態がまとめて，項目として区別されずに説明されていることがある。たとえば，図 3.1 の項目には，「〜にとって」や「〜にとり」などの異形態が区別されずに，1 つの項目にまとめられている。このような複合辞もすべて明示的に列挙・体系化するために，項目を語形などに着目して細分した小項目という単位を設ける。用例集の 1 つの項目に含まれている複数の小項目を区別するため，各桁が以下のような意味を持つ 4 桁の枝番号を設定し，この枝番号と項目 ID を組み合わせて小項目 ID とする。

- 1 桁目：助詞の挿入や脱落および交替，同意語の交替などにより一部が異なる複数の異形態を区別。
- 2 桁目：文体を区別。0 = 常体，1 = 敬体，2 = 口語体
- 3 桁目：以下の表現を区別。0 = 基本形，1 = 連体修飾形，2 = 否定の変化形，3 = 否定形

- 4桁目：1桁目〜3桁目がまったく同じである複数の小項目を区別するための一意な番号 $(0, 1, 2, \ldots)$。

例として，図 3.1 の項目 (A56) を小項目に分割し，それぞれの小項目を区別するための 4 桁の枝番号と項目 ID を組み合わせた小項目 ID を付与した結果を以下に示す．

見出し：A56〜にとって・〜にとり
A56-1000：にとって
A56-1010：にとっての　(←「〜にとって」の連体修飾形)
A56-1100：にとりまして (←「〜にとって」の丁寧形)
A56-2000：にとり
A56-3000：にとってみれば

ただし，「〜におうじ」と「〜に応じ」のように平仮名と漢字の違いは，1つの小項目にまとめる．また，「〜てならない」が形容動詞語幹に後続して「〜でならない」のように，複合辞の先頭が濁音に変化する場合も区別せずに，1つの小項目にまとめる．また，連用辞類に属する表現「〜について」などは，助詞「は」「も」が後続することによって提題助詞的または副助詞的に働くことがあるが，これらの表現について個別の小項目を立てて区別することはしなかった．

最終的に，用例集に掲載されている 125 個の項目から，「A66〜といい〜といい」および「A67〜といわず〜といわず」を除いた 123 項目を 337 個の小項目に分割し，収集対象として選定した．

3.1.2　複合辞用例データベースの設計と作成

〈1〉　用例データベースの仕様

用例データベースは，項目，小項目，用例の 3 つの単位から構成されている．

項目は，見出し語と，項目 ID および 1 つ以上の小項目からなる．見出し語と項目 ID は，用例集の項目に完全に準拠している．たとえば，図 3.1 に準拠した項目では，見出し語は「〜にとって・〜にとり」，項目 ID は A56 である．

小項目は，小見出し語，小項目 ID および用例 (複数) からなる．小見出し語は，この小項目の可能な表示 (語形と読みの組) のリストである．多くの小見出し語には，少なくとも形式的には内容語と分類される語が含まれている．たとえば，

図 3.1 の「～にとって」には動詞「とる」が含まれている．そのため，ある小見出し語と同一の単語列が，内容語の本来の意味で用いられている場合があるが，そのような区別を説明文だけで記述することは大変困難であり，具体的な用例を多数示すことが重要である．用例集では，平均すると 1 項目あたり 16.6 文の用例文が収録されている．本節で紹介する複合辞用例データベースでは，用例集で説明されている複合辞用法で用いられている用例と，それ以外の用法で用いられている用例の両方を収録するため，少なくとも 2 倍の数の用例が必要である．しかし，最初から大規模なデータベースを作ることは困難であるので，データベース作成にあたっての問題点を明らかにするのに必要かつ十分な規模として，1 小項目あたり 50 個の用例を収集している．

用例は，用例 ID，収集元の記事 ID，テキスト，ターゲット文字列，判定ラベルおよび備考からなる．図 3.2 に例を示す．用例 ID は，小項目 ID に用例を識別するための一意な自然数 (3 桁) を加えたものである．収集元の記事 ID は，この用例のテキストを収集した記事を表す．ターゲット文字列は，文字列のみに基づいて判断すると複合辞である可能性がある部分であり，テキストは，ターゲット文字列を含む文である[2]．判定ラベルは，ターゲット文字列が文中において果たしている働きを人手で判定した結果を表す．

```
用例 ID:      A56-1000-003
収集元 ID:    MNP-950115192-6
テキスト (下線部がターゲット文字列): 大阪・関西にとって試金石だと思う．
判定ラベル:   F
備考:         (なし)
```

図 **3.2** 用例データベース中の用例

〈2〉 判定ラベル体系

判定ラベルとは，ターゲット文字列が文中でどのような働きをしているかを表すラベルであり，本節で紹介する複合辞用例データベースでは，表 3.2 の通り 6 種類のラベルを設定している．判定ラベル付与とは，用例 ID，収集元 ID，文お

---

[2] 文は，句点を手がかりとして機械的に分割した．

3.1 複合辞の用例データベース　　　63

表 3.2　判定ラベル体系

判定ラベル	判定単位	読み	内容 vs 機能	用法	複合辞
B	不適切				―
Y	適切	不一致			×
C	適切	一致	内容的	内容的用法	×
F	適切	一致	機能的	用例集で説明されている用法	◎
A	適切	一致	機能的	接続詞的用法	○
M	適切	一致	機能的	その他の機能的用法	○ or ×

よびターゲット文字列が与えられたときに，判定ラベルを確定する作業のことである．

　判定ラベル B は，ターゲット文字列が判定単位として不適切であることを表すラベルである．たとえば，文 (3) のターゲット文字列は助詞「に」と副詞「とりあえず」の一部からなっており，判定単位として不適切であるから，文 (3) には判定ラベル B を付与する．

(3) 震災直後<u>にとりあえず</u>スタッフを出動させることができ，速やかに救援活動に入れる．

　判定ラベル Y は，ターゲット文字列の読みが，判定対象となっている小項目の読みと一致していないことを表す．例えば，「～うえは (A14–1000)」の用例として文 (4) を判定する場合，ターゲット文字列の読みは「じょうは」であり，小項目の読み「うえは」と一致していない．このような文には，判定ラベルとして Y を付与する．

(4) 法律<u>上</u>は困難でも，もう少し組織的に救援活動に参加する道がないか考えたい．

　判定ラベル C は，ターゲット文字列に内容的に働いている語が含まれていることを表す．たとえば，文 (5) のターゲット文字列中の動詞「とる」は本来の意味で内容的に働いているので，判定ラベルとして C を付与する．

(5) まな板に<u>とって</u>ていねいに納豆のタタキを作りみそ汁の実にするのである．

　判定ラベル F, A, M は，ターゲット文字列が機能的に働いているとき，その

機能を区別するためのラベルである．判定ラベル F は，ターゲット文字列が用例集で説明されている用法で働いていることを表す．判定ラベル A は，ターゲット文字列が接続詞的に働いていることを表す．判定ラベル M は，これら以外の機能的な働きをしていることを表す．たとえば，「A ところで B」の形で逆接の意味に用いられる「～ところで (A22–1000)」の用例として，文 (6)～(8) を判定する場合を考える．

(6) 受験などでは倍率が上がったところで入学金があがることはない．
(7) ところで，全国の桜の名所では近年，樹勢の衰えが目立ち，保護対策に頭を痛めているという．
(8) 浜ノ島はあと一歩のところで勝ち星に結び付かず負け越した．

文 (6) のターゲット文字列は，用例集で説明されている通りに逆接の働きをしているので，判定ラベルとして F を付与する．文 (7) のターゲット文字列は，文頭にあって接続詞的に働いているので，判定ラベルとして A を付与する．文 (8) のターゲット文字列に含まれる名詞「ところ」は，形式的に働いているので，文 (8) には判定ラベルとして M を付与する．

〈3〉 作成手順の概略

用例データベースは，概ね以下の手順に沿って作成された．

1) 新聞記事 (毎日新聞 (1995 年)) から 50 文を収集する．
2) 各文に対して，複数の作業者によって判定ラベルの付与・検証を行う．
3) 用例集の用法で用いている用例が 10 個以上含まれているか否かを調査する．含まれていない場合は，用例集の用法で用いられている可能性が高い用例を補充収集する．
4) 用例集の用法で用いられていない用例が 10 個以上含まれているか否かを調査する．含まれていない場合は，用例集の用法で用いられていない可能性が高い用例を補充収集する．

3.2 機能表現の辞書

本節では，自然言語処理における利用を目的として，日本語機能表現の網羅的な辞書を設計・作成した事例である日本語機能表現辞書『つつじ』を紹介する．
日本語の機能表現が持つ主な特徴の 1 つは，個々の機能表現に対して，多くの

異形態・異表記が存在することである．計算機が利用することを想定した辞書を編纂する場合，これらの表現を適切に扱う必要がある．本節で紹介する機能表現辞書においては，機能表現の異形態・異表記を体系的に整理するために，見出し体系として，9つの階層からなる階層構造を用いる．

なお，本節で紹介する日本語機能表現辞書『つつじ』についての詳細は，松吉ほか (2007) に述べられており，その辞書データは http://www.cl.inf.uec.ac.jp/lr/tsutsuji/ において公開されている．

3.2.1 日本語機能表現
〈1〉 機能表現の定義

本節では，表 3.3 に示すいずれかの機能を持つ表現を，「それぞれの機能型に属する機能表現」と呼び，その総称として機能表現という用語を用いる．表 3.3 に挙げた機能は，通常，機能語に対して認定されるものである．本節では，それを複合辞にまで拡張し，機能表現の定義として用いる．

表 3.3 機能表現の持つ機能および機能表現辞書 L^3 階層での ID (3.2.3 参照)

機能	機能型	例	L^3ID
前件を後件の用言に関係付ける	格助詞型	について	P
前件を後件の節に関係付ける	接続助詞型	にもかかわらず	Q
前件を後件の体言に関係付ける	連体助詞型	にたいする	D
前の文を後ろの文に関係付ける	接続詞型	ところが	C
前件に付加的なニュアンスを与える	助動詞型	なければならない	M
前件を名詞化する	形式名詞型	こと	N
前件を取り立てる	とりたて詞型	のみならず	T
前件を話題化する	提題助詞型	といえば	W

〈2〉 機能表現の異形態・異表記

日本語の機能表現が持つ主な特徴の1つは，個々の機能表現に対して，多くの異形態・異表記が存在することである．例えば，「なければならない」に対して，「なくてはならない」「なくてはならず」「なければなりません」「なけりゃならない」「なければならぬ」「ねばならん」など，多くの異形態が存在する．このような表現を作り出す過程には，いくつかの言語現象が絡んでいる．本節では，これらの言語現象に基づいて，機能表現の異形態・異表記を次の7つのカテゴリに分類した．

1) **派生** 2つの表現がお互いに緊密に関連しているが，それらの機能が異なるとき，それらを派生に分類する．たとえば，「にたいして」と「にたいする」は，いずれも格助詞「に」と動詞「たいする」の1つの活用形という形態をしており，お互いに緊密に関連している．その一方で，それらは，異なる機能を持っている．「にたいして」は，格助詞型機能表現であり，「にたいする」は，連体助詞型機能表現である．それゆえに，これらを派生に分類する．

2) **機能語の交替** 機能表現を構成する機能語が，異なる機能語に置き換えられることにより，異形態が生成されることがある．たとえば，「からする<u>と</u>」の末尾の「と」を「ば」に置き換えると，「からすれ<u>ば</u>」という異形態が生成される．

3) **音韻的変化** 機能表現の構成要素が音韻的に変化することにより，異形態が生成されることがある．音韻的変化は，次の4種類に分類できる．

    (a) **縮約** 特定の文字列が縮約することにより，異形態が生成されることがある．たとえば，「なければならない」の「<u>れば</u>」が「りゃ」へ縮約した場合，「なけ<u>りゃ</u>ならない」という異形態が生成される．

    (b) **脱落** 特定の文字が脱落することにより，異形態が生成されることがある．たとえば，「ところだった」から「ろ」が脱落することにより，「とこだった」という異形態が生成される．

    (c) **促音化・撥音化** 特定の文字列が促音化，もしくは撥音化することにより，異形態が生成されることがある．たとえば，「たも<u>の</u>ではない」の「の」が撥音化することにより，「たも<u>ん</u>ではない」という異形態が生成される．

    (d) **有声音化** 前に接続する語により，機能表現の先頭の子音が有声音になり，異形態が生成されることがある．たとえば，「<u>て</u>いい」は，前に「読む」が接続する場合，先頭の子音 "t" が有声音 "d" になり，「<u>で</u>いい」という異形態が生成される．

4) **とりたて詞の挿入** 機能表現の内部にとりたて詞 (沼田, 1986) が挿入されることにより，異形態が生成されることがある．たとえば，「といっても」の「と」と「いっても」の間には，とりたて詞「は」が挿入可能である．この挿入により，「と<u>は</u>いっても」という異形態が生成される．

5) **活用** 機能表現を構成する末尾の語が活用することにより，異形態が生成されることがある。たとえば，「なければならない」の末尾の「ない」が「なかっ」に活用することにより，「なければならなかっ」という異形態が生成される。
6) **「です／ます」の有無** 機能表現の内部に「です」や「ます」が挿入されることにより，異形態が生成されることがある。たとえば，「にたいして」の「にたいし」と「て」の間には，「ます」が活用した「まし」が挿入可能である。この挿入により，「にたいしまして」という異形態が生成される。
7) **異表記** 機能表現の構成語が漢字表記を持っている場合，その語の表記の仕方によって，異表記が生成されることがある。例えば，「にあたって」に対して，「に当たって」「に当って」という漢字表記が存在する。

3.2.2 機能表現辞書の設計

本項で紹介する機能表現辞書においては，次の3つの要件を設定している。
- **要件1** 機能表現の出現形を網羅する見出し体系を持っていること。
- **要件2** 関連する機能表現間の関係が明示されており，異形式同意味の判定や言い換えにおける利用が可能であること。
- **要件3** 個々の機能表現に対して，文法情報や意味などが記述されており，解析システムなどの自然言語処理システムに対して個々の機能表現についての情報を提供することが可能であること。

これらの要件を満たす辞書を作成するにあたり，以下の設計方針が定められている。
- **見出し体系** 9つの階層を持つ階層構造 (次節参照)

この階層構造により，すべての機能表現の出現形を整理し，機能表現間の関係を明示する。
- **辞書の形式** XML 形式
- **付加情報** 以下に挙げる情報を記述する
  - **左接続・右接続** 隣に接続可能な語の形態論的情報
  - **意味クラス** 属する類義表現集合

    「日本語表現文型」(森田・松木, 1989) における意味分類を参考にして，機能表現の類義表現集合として，大きい分類で 45 クラス，細かい分

類で199クラスの意味クラスを導入した (松吉・佐藤, 2008)。このうちのいずれかを記述する。
- **難易度** やさしい方から A1, A2, B, C, F の 5 段階の難易度 (佐藤, 2004)

  「日本語能力試験出題基準」(日本国際教育協会 2002) における「〈機能語〉の類」の級を参考にして，表現のわかりやすさに基づき，難易度を記述する。
- **文体** 常体, 敬体, 口語体, 堅い文体の 4 種類
- **核** 表現の構成において中心的な核の単語

  たとえば，「にたいして」に対して，「たいし」と記述する。
- **稀** 使用が稀であることを示すマーク

  たとえば，「て呉れる」に対して，このマークを付与する。
- **例文** 機能表現を含む文
- **否定表現** 意味の観点から見た否定の表現

  たとえば，「なければならない」に対して，「なくてよい」と記述する。これを明記する理由は，機能表現の後ろに単純に「ない」を接続させた表現は，非文法的である場合があるからである。
- **慣用表現** 機能表現を含むもの

  たとえば，「にたりない」に対して，「とるにたりない」と記述する。この情報は，慣用表現の一部である機能表現を，1 単位であるとして誤検出してしまうのを防ぐのに利用することができる。
- **文献への参照** 文献名および参照ページ
- **外部辞書の見出し語へのリンク** 外部辞書における項目 ID

3.2.3 機能表現の階層構造

3.2.1 項の 〈2〉 で述べた機能表現の異形態・異表記を扱うために，9 つの階層を持つ階層構造を作成し，それを辞書の見出し体系とする。この階層構造は，以下の利点を持つ。

- 機能表現の出現形のリストとして，9 つ目の階層の機能表現集合を利用することができる。
- それぞれの表現が持つ ID を比較することにより，表現間の関係を知ること

ができる。

階層構造の一部を図 3.3 に示す。階層構造における L^0 のルートノードは，すべての表現を統轄するダミーノードである。L^1 の機能表現ノードは，辞書の見出し語に相当する。これは，もっとも抽象度の高い機能表現であるといえる。一方，階層構造の葉にあたる L^9 の機能表現ノードは，機能表現の出現形に相当する。これは，もっとも抽象度の低い機能表現であるといえる。それらの間に存在する機能表現ノードは，中間の抽象度を持つ機能表現である。

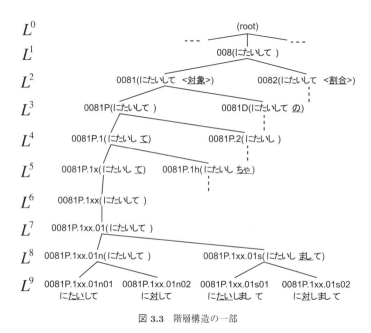

図 3.3 階層構造の一部

階層構造の 9 つの階層を表 3.4 に示す。L^3 から L^9 が，3.2.1 項の 〈2〉 で述べたそれぞれの異形態・異表記のカテゴリに対応する。

機能表現の階層構造を作成するにあたり，まず，異形態・異表記の表現間の差異の大きさに基づいて，それらのカテゴリに次の順番を定めた。

$$派生\,(L^3) > 狭義の異形態\,(L^4,\ L^5,\ L^6)$$
$$> 広義の活用\,(L^7,\ L^8)$$
$$> 異表記\,(L^9)$$

表 3.4 機能表現辞書の 9 つの階層

階層		ID		表現数
		文字種	長さ	
L^1	見出し語	数字	3	341
L^2	意味	数字	1	435
L^3	派生	英字 (8 種類)	1	555
L^4	機能語の交替	数字	1	774
L^5	音韻的変化	英字 (38 種類)	1	1,187
L^6	とりたて詞の挿入	英字 (18 種類)	1	1,810
L^7	活用	数字	2	6,870
L^8	「です／ます」の有無	英字 (2 種類)	1	9,722
L^9	異表記	数字	2	16,801

次に，単純な階層構造をつくるために，狭義の異形態 (L^4, L^5, L^6) と広義の活用 (L^7, L^8) のそれぞれにおいて順番を定めた．狭義の異形態 (L^4, L^5, L^6) において，機能語の交替 (L^4)，音韻的変化 (L^5)，とりたて詞の挿入 (L^6) という順番を定めた理由は，機能語の交替が，可能な音韻的変化に強く影響し，また，音韻的変化の有無が，とりたて詞の挿入に影響すると考えたからである．広義の活用 (L^7, L^8) において，活用 (L^7)，「です／ます」の有無 (L^8) という順番を定めた理由は，活用形の変化は，その表現が係ることのできる語の種類を変化させるが，「です／ます」の有無はそれとは独立であり，前者による表現形式の異なりは，後者による異なりより，もとの表現との差異が大きいと判断したからである．

そして，これらの階層の上に，次の 2 つの階層を定義した．

意味 (L^2)：機能表現が，2 つ以上の意味を持っている場合，この階層において，それらを区分する．たとえば，「にたいして」は，2 つの異なる意味を持っている．1 つは，「彼は私にたいして優しい」において示されるような〈対象〉という意味であり，もう 1 つは，「一人にたいして 5 つ」において示されるような〈割合〉という意味である．この階層において，これらを区分する．

見出し語 (L^1)：辞書の見出し語に相当する．

〈1〉 機能表現 ID

機能表現の出現形 (L^9 の機能表現) に対して，階層構造における位置を表す機能表現 ID が付与されている．図 3.4 に示すように，機能表現 ID は 9 つの部分からなる．ID の各部分は，階層構造のそれぞれの階層における階層 ID である．階層 ID に用いる文字種とその長さを，表 3.4 の「ID」の欄に示す．L^3, L^5, L^6, および L^8 の各階層の ID の一覧を，それぞれ，表 3.3, 表 3.5, 表 3.6, 表 3.7

3.2 機能表現の辞書

$$\underbrace{008}_{L^1}\ \underbrace{1}_{L^2}\ \underbrace{\text{P}}_{L^3}\ .\ \underbrace{1}_{L^4}\ \underbrace{\text{x}}_{L^5}\ \underbrace{\text{x}}_{L^6}\ .\ \underbrace{01}_{L^7}\ \underbrace{\text{n}}_{L^8}\ \underbrace{01}_{L^9}$$

図 3.4 機能表現 ID の構成

表 3.5 音韻的変化と L^5 階層の ID (38 種類)

L^5ID	縮約	脱落	促音化・撥音化	有声音化
a/A	てあ			(なし)／頭音
b	れば			
c/C	てし			(なし)／頭音
d				た
e				て
g/G		が		(なし)／頭音
h/H	は			(なし)／頭音
i/I		い (っ)		(なし)／頭音
j/J	てしま			(なし)／頭音
k	しか			
l/L		い (っ) and ろ		(なし)／頭音
m/M	も			(なし)／頭音
n/N			撥音化	(なし)／頭音
o/O	てお			(なし)／頭音
p/P	は		撥音化	(なし)／頭音
q/Q			促音化	(なし)／頭音
r/R		ろ		(なし)／頭音
s/S	しよ			(なし)／頭音
v				く
w			促音化 and 撥音化	
x				
y	ければ			
z/Z	しよ and も			(なし)／頭音

表 3.6 とりたて詞と L^6 階層の ID (18 種類)

L^6ID	とりたて詞	L^6ID	とりたて詞
h	は	i	のみ
m	も	c	しか
e	さえ	o	こそ
d	でも	n	など
s	すら	g	なんか
q	だって	t	なんて
a	まで	r	くらい
l	だけ	k	か
b	ばかり	x	(挿入なし)

表 3.7 「です／ます」の有無と L^8 階層の ID (2 種類)

L^8ID	「です／ます」の有無
n	無
s	有

表 3.8 類似した ID を持つ機能表現

	ID	機能表現
(1)	0081P.1xx.01n01	にたいして
(2)	0081P.1hx.01n01	にたいしちゃ
(3)	0091P.1xx.01n01	について

に示す。

　機能表現 ID は，階層構造における位置を表しているので，ID を比較することにより，2 つの機能表現間の関係を容易に知ることができる．表 3.8 に，類似した ID を持つ 3 つの機能表現を示す．(1) の ID と (2) の ID の差異は，8 文字めの "x" と "h" である．これらは L^5 階層の ID であるので，「にたいして」と「にたいしちゃ」は，同じ見出し語に対する音韻的異形態の関係にあることがわかる．それに対して，(1) の ID と (3) の ID は，最初の 3 文字が異なっている．これらは L^1 階層の ID であるので，「にたいして」と「について」は，全く異なる機能表現であるということがわかる．

3.3　機能表現の自動検出

　本節では，「にあたって」や「をめぐって」のように，2 つ以上の語から構成され，全体として 1 つの機能的な意味を持つ機能表現を自動検出する手法について述べる．ここで，これらの機能表現に対して，それと同一表記をとり，内容的な意味を持つ表現が存在することがある．たとえば，文 (9) と文 (10) には，「にあたって」という表記の表現が共通して現れている．

　(9) 出発するにあたって，荷物をチェックした．
　(10) ボールは，壁にあたって跳ね返った．

　文 (9) では，下線部はひとかたまりとなって，「機会が来たのに当面して」という機能的な意味で用いられている．それに対して，文 (10) では，下線部に含まれている動詞「あたる」は，動詞「あたる」本来の内容的な意味で用いられている．このような表現においては，機能的な意味で用いられている場合と，内容的な意

味で用いられている場合とを識別する必要がある．以下，本節では，文 (9), (10) の下線部のように，表記のみに基づいて判断すると，機能的に用いられている可能性がある部分を機能表現候補と呼ぶ．

機能表現検出は，日本語解析技術の中でも基盤的な技術であり，高カバレージかつ高精度な技術を確立することにより，後段のさまざまな解析や応用における効果が期待できる．一例として，機能表現検出の後段の解析として格解析を想定する．格解析は，用言とそれがとる格要素の関係を記述した格フレームを利用して行われる．「について」という機能表現を含む文 (11)

(11) 私は，彼の仕事について話す．

において，格解析を行う場合，機能表現を考慮しなければ，「仕事」と「話す」の関係を検出することができず，「私は」と「話す」の関係がガ格であることしか検出できない．それに対して，「について」という機能表現を考慮することができれば，「仕事」と「話す」の間の機能的な関係を「について」という機能表現が表現していることを検出することができる．このことから，機能表現検出の結果は，格解析の精度向上に効果があると考えられる．

以上の考察をふまえて，本節では，機能表現を自動検出する手法について述べる．本節では特に，単語を単位とするチャンク同定問題として機能表現検出タスクを定式化し，形態素解析結果から機械学習によって機能表現を検出するアプローチに基づく手法について述べる．機械学習手法として，Support Vector Machines (SVMs) (Vapnik, 1998) を用い，SVM を用いたチャンカー YamCha (工藤・松本, 2002a) を利用して，形態素解析器 ChaSen による形態素解析結果を入力とする機能表現検出器について述べる．

なお，本節で紹介する機能表現自動検出手法についての詳細は注連ほか (2007) に述べられている．

3.3.1 SVM を用いたチャンキングによる機能表現検出
〈1〉 チャンクタグの表現法

本節では，単語を単位として，検出対象とする機能表現全てに共通のチャンクタグを付与するという手順で，機能表現検出を行う．チャンクタグは，そのチャンクタグが付与された単語が，検出対象とする機能表現のいずれかに含まれるか

否かを表し，チャンクの範囲を示す要素とチャンクの用法を示す要素という2つの要素からなる．

チャンクの範囲を示す要素の表現法としては，以下で示すIOB2フォーマット(Tjong Kim Sang, 2000) が広く利用されており，本節でもこのIOB2フォーマットを使用する．

I チャンクに含まれる単語 (先頭以外)
O チャンクに含まれない単語
B チャンクの先頭の単語

ただし，本節では，表3.9のように，機能表現候補の用法ごとにIOB2フォーマットを細分化したものを使用する．この表において，機能的用法とは，3.1.2項で述べた複合辞用例データベースにおいて設定されている判定ラベルのうち，ラベルF，A，Mのいずれかが付与されたものを表し，内容的用法とは，判定ラベルのうち，ラベルC，Y，Bのいずれかが付与されたものを表している．本節では，2つの用法のうち，機能的用法を検出する機能表現検出器を作成する．

表 3.9 チャンクタグ

機能表現候補の単語		用法	
		機能的用法	内容的用法
	チャンクの先頭	B-機能	B-内容
	チャンクの先頭以外	I-機能	I-内容
それ以外の単語		O	

⟨2⟩ 素　性

学習・解析に用いる素性について説明する．文頭からi番目の単語m_iに対して与えられる素性F_iは，形態論素性$MF(m_i)$，チャンク素性$CF(i)$，チャンク文脈素性$OF(i)$の3つ組として，次式によって定義される．

$$F_i = \langle MF(m_i), CF(i), OF(i) \rangle$$

形態論素性$MF(m_i)$は，形態素解析器によって単語m_iに付与される情報である．本節では，IPA品詞体系 (THiMCO97) の形態素解析用辞書に基づいて動作する形態素解析器ChaSenによる形態素解析結果を入力としているため，以下の10種類の情報 (表層形，品詞，品詞細分類1〜3，活用型，活用形，原形，読み，発音) を形態論素性として用いた．

3.3 機能表現の自動検出

チャンク素性 $CF(i)$ とチャンク文脈素性 $OF(i)$ は，i 番目の位置に出現している機能表現候補に基づいて定まる素性である．今，下図のような単語列 $m_j \ldots m_i \ldots m_k$ からなる機能表現候補 E が存在したとする．

$$m_{j-2} \quad m_{j-1} \quad \boxed{m_j \ldots m_i \ldots m_k} \quad m_{k+1} \quad m_{k+2}$$
機能表現候補 E

チャンク素性 $CF(i)$ は，i 番目の位置に出現している機能表現候補 E を構成している単語の数 (機能表現候補の長さ) と，機能表現候補中における単語 m_i の相対的位置の情報の 2 つ組である．チャンク文脈素性 $OF(i)$ は，i 番目の位置に出現している機能表現候補の直前 2 単語および直後 2 単語の形態論素性とチャンク素性の組である．すなわち，i 番目の位置に対する $CF(i)$ および $OF(i)$ は次式で表される．

$$CF(i) = \langle k-j+1,\ i-j+1 \rangle$$
$$OF(i) = \langle\ MF(m_{j-2}), CF(m_{j-2}), MF(m_{j-1}), CF(m_{j-1}),$$
$$MF(m_{k+1}), CF(m_{k+1}), MF(m_{k+2}), CF(m_{k+2})\ \rangle$$

i 番目の単語に対するチャンクタグを c_i とすると，チャンクタグ c_i の学習・解析を行う場合に用いる素性として，i 番目の単語および前後 2 単語に付与された素性 $F_{i-2}, F_{i-1}, F_i, F_{i+1}, F_{i+2}$ と，直前 2 単語に付与されたチャンクタグ c_{i-2}, c_{i-1} を用いる (図 3.5)．解析時には，解析によって得られたチャンクタグを，直前 2 単語に付与されたチャンクタグとして順に利用して，解析を行う．

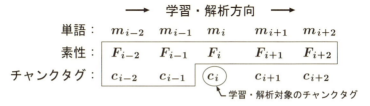

図 3.5　YamCha の学習・解析

3.3.2　評　　　価

3.1 節で紹介した複合辞用例データベースにおいては，機能表現候補を含む用

例を新聞記事から無作為に収集し，人手によって用法を判定した用例を収集している。このデータベースにおいて，機能表現候補が新聞記事 (1 年間) に 50 回以上出現し，かつ，機能的な意味で用いられている場合と，それ以外の意味で用いられている場合の両方が適度な割合で出現する表現は，全 337 表現中 59 種類である。本節の評価においては，これらの 59 種類の機能表現を対象として，自動検出手法の評価を行う。

まず，これらの 59 表現に対する用例として用例データベースに収録されている 2,583 例文について，これらの例文に含まれているすべての機能表現候補に判定ラベルを付与した。さらに，この例文の内，『京都テキストコーパス』[3)] に含まれる文と重複する 154 文を除いた。そして，この 2,429 文 (各表現について 20 用例以上収録) を機能表現検出器の訓練データとして使用した。訓練データにおける機能表現候補の出現数は，3,083 例である。また，評価データとしては，京都テキストコーパスに収録されている文を対象とし，その文に含まれているすべての機能表現候補に対して，判定ラベルを付与したものを使用した。評価データにおける機能表現候補の出現数は，7,703 例である。

評価尺度としては，以下の式で表される精度，再現率，F 値，および判別率を用いた。

$$\text{精度} = \frac{\text{検出に成功したチャンク数}}{\text{解析によって検出されたチャンク数}}$$

$$\text{再現率} = \frac{\text{検出に成功したチャンク数}}{\text{評価データに存在するチャンク数}}$$

$$\text{F 値} = \frac{2 \times \text{精度} \times \text{再現率}}{\text{精度} + \text{再現率}}$$

$$\text{判別率} = \frac{\text{正解した判定ラベル数}}{\text{全判定ラベル数}}$$

SVM を用いた機能表現検出器およびベースラインの評価結果を表 3.10 に示す。ベースライン「頻度最大の判定ラベル」とは，すべての候補部分に対して頻度最大の判定ラベル (機能的用法) を付与した場合の検出性能である。SVM を用いた機能表現検出器によって，ベースラインよりも高い F 値を達成できた。学習・解析に用いた素性の違いによる性能の違いを検討すると，形態論素性のみを用いた場

[3)] http://nlp.ist.i.kyoto-u.ac.jp/index.php?京都大学テキストコーパス

表 3.10 機能表現自動検出の評価結果 (%)

手法		精度	再現率	F 値	判別率
ベースライン: 頻度最大の判定ラベル		74.6	100	85.5	74.6
SVM を用いた検出器	形態論素性	90.4	91.4	90.9	86.7
	形態論素性 + チャンク素性	**91.8**	93.0	92.4	88.9
	形態論素性 + チャンク素性 + チャンク文脈素性	91.4	**94.6**	**92.9**	**89.3**

合よりも形態論素性とチャンク素性を併用した場合の方が，形態論素性とチャンク素性を併用した場合よりも形態論素性，チャンク素性，チャンク文脈素性すべてを使用した場合の方が検出性能がすぐれていることから，チャンク素性とチャンク文脈素性は，機能表現を検出するための素性として適当であったといえる．

3.4 関連研究

3.4.1 機能表現の辞書・コーパス

首藤ほか (1998) と Shudo, et al. (2004) は，複合辞や慣用表現を含む複数の語からなる定型的表現をできるだけ網羅的に収集し，複合辞間に類似度を定義して，複合辞の言い換えや機械翻訳に利用することを提案している[4]。兵藤ほか (2000) は，2 つの層を持つ日本語機能表現の辞書を提案している．この辞書の第一の層には，375 の項目があり，これらの項目から，第二の層において，自動的に 13,882 の可能な出現形が生成される．一方，日本電子化辞書研究所 (2001) には，助詞相当語 82 表現，助動詞相当語 49 表現が登録されている．また，『日本語話し言葉コーパス (CSJ)』[5] においては，助詞相当句 29 表現と助動詞相当句 37 表現が，長単位の見出し語として扱われている (小椋ほか，2004)．それらの表現は，丁寧形や異形態などの観点から，前者は 80，後者は 92 の表現に細分されている．その他，『BCCWJ』においては，4 つの条件[6] を満たす複合辞として，助詞相当 75 語，助動詞相当 55 語を選定している (小椋ほか，2011)．また，BCCWJ においては，これとは別に，925 語の小見出しから構成される『BCCWJ 複合辞辞書』(近藤ほか，2011) を構築している．

---

[4] http://jefi.info/ においては，日本語フレーズ辞書の一部として，助詞，助動詞相当の機能を持つ表現約 6,000 を収録しているとしている．

[5] http://www.ninjal.ac.jp/corpus_center/csj/

[6] (i) 国立国語研究所, (2001)，グループ・ジャマシイ, (1998)，森田・松木, (1989) における収録状況に基づき，重要度を判断, (ii) BCCWJ において一定以上の頻度 (50 程度) がある, (iii) BCCWJ において，機能的用法の割合が 80%程度である, (iv) 複合辞前後の短単位から，機能的用法であると判定できる．

3.4.2 機能表現の自動解析

Shudo, et al. (2004) では，機能表現を検出することを目的として，機能的用法と内容的用法を識別するための規則を人手で作成している．一方，内元ほか (2004) と Uchimoto, et al. (2004) は，複合辞だけにとどまらず，話し言葉コーパス中の全長単位・短単位を対象として，半自動で精度良く短単位・長単位の2種類の粒度の形態論情報を付与する枠組みを提案している．この枠組みでは，なるべく少ない人的コストで話し言葉コーパス全体に2種類の粒度の形態論情報を付与するため，最初に短単位の解析を行い，次に，短単位の形態論情報を素性として，3.3節で述べた機能表現自動検出器と同等の手法により短単位をチャンキングすることによって長単位の形態論情報を付与するという方式を用いている．同様に，小澤ほか (2014) においては，BCCWJ を対象として，複合辞だけにとどまらず，全長単位・短単位を対象として，3.3 節で述べた機能表現自動検出器と同等の手法により長単位を同定する方式について述べている (第 2 章参照)．それに対して，鈴木ほか (2012a) においては，表 3.11 の例に示すように，BCCWJ において「複合辞として一長単位を構成する」もしくは「複数の長単位から構成される」の曖昧性を持つ 201 種類 (助詞 63 種類，助動詞 112 種類，接続詞 26 種類) の短単位列に対して，3.3 節で述べた機能表現自動検出器と同等の手法により，長単位もしくは短単位列のいずれであるかの曖昧性の解消を行った結果を報告している．また，鈴木ほか (2012b) と Suzuki, et al. (2012) においては，3.2 節で紹介した機能表現辞書『つつじ』の全 16,801 表現を対象とした機能表現自動検出方式を提案している．この方式においては，つつじの階層性を利用し，階層において下位に位置する派生的表現の用法判定に際して，用法が類似するより上位の代表的表現の用例を参照することで用法判定を行っている．

また，注連ほか (2007) においては，3.3 節で述べた機能表現検出手法によって自動検出された機能表現を考慮した上で，文全体の係り受け解析を行う手法を提案している．この手法においては，係り受け情報付与済みコーパスに対して機能表現の情報を人手で付与し，それを基に文節の区切りや係り先の情報を機能表現を考慮したものに変換する．そして，SVM に基づく統計的係り受け解析の学習・解析ツール CaboCha (工藤・松本, 2002b) を用いて，変換したデータを学習し，機能表現を考慮した係り受け解析を実現している．

以上の機能表現自動検出および係り受け解析の研究に対して，機能表現の意味

表 3.11 BCCWJ において「(1) 複合辞として一長単位を構成する」または「(2) 複数の長単位から構成される」という曖昧性を持つ短単位列の例

		表記	短単位列	長単位	意味	例文
	(1)	に当たって	に (助詞) ＋ 当たっ (動詞) ＋ て (助詞)	に当たって (助詞)	状況	証券化に当たって，より有利な商品設計が可能である点などでメリットがあると考えられる。
	(2)		に (助詞) ＋ 当たっ (動詞) ＋ て (助詞)	−		……紫外線に 当たっ ても分解されず，においの成分が長もちするんです」
	(1)	ことがあっ	こと (名詞) ＋ が (助詞) ＋ あっ (動詞)	ことがあっ (助動詞)	経験	誰かに似ているな，と彼はこれまでにも時折思ったことがあったが，……
	(2)		こと (名詞) ＋ が (助詞) ＋ あっ (動詞)	−		どんな人にも……，得意なことと苦手なこと が あっ て，……
	(1)	ところが	ところ (名詞) ＋ が (助詞)	ところが (接続詞)	逆接	ところが，それは意外に素早く簡単に済んだのだった。
	(2)		ところ (名詞) ＋ が (助詞)	−		……部屋の北側に一段高いところ があって，……

までを対象とした技術に関する研究として，上岡ほか (2014) においては，述部機能表現の意味を同定する手法を提案している．また，松吉・佐藤 (2008) においては，つつじ中の機能表現を対象として，意味クラスを利用して代替表現に言い換える枠組みを提案している．その他，つつじの機能表現を対象として，代表的表現への言い換えを介した機械翻訳を行う手法の研究事例として，『日本語文型辞典』(グループ・ジャマシイ，1998) 中の例文を対象とした集約的英訳 (坂本ほか，2009)，特許文を対象とした集約的英訳 (Nagasaka, et al. 2010; 阿部ほか，

2012), および集約的中国語訳 (劉ほか, 2010) についての手法が提案されている。

[宇津呂武仁・松吉　俊・土屋雅稔]

参 考 文 献

Nagasaka, T., R. Shimanouchi, A. Sakamoto, T. Suzuki, Y. Morishita, T. Utsuro and S.Matsuyoshi (2010) "Utilizing Semantic Equivalence Classes of Japanese Functional Expressions in Translation Rule Acquisition from Parallel Patent Sentences." in *Proceedings 7th LREC*, pp. 1778-1785.

Shudo, K., T. Tanabe, M. Takahashi and K.Yoshimura (2004) "MWEs as Non-propositional Content Indicators." in *Proceedings 2nd ACL Workshop on Multiword Expressions: Integrating Processing*, pp. 32-39.

Suzuki, T., Y. Abe, I. Toyota, T. Utsuro, S. Matsuyoshi and M. Tsuchiya, (2012) "Detecting Japanese Compound Functional Expressions using Canonical/Derivational Relation." in *Proceedings 8th LREC*.

Tjong Kim Sang, E. (2000) "Noun Phrase Recognition by System Combination." In *Proceedings of the 1st Conference of NAACL*, pp. 50-55.

Uchimoto, K., Takaoka, K., Nobata, C., Yamada, A., Sekine, S. and Isahara, H. (2004) "Morphological Analysis of the Corpus of Spontaneous Japanese." *IEEE Transactions on Speech and Audio Processing*, **12** (4), 382-390.

Vapnik, V. N. (1998) *Statistical Learning Theory*. Wiley-Interscience.

阿部佑亮，鈴木敬文，宇津呂武仁，山本幹雄，松吉俊，河原容英 (2012)「対訳用例および意味的等価クラスを用いた機能表現の日英翻訳」,『言語処理学会第 18 回年次大会論文集』, pp. 483–486, 3 月.

内元清貴，高岡一馬，野畑周，山田篤，関根聡，井佐原均 (2004)「『日本語話し言葉コーパス』への形態素情報付与」,『第 3 回「話し言葉の科学と工学」ワークショップ論文集』, pp. 39–46.

小椋秀樹，小磯花絵，冨士池優美，宮内佐夜香，小西光，原裕 (2011)『『現代日本語書き言葉均衡コーパス』形態論情報規程集 第 4 版 (下)』, 特定領域研究「日本語コーパス」平成 22 年度研究成果報告書.

小椋秀樹，山口昌也，西川賢哉，石塚京子，木村睦子 (2004)『『日本語話し言葉コーパス』の形態論情報の概要 ver. 1.0』, 国立国語研究所.

上岡裕大，成田和弥，水野淳太，乾健太郎 (2014)「述部機能表現に対する意味ラベル付与」,『情報処理学会研究報告』, 2014–NL–216/SLP–101.

工藤拓，松本裕治 (2002a)「Support Vector Machine を用いた Chunk 同定」,『自然言語処理』, **9** (5), 3–21.

工藤拓，松本裕治 (2002b)「チャンキングの段階適用による日本語係り受け解析」,『情報処理学会論文誌』, **43** (6), 1834–1842.

グループ・ジャマシイ編 (1998)『教師と学習者のための日本語文型辞典』, くろしお出版.

国立国語研究所 (2001)『現代語複合辞用例集』.

小澤俊介，内元清貴，伝康晴 (2014)「長単位解析器の異なる品詞体系への適用」,『自然言語処理』, **21** (2), 379–401.

近藤泰弘，坂野収，多田知子，岡田純子，山元啓史 (2011)「BCCWJ 複合辞辞書の仕様・開発・評価」,『特定領域研究「日本語コーパス」平成 22 年度公開ワークショップ (研究成果報告会) 予稿集』, pp. 535–544.

坂本明子, 宇津呂武仁, 松吉俊 (2009)「日本語機能表現の集約的英訳」,『言語処理学会第 15 回年次大会論文集』, pp. 654–657.

佐藤理史 (2004)「異表記同語認定のための辞書編纂」,『情報処理学会研究報告 2004-NL-161』, pp. 97–104.

注連隆夫, 土屋雅稔, 松吉俊, 宇津呂武仁, 佐藤理史 (2007)「日本語機能表現の自動検出と統計的係り受け解析への応用」,『自然言語処理』, **14** (5), 167–197.

首藤公昭, 小山泰男, 高橋雅仁, 吉村賢治 (1998)「依存構造に基づく言語表現の意味的類似度」,『電子情報通信学会研究報告』, NLC98-30, pp. 33–40.

鈴木敬文, 阿部佑亮, 宇津呂武仁, 松吉俊, 土屋雅稔 (2012a)「『現代日本語書き言葉均衡コーパス』における複合辞の検出と評価」,『第 1 回『コーパス日本語学ワークショップ』予稿集』, pp. 365–372.

鈴木敬文, 阿部佑亮, 宇津呂武仁, 松吉俊, 土屋雅稔 (2012b)「代表・派生関係を利用した日本語機能表現の解析方式の評価」,『言語処理学会第 18 回年次大会論文集』, pp. 598–601.

土屋雅稔, 宇津呂武仁, 松吉俊, 佐藤理史, 中川聖一 (2006)「日本語複合辞用例データベースの作成と分析」,『情報処理学会論文誌』, 47 (6), 1728–1741.

日本国際教育協会 (2002)『日本語能力試験出題基準 (改訂版)』, 凡人社.

日本電子化辞書研究所 (2001)「EDR 電子化辞書 2.0 版 仕様説明書 第 2 章日本語単語辞書」.

沼田善子 (1986)「とりたて詞」, 奥津敬一郎, 沼田善子, 杉本武 (編),『いわゆる日本語助詞の研究』, 凡人社, pp. 105–225.

兵藤安昭, 村上裕, 池田尚志 (2000)「文節解析のための長単位機能語辞書」,『言語処理学会第 6 回年次大会発表論文集』, pp. 407–410.

松吉俊, 佐藤理史 (2008)「文体と難易度を制御可能な日本語機能表現の言い換え」,『自然言語処理』, **15** (2), 75–99.

松吉俊, 佐藤理史, 宇津呂武仁 (2007)「日本語機能表現辞書の編纂」,『自然言語処理』, **14** (5), 123–146.

森田良行, 松木正恵 (1989)『日本語表現文型』, アルク.

劉颯, 長坂泰治, 宇津呂武仁, 松吉俊 (2010)「意味的等価クラスを用いた日本語機能表現の集約的日中翻訳規則の作成と分析」,『言語処理学会第 16 回年次大会論文集』, pp. 194–197.

第4章　コーパスから抽出した複合辞

4.1　BCCWJ による複合辞辞書の作成について

4.1.1　はじめに

　筆者らの研究グループは，科学研究費特定領域研究「代表性を有する大規模日本語書き言葉コーパスの構築」に参加し，『現代日本語書き言葉均衡コーパス(BCCWJ)』の構築および評価に加わることができた。BCCWJ は日本で作られた最初の「均衡」コーパスである。BCCWJ は，書籍，雑誌，新聞，白書，Yahoo!知恵袋の各分野から収録された現代日本語書き言葉のサンプルによるコーパスであり，これを用いることで，初めて分野の偏りのない形で現代日本語におけるさまざまな言語事象についてのコーパスによる研究が可能になった。BCCWJ について詳しくは本講座第 2 巻を参照していただきたい。筆者らは辞書編集班の 1 つのグループとして BCCWJ における複合辞辞書の作成を行ったのであるが，ほかの研究分野と同様に，複合辞の場合にも，均衡コーパスを用いることで初めて，日本語における標準的な複合辞のあり方というものがわかってきた。作成した複合辞辞書は DVD-ROM で配布したほか，筆者の研究用ウェブサイトでも公開している (http://japanese.gr.jp)。本章では，その成果のうちから，文末複合辞 (坂野)，複合接続詞 (多田)，複合辞の文法機能 (岡田)，作成した複合辞辞書の評価 (山元) を収載した。

4.1.2　複合辞の定義と本章の分類

　複合辞の研究史は比較的短いが，すでに多くの研究がある。その中で明らかになったのは次のようなことである。
- 形態論的問題：複数の形態素が結合したものである。
- 統語論的問題：全体として 1 つの文法機能を果たすものである。

4.1 BCCWJ による複合辞辞書の作成について

- 意味論的問題：もとの形態素の構成的な意味ではなく，新たな意味が発生している．
- 認知言語学的問題：要素の一部が自立語起源であるときには，それらの実質的・語彙的な意味が希薄になり，全体として文法化を起こしている．

複合辞は，複数の形態素が結合してできたものであるが，文法的には機能語であるため，機能語としての性格と複合語としての性格をともに持っている．特に今回問題としたのは，接続詞の取り扱いである．そもそも複合辞は，自立語であるいわゆる内容語 (名詞，動詞など) が，付属語である機能語 (助詞，助動詞) へと変化するのである．しかし，「それで」など，接続詞の多くは複数の形態素が結合した複合形式であるが，接続詞自体は，自立語である．文法論的には，接続詞は，接続助詞と副詞との中間に位置するものであり，文と文を接続する文法的機能をも持っていることは明らかである．したがって，自立語という点を重視すれば複合辞には入れるべきではないが，機能語の側面を重視すれば，複合辞としてもよい部分もある．従来の研究ではどちらの扱いもあるが，今回の研究では，接続詞も複合辞としてリストアップすることとした．これについての詳細は，4.3 節を参照されたい．

なお，「それが」(接続詞) のように，「代名詞＋格助詞」が接続詞になるときには，機能語化という面を重要視すれば，文法化が起きているといえる．それに対して「だが」(接続詞) の場合は，「……だが」という接続助詞 (付属語) から変化したものであるので，接続詞が自立語であるという側面を重視すれば，文法化ではなく，その逆の「脱文法化」が起きていると解釈可能である．このように，接続詞の複合辞としての性格付けには複雑な問題が残っており今後の課題となる．

同じくもう 1 つの問題として，「急いで行かなくては．」の「ては」のように助動詞的な働きを持つものの活用はしない一連の複合辞がある．これらについては，特に「文末複合辞」という品詞 (文法範疇) として分類することにした．この点については，4.2 節を参照されたい．

以上のように，今回は，複合辞を広く解釈したこともあり，また，帰納的方法により網羅を目指したこともありで，従来のいかなる複合辞リストよりも単純にその収納数は増えていることに注意されたい．また，分類の詳細については 4.4 節を参照されたい．

4.2 文末複合辞について

4.2.1 本節の目標

文末表現には，「言い切り型」と「言いさし型」がある．言い切り型とは次のような，用言終止形あるいは終助詞で終わる文をいう．

- 「今日は良い天気ですね．」
- 「ちょっと出かけてきます．」

言いさし型とは下記のような，途中止めのような，あるいは従属節的な表現をいう．

- 「落下物は落とし主の責任です，積荷のチェックを忘れずに．」(パーキングエリアにて収録)
- 「ちょっと出かけてきますから．」

言いさし型は，会話や見出し語などで日常頻繁に使われていて，日本語ネイティヴには中途半端な文ではなく，なんの不足もない完全な文として理解できる．したがって，複合辞を考えるにあたっても，言い切り型で使われる終助詞相当の文末複合辞[1]とともに，言いさし型での文末複合表現[2]も文末複合辞として認定し，複合辞の一分類として辞書記載することにした．

本節では，『BCCWJ』からの文末複合辞の抽出結果を示し，その特徴について説明する．

4.2.2 文末複合辞の抽出

文末複合辞に特化した抽出方法として次の手段を用いた．単語(短単位)[3]を単位とした N-gram 分析結果を Excel へ展開したうえ，終端短単位の組合せが「助詞＋句点(。)」であるものを抽出し(表 4.4[4] 参照)，この中から文末複合辞を選定した．

言い切り型文末複合辞を表 4.1 に，言いさし型文末複合辞を表 4.2 に示した．広い意味での文末複合辞には，「……ざるを得ない．」「……てもかまわない．」のよ

---

[1] たとえば，問いを表す「何才だっけ．」，勧誘を表す「行かないか．」など．
[2] たとえば，祈願を表す「合格されんことを．」，非難を表す「大人のくせに．」など．
[3] 形態素解析は形態素解析ソフト Mecab (ver.0.98) による．
[4] この表は 3-gram の分析例 (句点を除けば，実質 2-gram) の一部を示したものである．

4.2 文末複合辞について

表 4.1 言い切り型文末複合辞

番号	文末複合辞	モダリティ 対事	モダリティ 対人	用例
1	かい		問い	釣れたかい。 ああ，鮒が七，八匹。
2	かいな	疑問		そんなことあるかいな。
3	かどうか	疑問		これ，値段の高いものは一つもない。一人前の原価は百円するかどうか。
4	かな		感慨	人間て勝手な動物だ。いやオレだけかな。
5	かなあ		感慨	そんなことが 4 年間も続いたかなあ。
6	かね		問い	呼び止めたのはあんたかね。
7	がな		強調	日本人の中で 1 位になっていても世界では通用しませんがな。
8	たっけ		問い	炭酸水は，酸性……でしたっけ。
9	たっけ		感慨	ガキの頃はよく精肉店でコロッケ買っておやつ代わりにしてたっけ。
10	だい		強調	気分悪いのはオイラの方 だい。
11	だい		問い	最近どうしているんだい。会うのはずいぶん久しぶりだが
12	だこと		感嘆	毎日，毎日，よくけんかする兄弟 だこと。
13	だっけ		問い	お酒が飲める年になったん だっけ？
14	だもの		説明	誰もがそうですよ。人間 だもの，神様じゃないからね。
15	ってか		非難	仕事もしねえうちに，金を払え ってか。
16	っての		要求	こっちはヒヨッコなんだから手加減しろ っての
17	ってのか		非難	村を奪われて，黙って引き下がれ ってのか！？
18	てな		要求	火傷には味噌だよ。待 ってな，いま用意してくるから
19	ではないか		驚き	宮殿の正門にたどりついた。なんと正門が閉ざされている ではないか。
20	ではないか		強調	水臭い ではないか。わしにとっても，九郎の殿のことは気掛かりじゃ。話してくれ
21	ではないか	推量		葉の形や立っている棒から判断すると，ぶどうではないか。
22	ではないのか	推量		行政の最大の責任は，国民の生命と生活の安全確保にあるのではないのか。
23	とさ	伝聞		そうだ。宮部郵船は日本では一，二を争う大手の郵船会社なんだ とさ。
24	とな		確認	なんだと！ 趙子竜ばかりか，馬孟起も来ている とな。
25	ところか		説明	この勝負，両者痛み分けといったところか。
26	なの		問い	「えーっ，そんなに前からなの，あの二人」
27	なの		強調	わたしは植物の世話が，へたなの。農家育ちのくせにね
28	ないか		勧め	どうだい，おじさんに話してみないか。きっと気持ち軽くなるとおもうんだ
29	ないか	判断		それにしても楽観的すぎないか。依然としてデフレ脱却の先行きは険しい。
30	のか	納得		そうか，そういうわけだったのか。桃缶の世界もユニクロ化していたのか。
31	のか		問い	「あなたは村上正邦議員の私兵なのか。そんなことなら一緒にやれない
32	まいか		要求	その儀ばかりはお許し願えまいか
33	ものか		強否定	せっかくくれるかねだから，遠慮をするものか。
34	ものか	思案		さてどうしたものか。いくら秀才の道元でも，一夜で修得できる筈がない。
35	ものか		願望	いつもの事だけど，何とかならないものか。
36	ものか		感嘆	私たちは，犬を失った苦しみを語り合わなかった。言葉はなんと無力なものか。
37	わよ		強調	「わたし，謝らないわよ」ポリーはきっぱりと言った。

うな助動詞型の複合辞もあるが，これらは助動詞相当複合辞として別分類とし，文末複合辞としては助詞的複合辞[5]に限った。

---

[5] 終端の品詞が用言以外の複合辞を「文末複合辞」とした。

表 4.2 言いさし型文末複合辞

分類	番号	文末複合辞	モダリティ 対事	モダリティ 対人	用例
完結形	38	かしら		問い	身体障害と言語障害があると，バカに見えるのかしら。
	39	かしら		願望	食べ方のバリエーションとしては興味あります，やってみようかしら。
	40	かしらん		問い	こんな私でもミステリー作家になれるかしらん。
	41	ってば		強調	うそじゃない ってば。
	42	とやら	伝聞		久松様は俳諧で名のある方とやら。
	43	のなんの		強調	クロワッサンに好みの具を入れたフランス風サンドイッチのうまいのなんの。
	44	んことを		祈願	合格を祈っております。健闘されんことを。
文脈依存形	45	かと	判断		鳥羽へ行くならやはり近鉄が一番便利かと。
	46	ずに		要求	運転が下手な人の場合，バック・シートに乗りましょう！シートベルトは忘れずに。
	47	だと	確認		中将殿が御病気だと？
	48	てて		指図	ごめん，楡崎。先に行って てて。
	49	ては		勧め	運動したいなら，ジムに通う前に自転車通勤に変えてみ ては？
	50	ても		困惑	「つまらないものばかりです」「どう，つまらないのです」「どう，って聞かれ ても」
	51	ても		勧め	最後にいんげんや絹さやを加えて彩りを添え ても。
	52	ということで		通達	話の続きはまた明日 ということで。
	53	といったら		強調	そのにぎやかなことといったら。洋の東西を問わず団体のパワーは凄まじい。
	54	とか	伝聞		一人暮らしのお年寄りが一番くたびれるのはヘルパーさんが来る日とか。
	55	とは		驚き	裏口とはとても思えない，豪壮な屋敷だった。あれが裏とは。
	56	とも		同意	「私のほうでも一つだけ条件があるのですが」「よろしいです とも。うかがいましょう」
	57	ないで		要求	お願い，カール，音を立てないで。
	58	ないと		必要	「モリー，これから役所に行かないと。善後策を講じなければなるまい」
	59	までに		限定	見つけたのでリンク貼っておきます，ご参考までに。
	60	ように		要求	そんなときは反省して，煮物などヘルシーなものをたくさん食べるように。
	61	ように		祈願	元気な赤ちゃんが生まれますように。
	62	んだか	不可解		私たちと話していてどこがおもしろいん だか。
	63	くせに	意外	非難	笛を教えてくれだって。ピアノをならっているくせに。
	64	のに	意外	不満	そんなことをしている暇があったら，こっちを手伝ってくれればいいのに。
	65	もので	納得	言訳	テレビを見た妻から言葉の歯切れが悪いと言われてます。舌っ足らずなもので。
	66	ものを	意外	遺憾	二百万ドルあれば，地の果てへでも逃げられたものを。——ぼくには分からないよ。
省略形	67	かも	推定		もしかして，あたし，駿のこと好きなのかも。
	68	なくては	義務		今はわりと高齢で出産される方も多いので，確かに気をつけなくては，と思いました。
	69	なければ	義務		自分も含めて環境問題を再度考えなければ。
	70	ねば	義務		〈飛龍〉は必ずや沈もう。その前に敵の母艦を見つけ，叩かねば。
	71	のでは	推定		どっちか選べといわれても，なかなかその勇気は出ないのでは。

4.2.3 言い切り型文末複合辞

複合型ではない，いわゆる単純型終助詞には，断定を表す「さ」，疑問を表す「か」，確認・同意を表す「な，ね」，通知を表す「よ，ぞ，ぜ」感嘆を表す「なあ(なー)，わ」，禁止を表す「な」，などがある[6]。これらの終助詞は，話者の伝達態度を表すモダリティ表現といわれている。

表 4.1 に示した言い切り型の文末複合辞も，文法機能からいえば，単純型終助詞と同じく，モダリティ機能を持って文を完結させている。したがって，終助詞的複合辞といえる。しかも，単純型終助詞よりも，より広く・豊富な意味範囲をカバーしている。詳細は 4.2.5 項で説明する。

4.2.4 言いさし型文末複合辞

言いさし型文末複合辞は，文末が言い残し的な表現であるにもかかわらず，どのようにして，過不足なく解釈されるかにより，完結形，文脈依存形，そして省略形に三分類できる。

〈1〉 完 結 形

表 4.2 の 38～44 番が完結形の文末複合辞である。用例[7]（出典は表 4.3 に示す）からわかるように，言いさし表現であっても，その文だけで意味が完結する(解釈できる)。すなわち，文脈情報がなくても完全に内容が理解できる。また，単純型終助詞あるいは言い切り型文末複合辞と，ほぼ，置き換えが可能である。したがって，言い切り型文末複合辞と同等な，終助詞的複合辞といって差し支えない。

〈2〉 文脈依存形

この形では，文末複合辞の正確な解釈は文脈に依存している。表現されていない主節(あるいは表現されていない部分)は文脈から読み取ることができる。

たとえば，同じ「ずに。」でも，下の例文 (1) では，文脈から明らかに，「シートベルトを締めることを，忘れないで下さい」という「要求・依頼」を表現している。一方，文 (2) では，単純に「理由を言わずに電話を切った」という事柄を表しているに過ぎない。この場合は，接続助詞としての倒置用法に近い。

 (1) 運転が下手な人の場合，バック・シートに乗りましょう！　シートベル

---

[6] 益岡・田窪 (1992:52)
[7] 特に断らない限り，『BCCWJ』から検索した用例である。

表 4.3　用例の出典

番号	表 4.1 の用例の出典	番号	表 4.2 の用例の出典
1	神戸新聞/2005	38	木藤亜也/2005/1 リットルの涙/幻冬舎
2	井ノ部康之/2005/利休遺偶/小学館	39	Yahoo!知恵袋/2005
3	東海林さだお/1997/のほほん行進曲/文藝春秋	40	辻真先/1998/風雪殺人警報/光文社
4	殿山泰司/2000/三文役者のニッポンひとり旅/筑摩書房	41	深山さくら/2003/おまけのオバケはおっチョコちょい/旺文社
5	丸山晴美・横田濱夫/2005/明るい節約生活入門/角川書店	42	別所真紀子/2004/残る蛍/新人物往来社
6	竹西寛子・なだいなだ/2003/婦人之友	43	長崎快宏/2000/アジアでくつろぐ/PHP 研究所
7	Yahoo!ブログ/2008	44	沼秀雄/2003/中学生の子を持つお母さんへ/文芸社
8	Yahoo!知恵袋/2005		
9	POPEYE 編集部/2002/POPEYE/マガジンハウス	45	Yahoo!知恵袋/2005
		46	Yahoo!知恵袋/2005
10	ビートたけし/2003/ビートたけしの黙示録/徳間書店	47	夢枕獏/2002/オール讀物/文藝春秋
		48	菅笠みのり/2005/君，我の頭上で輝けり/文芸社
11	清水正和/1999/制作/岩波書店		
12	子育てネット/2001/ダメなママでもいいじゃない/学習研究社	49	Hanako 編集部/2004/Hanako/マガジンハウス
13	スガシカオ・他/2003/対談上手/ソニー・マガジン	50	小池真理子/1996/夜ごとの闇の奥底で/新潮社
		51	検見崎聡美・他/2001/粗食のすすめお弁当レシピ/東洋経済新報社
14	Yahoo!知恵袋/2005		
15	福永令三/2002/クレヨン王国道草物語/講談社	52	Yahoo!ブログ/2008//
16	雑賀礼史/2004/リアルバウトハイスクール/富士見書房	53	櫻井寛/1999/アメリカ鉄道夢紀行/東京書籍
		54	山本美和/2002/白い春風のように/悠飛社
17	茅田砂胡/2005/デルフィニア戦記/中央公論新社	55	いとう由貴/2003/砂漠の月に抱かれて/心交社
		56	櫻井寛/1999/アメリカ鉄道夢紀行/東京書籍
18	山本一力/2004/あかね空/文藝春秋	57	ラッセル・アンドルース/2001/ギデオン神の怒り/講談社
19	Yahoo!ブログ/2008		
20	中津文彦/2004/義経の征旗/光文社	58	J・K・ローリング/2002/ハリー・ポッターと炎のゴブレット/静山社
21	矢ヶ崎典隆・他/2006/新地理 A/帝国書院		
22	野口昌之/2003/家長の地震考/文芸社	59	Yahoo!知恵袋/2005
23	五條瑛/2001/プラチナ・ビーズ/集英社	60	石川悟理/2003/with/講談社
24	梅崎隆夫/1994/孔明の牙/光栄	61	Yahoo!知恵袋/2005
25	片平秀貴/2004/週刊東洋経済/	62	伏本和代/2004/「そして」にかかわった作家たち/そして企画
26	荻原規子/1993/これは王国のかぎ/理論社		
27	岩橋邦枝/2001/群像/講談社	63	石井睦美/1989/五月のはじめ，日曜日の朝/岩崎書店
28	森村誠一/1999/魔性の季節/幻冬舎		
29	北海道新聞社/2004	64	中里融司/2001/ドラゴン・パーティ/メディアワークス
30	内館牧子・東海林さだお/2003/週刊朝日		
31	週刊朝日編集部/2001/週刊朝日	65	週刊現代編集部/2002/週刊現代/講談社
32	澤田ふじ子/2002/惜別の海/幻冬舎	66	矢作俊彦/2004/ロング・グッドバイ/角川書店
33	村上知行/1999/金瓶梅/筑摩書房	67	糸川京子/2002/ちゃぐりん/家の光協会
34	水嶋元/2002/道元/東洋出版	68	Yahoo!知恵袋/2005
35	Yahoo!ブログ/2008	69	Yahoo!ブログ/2008
36	伏本和代/2004/「そして」にかかわった作家たち/そして企画	70	吉田親司/2004/空母艦隊血風録/有楽出版社
		71	ニッポン放送/1989/究極の選択/ニッポン放送出版
37	槙由子/1999/未婚の母になっても/ハーレクイン		

4.2 文末複合辞について

表 4.4 文末辞分析例 (3-gram)

頻度	短単位1	品詞1	短単位2	品詞2	句読点
5204	の	助詞–準体助詞	か	助詞–終助詞	。
2883	の	助詞–準体助詞	よ	助詞–終助詞	。
2625	よ	助詞–終助詞	ね	助詞–終助詞	。
1808	から	助詞–接続助詞	ね	助詞–終助詞	。
1341	か	助詞–終助詞	な	助詞–終助詞	。
1150	て	助詞–接続助詞	ね	助詞–終助詞	。
979	の	助詞–準体助詞	に	助詞–格助詞	。
668	から	助詞–接続助詞	な	助詞–終助詞	。
668	けど	助詞–接続助詞	ね	助詞–終助詞	。
666	と	助詞–格助詞	か	助詞–副助詞	。
635	わ	助詞–終助詞	よ	助詞–終助詞	。
608	わ	助詞–終助詞	ね	助詞–終助詞	。
599	の	助詞–準体助詞	ね	助詞–終助詞	。
467	か	助詞–終助詞	ね	助詞–終助詞	。
454	の	助詞–準体助詞	さ	助詞–終助詞	。
422	が	助詞–接続助詞	ね	助詞–終助詞	。
418	こと	名詞–普通名詞–一般	か	助詞–終助詞	。
292	よ	助詞–終助詞	な	助詞–終助詞	。
250	し	助詞–接続助詞	ね	助詞–終助詞	。
245	こと	名詞–普通名詞–一般	を	助詞–格助詞	。
211	か	助詞–副助詞	も	助詞–係助詞	。
203	て	助詞–接続助詞	よ	助詞–終助詞	。
202	な	助詞–終助詞	よ	助詞–終助詞	。
198	と	助詞–格助詞	は	助詞–係助詞	。
193	て	助詞–接続助詞	も	助詞–係助詞	。
192	て	助詞–接続助詞	な	助詞–終助詞	。
183	の	助詞–準体助詞	は	助詞–係助詞	。
180	の	助詞–準体助詞	かしら	助詞–終助詞	。
176	か	助詞–終助詞	と	助詞–格助詞	。
172	が	助詞–接続助詞	な	助詞–終助詞	。
170	から	助詞–接続助詞	さ	助詞–終助詞	。
168	か	助詞–終助詞	さい	助詞–終助詞	。
166	か	助詞–終助詞	なあ	助詞–終助詞	。
164	て	助詞–接続助詞	さ	助詞–終助詞	。
155	って	助詞–副助詞	ね	助詞–終助詞	。

トは忘れずに。(46 番)[8]

(2)「ヒエン，無理だよ。急に言ったってさ」と電話をきった。理由も言わずに。訳が分からん。(下村玖美子，2001『不思議の国ヴェトナム』丸善プラネット)

---

[8] 表 4.1, 4.2 から用例を転記した場合，括弧内にその番号を示した。

また,「ように」の場合,文 (3) では「要求・依頼」の表現であり,文 (4) では「祈願」を表している。いずれも,解釈は文脈依存である。

(3) そんなときは反省して,煮物など,ヘルシーなものをたくさん食べる<u>ように</u>。(60 番)

(4) 元気な赤ちゃんが生まれます<u>ように</u>。(61 番)

(5) やおら,牧野がわたしの手を両手で包み込んだ。がしっと。励ます<u>ように</u>。(佐竹彬,2005『三辺は祝祭的色彩』メディアワークス)

なお,これらの文脈依存型では,文 (5) のように,本来の接続助詞としての用法[9]も当然ある。その場合は (主節が先にくる) 倒置用法となっている。

倒置用法から発展したと思われるこの種の複合辞は,解釈が文脈依存であることを示している。一般に,意味も接続助詞のそれからは変化し,モダリティ機能を帯びた意味役割となっている。

⟨3⟩ 省 略 形

この形は,慣用表現の末尾省略形である。文 (6) に示す「かも。」の場合には,用例のほとんどが「かもしれない。」という意味の省略である。

(6) もしかして,あたし,駿のこと好きなの<u>かも</u>。(67 番)

表 4.2 の 68〜71 番は,それぞれ,「なくてはならない。」「なければならない。」「ねばならない。」,そして「のではなかろうか。」などの意味役割を表す助動詞的複合辞の省略形である。文脈依存型と違い,倒置用法は非常に少ない[10]。

4.2.5 文末複合辞とモダリティ

文は,命題とモダリティという 2 つの意味的な側面から成り立っている。命題は,その文が伝える事柄的な内容を担う。一方,モダリティは,次の 2 つの役割を担う。命題に対する,話者の評価・認識を表す対事モダリティと,命題の聞き手への伝え方を表す対人モダリティである。

---

[9] 接続助詞的に使われる場合は,構成的意味 (各短単位の意味の合成) で使われることが多い。文 (5) の「ように」では,「様」「仕方」の意味で使われている。

[10] 接続助詞 (「なければ,」「ねば,」などと同一の) として使われる場合には,文末での使用 (倒置用法) は稀である。

モダリティに関する分類や呼称，下位分類などは研究者によって違いがあるが，名称は違っても，対事・対人の二分類には変わりはない。本項では，この基本分類と文末複合辞との関係を考察する。

〈1〉 言い切り型文末複合辞とモダリティ

4.2.3 項で述べたように，単純型終助詞は，話者の伝達態度を表す対人モダリティ表現である。表 4.1 に示した文末複合辞も，形こそ違え，モダリティ機能を持った文末表現である。

同表のモダリティ欄に，各複合辞のモダリティ分類別の意味役割を記載した。この表では，対事モダリティを表す辞も若干みられるが，それらも，基本となる「対人モダリティ」のからの派生 (たとえば，「のか」は，自問自問 → 納得) が多いと考えられ，主力は対人モダリティとして機能しているとみてよい。これを終助詞的複合辞と呼んでも差し支えない。

このような多くの終助詞的文末複合辞が存在するのは，(すべての複合辞がそうであるように) 単純辞だけでは賄いきれない意味範囲をカバーして，より細緻な文章表現を得るためと考えられる。

〈2〉 言いさし型文末複合辞とモダリティ

古くは，尾上 (1973, 15–16) が，言いさし表現そのものが一種のモダリティ表現であると述べている (ただし，モダリティという用語を使ってはいない)。尾上は次のように主張している。

> 文の意味内容が正当に理解されている限り，形の上でいかに不備であろうとも，十分な表現なのである。しかも形の上で省略が大きければ大きいほど，話し手の言表意図，態度はくっきりと表現されることになる。……それにとどまらず，実はそういう省略によってこそ，表現意図，態度まで含めた密度の高い伝達が可能になっているのである。

同じように，言いさし型文末複合辞も言い切り型文末複合辞と同じく，モダリティ機能を持っている。

言いさし型は，文解釈の仕方に従い，3つに分けられることはすでに説明したが，これらの区分とモダリティとの関係を，表 4.2 と関連づけて，以下に説明する。

1) 完結形とモダリティ　すでに述べたように，完結形の文末辞は，言い切り型文末複合辞，あるいは単純型終助詞と置換え可能なことからもわかるとおり，終

助詞相当と考えてよい．したがって，表 4.2 のモダリティ欄に示すように，言い切り型と同じ対人モダリティが主であることも当然であろう．

2) 文脈依存形とモダリティ 文脈依存形も，大部分は完結形と同じく，対人モダリティ表現であるが，全く異質の文末辞を含んでいる．同表の 63～66 番がそれである．

　　(7) 笛を教えてくれだって．ピアノをならっている<u>くせに</u>．(63 番)

文 (7) で，「くせに」は，文中の命題「ピアノをならっている」に対するモダリティ表現ではなく，その事柄と比較において，文脈上に存在する「笛を教えてくれ」という事柄に対する話者の評価 (対事モダリティの「意外」) と聞き手に対する態度 (対人モダリティの「非難」) の両方を表現している．

　　(8) テレビを見た妻から言葉の歯切れが悪いと言われてます．舌っ足らずな<u>もので</u>．(65 番)

また，文 (8) では，妻から「言葉の歯切れが悪いと言われている」という命題に対し，「舌足らずである」という事柄 (根拠) に基づき「納得」し，聞き手に「言訳」している．

同表の 64, 66 番についても同様で，普通の文末複合辞が，同一文中の命題に対するモダリティ表現であるのに対し，該当の複合辞が付いている文が述べる事柄と比較して，あるいは根拠として，文脈上に明示的あるいは非明示的に存在する命題に対する対事ならびに対人の両方のモダリティ表現となっている．

3) 省略形とモダリティ 一般的に，対事モダリティは文末の助動詞が担っている．省略形は，省略された部分を含めれば，文末の複合助動詞相当の文法機能であるから，基本的に対事モダリティとして働いている．

以上，この項で説明したことの要点を表 4.5 にまとめた．

表 4.5 言いさし型文末複合辞の特徴

分類	複合辞解釈	モダリティ区分	接続助詞としての文末使用 *
完結形	文脈非依存	対人	×
文脈依存形	文脈依存	対人 対事・対人	○
省略形	慣用表現依存	対事	△

* 同一表現での文末接続助詞を指す．この場合，文末複合辞と接続助詞とは意味役割は異なる．

4.2.6 まとめ

4.2 節の主な内容を箇条書き的にまとめると，次のようになる．

1) N-gram 分析と句点フィルタリングによって，文末複合辞を抽出した．結果を表 4.1，表 4.2 に示した．
2) 言い切り型文末複合辞とともに，言いさし型文末複合表現も文末複合辞と認定し，複合辞の一分類として辞書記載する．
3) 言いさし型は，完結形，文脈依存形，そして省略形とに三分類される．
4) 言い切り型と言いさし型-完結形は複合終助詞相当の文末複合辞であり，基本的に対人モダリティを表す．

4.3 複合接続詞をめぐって

4.3.1 接続詞の中の複合辞

接続詞は，「また」「なお」「ただし」などのごく少数をのぞき複合語である．「でも」「だから」「そして」のようにもはや複合語と意識されないものから「それにしても」「ついでながら」「であればこそ」のように複合語であることが依然強く意識されるものまで，複合の程度はさまざまであるが，接続詞のほとんどが複合接続詞である．これらの複合接続詞も複合辞である．

4.3.2 接続詞の成り立ち

複合辞には複合接続詞が入れられないこともある．また助詞・助動詞の複合辞が付属語であるのに対し，接続詞が自立語であるからだろうと推測できるが積極的に複合辞でないことを論じたものはない．時枝 (1950) は詞辞の区分において接続詞を辞と位置づけている．これを踏襲した永野 (1970) は複合接続詞を複合辞に入れている．複合語が文法化を経て機能語になっているという基本的な性格において，複合接続詞は助詞・助動詞の複合辞とかわるものではなく，同様に複合辞だと考えなくてはならない[11]．たとえば，次の文 (9) の「ところが」は実質名詞としては場所を表す「ところ」と助詞「が」が複合し，場所という実質的な

---

[11] 「だから」などの付属語からなる複合語が接続詞になる事例を，付属語から自立語への変化であることから Norde (2009) は脱文法化の実例として挙げている．機能語で自立語になるのは接続詞だけである．文の連接，接続詞が自立語である内実も今後考える必要はあるが，機能語化という面では脱文法化とはいえない．

意味を失い，前後の文を逆接の関係で結ぶ接続詞になっている。

(9) 正月は，いつもそうだ。ほとんど電話はかかってこない。ところが，その年は，一本だけ電話が入っていた。(永倉萬治，1992『屋根にのぼれば，吠えたくなって』角川書店) (LBg9_00075)

文法化によって接続の機能を果たすようになったという事情は，複合語でない，一語からなる接続詞についても等しく認められる。

(10) あれは，わざと不完全なかたちにしてあるわけ。つまり，あまり完璧なものだとよく魔物が襲うから，それを防ぐために，わざと完璧じゃないように，一つだけ未完成というか，逆のかたちにしてあるわけ (井沢元彦，2002『一千年の陰謀』角川書店) (PB29_00260)

「つまり」は動詞「つまる」の連用形であるが，「いきどまり」や「終りの部分」の意から，「言いかえれば」という，後続の文が前の文の言い換えであるという前文と後文の関係を表わす接続詞になっている。

接続詞はすべて既成の語，あるいはその複合したものが文法化を経て接続詞になったものであり，もとから接続詞であった語がない。時代的に見ても後進的に発達してきた語類である[12]。複合接続詞だけでなく，複合語でない，一語からなる接続詞も含めて，接続詞は文法化によって既成の語から生成された語類である[13]。接続詞としての成り立ちにおいて複合語であるかないかは本質的な違いではない。例外的に一語からなる接続詞も含め，接続詞という語類自体が基本的には複合辞であると考えてよい。

4.3.3　N-gram による抽出

複合接続詞として複合の形式が固定していればデータ内に同じ語連接が複数回

---

[12] 「しかし」「だから」「けれども」などの接続詞が成立するのは中世から近世にかけてである。そのころから語彙的に増え続けている。

[13] 複合語である機能語と複合語でない機能語を区別する必要がないことは田野村 (2002) が述べている。単語が一語で文法化を経て機能語化したものと複合語が文法化を経て機能語化するものとに本質的な違いはない。ただ，文法化によって新しい機能語を作りだす場合，どうしても複合語の方が生産性が高く，語彙的には多くなるという傾向はある。今回，本章担当の著者らによる複合辞抽出は，従来，複合語であるために辞書記述から漏れてきた機能語の辞書記述を目指したものであり，複合語に限って複合辞を集めている。

4.3 複合接続詞をめぐって

出現するはずである。これは n 語の連接がある程度の頻度で出現するということであり，N-gram 分析が有効である。また，接続詞であるためには，前に文がある環境で次の文の文頭に立つ用法がなくてはならない。つまり n 語の連接の先頭の要素が句点であるものが複合接続詞の候補になる。この考えに基づき，次の手順で複合接続詞を抽出することができる。

1) データを形態素解析する
2) 解析したデータから 3-gram～8-gram の N-gram データをとる[14] (頻度／短単位／短単位／短単位……)
3) ある程度の頻度[15] を持つ N-gram データから先頭の形態素が「。」であるものを抜き出す (頻度／。／短単位／短単位……)
4) 抜き出したデータの先頭の句点を落とし，文頭部分の 2-gram から 7-gram の N-gram データ[16] を作る。これを文頭 ngram と呼んでおく。
5) 用例に基づき，各文頭 ngram が複合接続詞であるか検討

本研究においては，『BCCWJ』の書籍データを茶まめ (unidic-mecab) で形態素解析し，文頭 ngram の頻度 3 以上の連接について，全文検索ソフトひまわりを用いて用例を検討し，複合接続詞を選出した。複合接続詞は文頭に立つという環境によって語の一体性が保たれる。次例，接続詞として使われている例文 (11) の「だから」はその前に何もないため一語として意識されるが，文中で使われる接続助詞の例文 (12) は前に「日曜日」があるため「だ」の機能を残すと感じる。

(11) 山崎はまじめな性格だ。だから真剣にそう感じているのだ。(童門冬二，1997『夜明け前の女たち』講談社) (LB19_00153)

(12) どっちみち明日は日曜日だから漁には出ないはずだよ (斉藤政喜，1998『シェルパ斉藤の行きあたりばっ旅』小学館) (LBm2_00030)

同様に，文中の接続に使われた場合は複合語としての一体性が低い「だと」や「とするなら」なども文頭で接続詞として使われると，語としての一体性が保証される。したがって文頭に出現する頻度によって複合接続詞を認定する方法は複合

---

[14] 徳島大学北研二先生より近藤研究室に貸与されている morph-ngram を使用。本研究で用いているのは単語 ngram であり，2-gram のデータは (頻度／だ／から／) のようなデータになる。
[15] 頻度は扱うデータの大きさや質，研究目的によって適宜決めるものであり，固定的な数値ではない。本研究ではなるべく候補を多くとるために頻度 3 以上で抽出している。
[16] 今回の調査で選んだ複合接続詞は最長 6-gram で，7-gram 以上の複合接続詞はなかった。

接続詞を抽出するのに有効である。

特に，接続詞は現在も語彙的に増え続けている。コーパスデータから ngram で抽出する手法によって新しい複合接続詞を拾うこともできる。たとえば最近文頭で使われることの多くなった「なので」が BCCWJ で文頭に使われる頻度は 435 例，Yahoo!知恵袋と Yahoo!ブログを除いても 34 例ある。社会的には接続詞用法はまだ認められていないが，徐々に接続詞として浸透しつつあることがわかる。

> (13) 厨房はすべて僕の支配下にある。なので，我が家では肉料理が登場することはめったにない。(仲村清司，2005『沖縄チャンプラ亭』双葉社) (PB53_00607)

4.3.4　複合接続詞の構成パターン

複合接続詞はほぼ次のような構成要素からなっている。

| ① 先行する文を受ける部分 | ② 中心となる部分 | ③ 後へ続ける部分 |

①はない場合もあれば複数重ねて使われることもある。この部分には次の a, b, c の要素が使われる。

> a. 助動詞・活用語断片　「だ」「です」「な」「けれ」など[17]
> b. 引用の助詞「と」
> c. 指示詞 (こ・そ系)

②は③と不可分であることも多いが，次の abc からなる。

> a. 形式名詞
> b. 動詞
> c. 助詞

③はあるとすれば助詞だが，ない場合もある。
以上の 3 要素の組み合わせを駆使して複合接続詞は形成されている。

---

[17] もとは形容詞活用語尾であったといわれる「けれ」を，接続すべき実質的な部分がないという意味で「活用語断片」と呼んでおく。

4.3.5 文法化の経路

接続詞は文法化のレベルでいえば，文法化の進んだ段階に位置している[18]。格助詞，接続助詞よりも文法化のレベルが高い。文法化を経て接続詞が生成される経路には次の 1)〜4) のパターンがある。

1) 文中で句と句を接続する接続助詞 (複合接続助詞) が文と文の関係に拡張されて接続詞になる

複合接続詞と接続助詞 (複合接続助詞) の関係はいうまでもなく深い。共通の部分を持つ語彙が多い。接続助詞から接続詞になるものには 3 つの型がある。

- a. 接続助詞相当の語連接がそのまま接続詞になる (例：だと　けれども)。
- b. 接続助詞にさらにほかの要素をつけて接続詞になる (例：だ＋のに　それ＋だけに)。
- c. 複合接続助詞の先頭の助詞を落として接続詞になる (例：に従って → 従って　によって → よって)。

接続助詞から接続詞に転成すると意味に変化がある場合があり，文中の句と句の関係がそのまま文と文の関係に引き継がれるとは限らない。さらに文法化を重ねている場合が多い。

(14) 「あお向けにぐるっと跳ぶんだ」と言われた<u>ところで</u>，ちっともイメージがわかなかった。(内田勝久，2002『見えないぼくの明るい人生』主婦の友社) (LBq3_00003)

(15) 材木が高騰して，二万両の儲けを得たと聞きました。<u>ところで</u>原君は，あの大揺れのとき，いくつだった？(松井今朝子，2005『銀座開化事件帖』新潮社) (LBt9_00005)

例文 (14) の接続助詞の「ところで」は逆接関係を表しているが，例文 (15) の接続詞の「ところで」は話題転換を表す接続詞である。

この「ところで」もその 1 つであるが，接続助詞から接続詞が生成される場合，もとの複合接続助詞が格関係から文法化しているパターン 2) がある。

---

[18] 大堀 (2009) によると，格助詞 → 接続助詞 → 接続詞の順に文法化のレベルは高くなる。

2) 格関係から接続関係に文法化し，複合接続助詞，さらに複合接続詞になる

具体的なものを対象とする格関係は，ことがらを対象とすることによって接続関係に発展する。次の「ところが」は (16) 格関係，(17) 時間的な継起を表す接続助詞，(18) 逆接関係を表す接続詞の順で文法化が進む。

(16) 心が明るく，ものごとにこだわらない<u>ところが</u>，景虎は好きであった。(咲村観，1986『上杉謙信 天の巻』講談社) (LBa9_00012)

(17) 三日目に歩きだした<u>ところが</u>また雪になり，高原を横断できないうちに夜となって，(本多勝一，1986『アムンセンとスコット』教育社) (LBa2_00014)

(18) 郵便物を出すのには UK で，イギリスを意味する文字は全く出てこない。<u>ところが</u>車のナンバーには，GB が使われる。(久米邦武，田村明，1995『イギリスは豊かなり』東洋経済新報社) (LBj3_00101)

接続助詞である「ところが」が時間的な継起を表しつつ順逆両方の読みが可能であるのに対し，接続詞になると時間的な継起性は失われ，逆接関係のみを表すようになる。

以上の 1) と 2) は，接続助詞から接続詞になるパターンであるが，接続助詞を経ないで接続詞が生成されるパターンもある。

3) 副助詞から接続詞になる

格助詞がものを対象とするところからことがらを対象とするように拡張して接続関係を表すようになったのと同様に，副助詞も，ものを対象とするところからことがらを対象とするようになると接続関係を表すようになる。

(19) どんどん あるきました。<u>でも</u> ふたりは，だんだん つかれてきました (浅川じゅん，1987『あべこべどうぶつえん』偕成社) (LBbn_00005)

副助詞としては例示を表す「でも」が逆接関係を表す接続詞になっている。

4) 動詞から接続詞になる

関係を表す意味を持つ動詞の連用形，名詞形を利用して文と文の関係を表す接続詞になるものもある。たとえば，「ちなみに」の「ちなみ」は，関係するという意味を持つ動詞「ちなむ」の連用形が名詞になったものであるが，「関係に」という意味をこえて，「ついでにいえば」「それに関係していえば」という前文に関係

ある内容を後文で添加する接続詞になる。

(20) コブラは危険を感じたり興奮したりすると，体の前半分を立ち上がらせ，頸部を広げて威嚇する姿勢を取る。ちなみに，アフリカ産のエジプトコブラは，インドコブラほど頸部の幅は広くない。(中川健一，2004『日本人に贈る聖書ものがたり 2 契約の民の巻』文芸社) (PB49_00633)

このように，複合接続詞は広義連用関係から幾度かの文法化を経て生成されている。接続助詞を経るものも多いがそれだけでもない。多くの場合，「ところが」のように複数回文法化を重ねて接続詞になっている。

4.3.6 複数の機能にまたがる複合辞

複合辞は複数の機能にまたがっていることが多い。特に複合接続助詞から接続詞になった複合接続詞は，同じ語形で接続助詞の用法と共存しているものが多い。接続助詞から接続詞へ文法化された際の意味の拡張・変化の度合いによって，接続助詞の場合と近い意味を表すものと，かなりかけ離れた意味を表す場合がある。例文 (21)，例文 (22) の「とすると」はほぼ同じ意味であるが，先にあげた例文 (17)，例文 (18) の「ところが」は全く違った意味になる。

(21) それが永遠に続くということになるとすると，これははなはだやりきれない。(桐山靖雄，1980『守護霊を持て』平河出版社) (OB1X_00320)

(22) 彼女の言葉を信ずるならば，今まで侵入してきた魔法使いは無事外へ出たことになる。とするとあの老魔法使いミラは嘘をついてることになる (榎木洋子，1999『龍と魔法使い 1』集英社) (LBn9_00015)

文法化現象一般にいえることであるが，文法化前の語 (用法) と文法化後の語 (用法) が共時的に共存することはよくある。これは格助詞と接続助詞，副助詞と接続助詞にもいえることである[19]。

副詞と接続詞を兼ねる複合辞もある。次の「ときに」は例文 (23) は接続助詞，例文 (24) は接続詞，例文 (25) は副詞である。

---

[19] 格助詞，副助詞は，ものを対象とすることからことを対象とするようになれば容易に接続助詞になる。当然 1 つの語形が 2 つの機能にまたがることになる。格助詞と接続詞，副助詞と接続詞についても同様である (多田，2010a)。

(23) 電話をかけようとしているときに，あのマンションから人が出て来た。(佐野洋，1987『さて，これから…』文藝春秋) (LBb9_00136)

(24) もうたくさんだよ，トレヴィル。ときに，あんたの銃士たちの側には，子供が一人加わっていたそうだが？ (鈴木力衛，2001『友を選ばば三銃士』ブッキング) (LBp9_00121)

(25) 風が湿気を帯び，ときどき雷鳴が走る。ときにスコールがきて，ガラスが割れるかと思うほどの激しい雨滴が窓を叩く。(渡辺淳一，1979『遠き落日 下』角川書店) (OB1X_00291)

4.3.7 「文頭」という環境の持つ意味

複合接続詞にとって文頭にあるという語順は特別な意味がある。4.3.3項で，文頭にあると複合接続詞は複合辞として一語の機能語であるという一体性が保証されると述べたが，それだけでなく，コーパスデータを調べると，文頭にある語は接続詞である確率が高い。つまり文頭にある複合接続詞ほど接続詞らしさが強いという傾向が見てとれる[20]。

まず，文頭部分の接続詞と副詞の語順を調べると圧倒的に接続詞が副詞の前に置かれる[21]。また，複合接続詞が文法化以前の構成的な意味の用法と共存している場合，文頭あるいはそれに近い語順で使われたものほど接続詞の機能が強く，語順が後ろになるほど構成的な意味が強まる。

(26) 私は穴を掘る人生に向いていないのだ。やっとそれに気づくことができた。(浅暮三文，2003『ダブ(エ)ストン街道』講談社) (PB39_00216)

(27) 「ぼくたちより年上ですし，おそれ多いほどに美人だし。それに―」それにリサさんはプロだし，と言いかけて，あやうくとめた。(片岡義男，1984『メイン・テーマ part 2』角川書店) (OB2X_00177)

文頭という語順によって接続詞としての安定を得ているというところは，ほかの助詞・助動詞の複合辞と違うところである。

---

[20] 詳細は多田 (2010b) で述べた。
[21] BCCWJ2008年度版書籍データでは，副詞が接続詞の前にある例8例に対し，接続詞が副詞の前にある例は3752例である (多田，2010b)。

4.4 複合辞の文法機能

4.4.1 本節の目標

本節では，4.1節で述べた複合辞辞書の品詞分類について概要を説明する。この辞書の目的は，「文法的辞書」として従来の辞書には立項されていない複合辞の辞書記述を目指したものである。そのためにはなるべく言語一般に通用する規範文法に合致させ，母語話者にとって有益な統語的，意味的情報を加えた辞書の作成が必要であると考え，従来の品詞分類を基に複合辞の文法機能，意味範疇を設定し品詞分類を試みた。

4.4.2 複合辞とその品詞分類

複合辞とは2つ以上の形態素がひとかたまりとなって，非構成的な意味を生じ，1つの機能語相当語として働くものである。複合辞はその多くが自立語である名詞，用言を中心に構成され，それが機能語に変化した，いわゆる文法化現象[22]とも捉えることができる。したがって，複合辞の品詞分類を行うにあたって，まず，もとの自立語と機能語の連続性について考えることが必要である。

また，複合辞は，2つ以上の形態素が複合し，機能語としてのさまざまな文法機能や意味が生じることによって，従来の助詞，助動詞では表すことのできなかった事象を詳細に表現することが可能になっている。ただ，それは従来の品詞分類ではおさまりきれない複合辞の文法機能や意味が存在するということでもあるため，従来の助詞，助動詞と複合辞との関連，つまり機能語と機能語の関係性についても考える必要がある。

このように，複合辞の品詞分類を行うということは，自立語と機能語，さらに機能語と機能語の関連性について考察を行うことであり，ひいては従来の助詞，助動詞の品詞分類についても再考することにつながると考える。

ただし，日本語の助詞，助動詞全体から考えてみると，文法化によって機能語化した表現形式は複合辞だけとは限らない。「際」「あげく」など音韻的，形態的

---

[22] 文法化とは，一般的には自立性を持った内容語が，さまざまな言語変化の要因により機能語としての文法機能を果たすようになる現象のことを指すが，本節では，「からには」「だけに」のように機能語が別の機能語へ，また接続詞のように機能語が自立語としての文法機能を獲得することも含めて，文法化の定義を広い意味で捉えることにする。

に一形態素と考えられる単純辞[23]においても，文法化の現象が見られる。通時的に考えれば，そもそも従来の助詞，助動詞においても，接続助詞「が」「を」は格助詞由来，副助詞「だけ」「ばかり」は名詞由来であるといわれ，文法化の観点から品詞の連続性を考える上で，単純辞も考慮する必要があることはいうまでもない。したがって単純辞も考慮に入れつつ，複合辞の品詞分類を行った。

4.4.3 複合辞の文法機能

複合辞の品詞の分類にあたっては，従来の品詞分類を踏まえながらも，品詞の下位分類として「文法機能」「意味範疇」を設定し分類を試みた。この2つの下位分類によって文法機能と意味の両面から，従来の品詞分類にはない複合辞の文法機能や意味，そして重複する文法機能も表すことが可能になると考えたためである。表 4.7 は複合辞を品詞，文法機能別に分類したものである。

まず，複合辞の品詞については，従来の品詞分類と同様の「複合助詞」「複合助動詞」に，「複合接続詞」「文末複合辞」を加え4つに分類した。文末複合辞および複合接続詞の詳細に関しては，それぞれ4.2節，4.3節を参照されたい。

「複合助詞」の文法機能には「格助詞・連体助詞・準体助詞・副助詞・係助詞・接続助詞」を設定した。連体助詞[24]については格助詞に含める考え方もあるが，複合連体助詞は，さまざまな形式があり，従来の連体助詞「の」「が」にはない文法機能を担っていると考え，本研究では1つの文法機能として別類した。その形式は，用言由来の複合格助詞[25]（例：において）を連体形（例：における）にするこ

---

[23] 田野村 (2002) では，一形態素の機能語を「単純辞」と呼び，表 4.6 のように単純辞，複合辞を含めて体系的に機能語の分類を行っている。

表 4.6 田野村 (2002) 辞の分類

	甲類の辞 (辞のみからなる)	乙類の辞 (詞を含む)
単純辞	が，から，に，は	手前，あまり
複合辞	からには	ついでに，おかげで

田野村 (2002) では縦書き。

[24] 連体助詞はほかの格助詞と異なって体言に続くところから橋本進吉氏によって別類された。橋本氏は準副体助詞と命名した。橋本進吉 (1969)『助詞・助動詞の研究』，岩波書店による。

[25] 動詞由来の複合格助詞の連体修飾には，①複合格助詞に連体助詞「の」が付く形式と，②複合格助詞の動詞の連体形の2つの連体修飾の形態があるが，本研究においては，連体助詞「の」が付く形式は2つの構成的な辞であると考え，複合辞の対象から外し，複合格助詞の動詞連体形のみを複合辞と考えた。なお，連体修飾の2つの形態については，両方可能な複合格助詞（「においての」「における」）と，どちらか一方の形態しか持たない複合格助詞（「についての」「*につく／*についた」）

4.4 複合辞の文法機能

表 4.7 複合辞の文法機能

品詞	文法機能	単純辞 (1-gram)	複合辞 (2-gram 以上) 構成の中心要素		
			形式用言中心	形式名詞中心	助詞中心
複合接続詞	接続詞	しかし また	したがって それにしても すると というわけで よって	いっぽうで おかげで おまけに このため つまりは ところで	だから だが だけど だと だったら では でも
複合助詞	格助詞	が を に で へ と から より	として について に対して によると にわたって をもって	上で 際に とともに	にて
	連体助詞	の が	という といった とかいう における による に関する	ところの	との
	準体助詞	こと の		かどうか ってこと ということ	っての
	係助詞	は って ったら なら	というのは とくると といえば ときたら としては だと	なんか なんて	とは だと
	副助詞	も まで さえ だけ のみ ばかり	といい といえども に限って のみならず はおろか	どころか なんて はもちろん をはじめ	だか だって でも とか とて ばかりか までに
	接続詞	が から して と つ	が早いか とはいえ にかかわらず に対して にともなって	一方で あげくに 後で ために とたんに ところが ものの	てから ても とも ので のに ばかりに ばこそ
文末複合辞	伝達モダリティ文末辞	ね よ もん ものわ さ ぞ	といて ないで	ってことよ ものか もので ように んことを	がな かよ かね ては とな とも ってば のか
	認識モダリティ文末辞			くせに だこと だもの ものか ものを	かも たっけ って とは のに
	証拠モダリティ文末辞			とのこと	かと とか とさ とやら
	義務モダリティ文末辞		ないと なくては なければ ねば		てて ても
複合助動詞	認識モダリティ助動詞	う だ だろう まい	かもしれない に違いない ずにはいられない である	ことか つもりだ どころではない ものだ ようだ わけだ	のだ までだ
	証拠モダリティ助動詞	らしい	という とされる みたいだ	とのことだ そうだ はずだ ようだ わけだ	
	義務モダリティ助動詞		てはいけない てもいい なくていい なければならない	ことだ ことはない ものだ ものとする	べからず べきだ までもない
	局面アスペクト助動詞	た	つつある ている てくる としている んとする	ところだ といったところだ	ばかりだ
	文法アスペクト助動詞	た	てある ていく ている ておく てくる	たことがある 一方だ	
	ダイクティック助動詞	(やる) (もらう) (いく) (くる)	ていく てくれる てくる てもらう てやる		
	ヴォイス助動詞	られる	とされる てある		

とによって，生産的に連体修飾が可能である。このほかに，「という・といった・とかいう・との」など，形式化した動詞「いう」に「と」のついた形がある。

「文末複合辞」の文法機能としては「伝達モダリティ文末辞・認識モダリティ文末辞・証拠モダリティ文末辞・義務モダリティ文末辞」に分類した。モダリティは，文末複合辞と複合助動詞にかかわる文法機能である。日本語研究において，モダリティという用語は様々な解釈があるが，ここでは，近藤 (1989) に基づき，文が持つ伝達的機能の類型 (平叙・命令・疑問・感嘆など) としての「伝達のモダリティ」と，話し手の判断の種類 (推量・伝聞・確信など) としての「判断のモダリティ」を基本にして考えた。文末複合辞では，伝達のモダリティと判断のモダリティの両方が，複合助動詞では判断のモダリティが分類の中心となる。

「複合助動詞」の文法機能は，「認識モダリティ助動詞・証拠モダリティ助動詞・義務モダリティ助動詞・局面アスペクト助動詞・文法アスペクト助動詞・ダイクティック助動詞・ヴォイス助動詞」の7つに分類した。従来の助動詞に比べ，「複合助動詞」の表現形式がさまざまに発達して数多く存在し，文法機能が多岐にわたっている。このうちモダリティにおいて，証拠モダリティは認識モダリティに含める考え方もあるが，伝聞や推定など根拠に基づいた事態の判断を表す証拠モダリティの表現形式が多数見られたため，別類にした。アスペクトに関しては，複合動詞など語彙的アスペクトは扱わず，複合「辞」としての文法機能を持つ文法アスペクトを対象としている。その中でも特に「開始・進行・終結」など時間的局面性を表すアスペクトを「局面アスペクト助動詞」とし，それ以外の「結果・状態・変化」などのアスペクトを「文法アスペクト助動詞」とした。「ダイクティック助動詞」「ヴォイス助動詞」に関しては，移動動詞「いく・くる」，授受表現「あげる・もらう・くれる」など，ダイクシスにおける人称制限やヴォイスにおける格の交替現象といった統語的性質が，複合辞においても重要な文法機能であると考え別類にした。以下に各文法機能の代表例と用例[26]を示す。〈〉は意味範疇を表わす。

があり，動詞の形式化の程度に差が見られる。両方可能な複合格助詞の場合，意味や文法機能に違いが見られることがあり，さらなる考察が必要である。

[26] 用例は BCCWJ から収集した。

4.4 複合辞の文法機能　　　　　　　105

接続詞

(28) 身体能力，芸術の能力，容姿，性格，等々の各種の天賦能力は平等に与えられていない。<u>したがって</u>「究極の機会平等」はありえないのである。〈因果〉(橘木俊詔，2004『封印される不平等』東洋経済新報社) (PB43_00296)

格助詞

(29) かれは約十カ月<u>にわたって</u>，東南アジアとヨーロッパ，アメリカを視察してまわった。〈範囲〉(半藤一利，1992『歴史探偵昭和史をゆく』PHP研究所) (LBg2_00001)

連体助詞

(30) 衆議院でも本会議以外は環境対策 (省エネ) のために上着なしでネクタイを外そう<u>という</u>動きがあるようです。〈内容〉(Yahoo!知恵袋，2005) (OC04_00118)

準体助詞

(31) 平和だから「スポーツ出来る」<u>ってこと</u>を，また平和だからこそ「スポーツで飯が食える」<u>ってこと</u>を考えてほしいものです。〈体言化〉(Yahoo!ブログ，2008) (OY14_14532)

係助詞

(32) 銀座<u>といえば</u>日本を代表するハイソな街。〈状況〉(POPEYE 編集部，2002『POPEYE』マガジンハウス) (PM21_00320)

副助詞

(33) 森林に棲息する野生動物<u>ばかりか</u>，川や海に棲む魚も森の恵みをうけて生まれ育っている。〈添加〉(鎌田慧，2005『日本列島を往く』岩波書店) (LBt3_00167)

接続助詞

(34) 我が国のシェアは，輸出で4.7%と低い<u>ものの</u>，輸入では，9.1%と高い。〈逆接〉(経済産業省通商政策局，1995『通商白書』大蔵省印刷局) (OW4X_01159)

伝達モダリティ文末辞

(35) 「私のほうでも一つだけ条件があるのですが」「よろしいです<u>とも</u>。うかがいましょう」〈確認〉(桐生操，1999『本当は恐ろしいグリム童話』ベ

ストセラーズ) (OB5X_00028)

認識モダリティ文末辞

(36) 歯や歯茎に原因がありそうですね。まずは歯科を受診した方がいいかも。〈推定〉(Yahoo!知恵袋, 2005) (OC09_02134)

証拠モダリティ文末辞

(37) 人の体は 70％くらいが水分だとか。〈伝聞〉(夏目円, 君島十和子, 四方淳子, 2004『COSMOPOLITAN 日本版』集英社) (PM41_00648)

義務モダリティ文末辞

(38) たまにはちゃんとしっかり食べて, 頑張らねば。〈必要〉(Yahoo!知恵袋, 2005) (OY03_02752)

認識モダリティ助動詞

(39) こんなほのぼのとした話を口にする栗田は, よほど人がいいに違いない。〈推量〉(狩野洋一, 1994『ダービーを盗んだ男』出版芸術社) (LBi9_00175)

証拠モダリティ助動詞

(40) 医師団の話では, 助かるかどうか分からないとのことだった。〈伝聞〉(シドニィ・シェルダン, 天馬竜行, 1991『血族』アカデミー出版) (OB4X_00203)

義務モダリティ助動詞

(41) 我が国の原子力の開発利用を推進していくに当たっては, 当面, 次の点に配慮していかなければならない。〈必要〉(内閣府原子力委員会事務局, 1982『原子力白書』大蔵省印刷局) (OW2X_00216)

局面アスペクト助動詞

(42) 僕もそこへ行くところだ。〈開始〉(塚田由美子, 2002『愛を演じて』ハーレクイン) (PB29_00134)

文法アスペクト助動詞

(43) 安い外国産材が流入し, コストのかかる国内産材の需要は下がる一方だ。〈変化〉(『京都新聞 朝刊』株式会社京都新聞社, 2002) (PN2j_00010)

ダイクティック助動詞

(44) 私もできるかぎりのことを手伝ってあげる。〈授受〉(北森鴻, 2001『メビウス・レター』講談社) (LBp9_00150)

ヴォイス助動詞

(45) いやぁ, これはやはり本当によく調べてよく書いてありますよ〈受身〉

(稲本正，1999『ソローと漱石の森』日本放送出版協会) (LBn9_00063)

4.4.4 複合辞の品詞分類における問題点

従来の品詞分類をもとに，実際に複合辞の品詞および文法機能を決定しようとすると，品詞分類が困難な複合辞が多く存在する．複合辞の品詞分類には次のような問題点があげられる．

① 複数の品詞にわたっている複合辞がある

② 複数の品詞の性質を共有している複合辞がある

①については，複合辞は単純辞に比べ，意味，構文的な機能が広がっているため，従来の品詞分類にあてはめて考えると複数の品詞に分類される可能性があり，区分をつけにくいということである．日本語の品詞間の連続性とも関わる問題である．

②は，従来の品詞の働きを複数併せ持っているため，単純辞にはない文法機能や意味が見られ，従来の品詞分類の中での位置づけが難しいということである．

この2つの複合辞品詞分類上の問題点について事例を挙げて考察を行うとともに，従来の機能語と複合辞の関係性，さらに品詞間の連続性について考えていく．

〈1〉 格助詞と接続助詞

「際に」には，動作・作用が行われる時を表す格関係[27]文 (46) と，継起や条件の接続関係文 (47) が見られ，それぞれ，格助詞，接続助詞に分類される．それに対し，文 (48) は接続関係とも考えられるが，特定の時を表していることから格関係とも考えられる．

(46) 8月の李外交部長訪日，9月の国連総会の際にそれぞれ日中外相会談を行った．(外務省総合外交政策局政策室企画課，2004『外交青書』ぎょうせい) (OW6X_00197)

(47) 毎日の暮らしの中でさまざまな機器や設備を使う際に，不便や使いづらさを感じることは意外と多いのではないでしょうか．(実著者不明，2001『はじめての家づくり便利百科』ニューハウス出版) (PB15_00034)

---

[27] 益岡 (1995) における「時の特定」に相当する．益岡 (1995) では，格助詞を伴う「トキニ」は「主節が表す事態の時を特定することにより，その事態の在り方を限定するという役割を担う」ことから格成分である (「時の特定」) としたのに対し，格助詞が伴わない「トキ」は「時に関する情報を事態の叙述にとって前提となる情報として与えるもの」ことから状況成分 (「時の設定」) とした．

(48) 日本のトキの絶滅は避けることはできませんが，中国の江沢民主席が一九九八年十一月に来日した際に，中国産のトキのペアを贈ってくれました。(中村幸昭，2002『鳥羽水族館館長のジョーク箱』第三文明社) (PB24_00012)

　接続助詞はほかの語類から変化したものが多く，古典語においては，特に格助詞「が」「に」「を」が接続助詞へ変化したといわれる[28]。格助詞は体言もしくは体言に相当する語を受けてそれと述語との格関係を表すが，古典語において格助詞は，準体の機能[29]により用言の連体形に直接受けることが可能であった。その体言相当語と述語との間に何らかの接続関係が認められれば，接続助詞にも発展しうる可能性があるということである。このように格助詞と接続助詞には，文法機能，意味の連続性が認められるわけであるが，それは複合辞においても同様に，2つの品詞にわたったり，またはっきりと格関係なのか，接続関係なのか，特定することが難しい複合辞があると考えられる。

〈2〉　副詞句を構成する接尾辞と接続助詞

　「ながらに」では，文(49)は「ながら」が直接名詞に接続して副詞句を構成する接尾辞であり，様態の修飾関係を表している。それに対して文(50)は逆接の接続関係を表す接続助詞の機能を果たしている。文(51)は副詞句ではあるが，修飾関係とも，逆接の接続関係が見られるため接続助詞であるとも考えられる。

(49) 美粧堂内のシルキー・プロジェクトメンバー全員に対して，「申し訳ない。私の力不足だ」と，涙ながらに頭を下げた。(高橋朗，2005『マーケティングは愛』ナナ・コーポレート・コミュニケーション) (PB59_00183)

(50) 庭に川が流れていて，狭いながらに落ちつける縁側が気に入っていた。(萩原葉子，2005『朔太郎とおだまきの花』新潮社) (LBt9_00214)

(51) 娘を守り必死に生きる母を見て育った玉愛は，子供ながらに母を助けたいという気持ちでいっぱいだった。(西園寺一晃，1999『鄧穎超』潮出版社) (LBn2_00005)

---

[28] 古典語の格助詞から接続助詞への変化については石垣(1955)，近藤(2000)に詳しい。

[29] 宮地(2005)によると，準体構造の変化により，準体言を補うものとして準体助詞「の」や形式名詞などが文脈にあわせて要請されたことから，特に名詞由来の複合辞は形成されたという。この複合辞の形成により，それまで少数で多くの機能を担っていた単純辞から，物事や事態を詳細に表現する可能性が広がったといえる。

複合辞は，構成要素の品詞の性質や文法化の程度によりさまざまな形態の語，句を受けるため，それが体言相当語なのか，用言相当語なのか判断が難しく，それによって格関係，修飾関係，接続関係を捉えて品詞分類するのは難しい。また，接尾辞や形式名詞の副詞用法など副詞句による修飾関係は，従来の品詞分類の中では積極的に扱われてこなかった。これら副詞句を構成する複合辞を従来の品詞分類の中にどのように位置づけるか検討する必要がある。

〈3〉 係助詞と接続助詞

「というと」では，文 (52) は提題の機能を持つ係助詞，文 (53)，文 (54) は順接，逆接の接続関係を表す接続助詞と考えられるが，提題的な機能も含まれており，2つの文法機能を併せ持っているといえる。

(52) 尾瀬というとミズバショウが有名だし，あの歌を思い出すな」(梓林太郎，2005『尾瀬ヶ原殺人事件』徳間書店) (PB59_00470)

(53) そのお書物の中の一番最初に，法然上人はどうおっしゃっているかというと，「往生之業 念仏為本」であります。(久堀弘義，2005『仏・法・僧をうやまって生きる』自照社出版) (PB51_00073)

(54) よき老年期がわれわれにあるかというと，ある人もいるかもしれないけれども，まずないでしょう。(中野重治，2002『中野重治は語る』平凡社) (PB29_00320)

特に「複合係助詞」[30] には，条件を表す表現形式が多く見られる。接続助詞の「ば」は係助詞「は」に由来することからも，接続助詞における条件の接続関係と係助詞における提題が意味的に近い関係にあるといえる。「は」は，文の中で前提とされる要素を，主題として特に1つ取り上げる提題の機能を持っているが，それは，条件形式によってある1つの事態を前提条件として取り上げるという点で共通性が見られると考えられる。

以上，従来の品詞分類では分類困難な複合辞について，品詞の連続性の観点から考察を行った。従来の品詞分類において，統語的，意味的両面から複合辞の品詞を判断するのは難しい。ただ，従来の品詞の連続性の中で，複合辞はどのよう

---

[30] 条件形式を持つ複合係助詞には「だったら・といえば・といったら・ときたら・とくれば・としては・としてみたら・としてみると・としてみれば・にしたら・にしてみたら・にしてみると・にしてみれば・にすれば・にとってみれば」がある。

に位置付けられるのか，複合辞の品詞，文法機能がどのように連続しているのか，何故連続するのか，文法化の考え方も踏まえて複合辞を捉えることが必要であると考える。

4.4.5　ま　と　め

本節では，従来の品詞分類を基に複合辞の品詞および文法機能を設定し，複合辞の品詞分類を試みた。また，従来の品詞分類によって複合辞を品詞分類する際の問題点について事例を挙げつつ考察を行った。複合辞は，統語的にも意味的にもさまざまな機能を併せ持っているため，従来の品詞分類の方法では，判断の難しい複合辞が多く存在する。しかし，従来の品詞分類をもとにその品詞や文法機能と対照させることによって，単純辞との関係性，連続性から複合辞の品詞や文法機能を考えることは可能である。さらに，それは単純辞，複合辞を含めた助詞，助動詞全体の品詞，文法機能を再考することにもつながると考える。

4.5　『BCCWJ 複合辞辞書』の評価

4.5.1　は　じ　め　に

均衡コーパス『BCCWJ』から得られた複合辞は，ある特定目的のテキストにおいてどのような分布になるかよくわからない。仮にそれが日本語教育で教えるべき項目の選定であるならば，その項目を適切に選び出すのに貢献するはずである。しかしながら，実際に均衡コーパスにしたがって集められた材料が，複合辞に限らず，どのような日本語教育のいかなる学習段階に分布しているのかについては，これまでに調査されたことはおそらくないであろう。そこで，抽出された複合辞を実際の初級・中級教科書と照合し，日本語の教育課程のうち，入門期から上級までの，どの学習段階に分布しているのかを調査する。

4.5.2　目　　的

本研究で開発した『BCCWJ 複合辞辞書』の小見出しを日本語教科書データベースに照合し，各小見出しが，初級・中級教科書のどの位置に出現するかを調べる。また，日本語教科書で扱われていないものを特定し，それらはどんな特徴を持つ複合辞なのかを分析することにより，均衡コーパスによる教材抽出の問題点ならびに日本語教科書編集の問題点を検討する。

4.5.3 方　　　法

BCCWJ複合辞辞書の小見出し(680種)を検索語として用いる。日本語教科書，初級(24種)，中級(16種)の各課本文を検索の対象とする。各課に付けられた練習問題は，教科書毎に取扱いが異なるため検索の対象としない。分析に用いた各教科書は表4.8，4.9に示すとおりである。各教科書は，光学的文字読み取り装置で，電子化され，データベース化されている。データベースは1文(文頭あるいは句点から句点まで)を1レコードとして，ページ数，文数，本文，練習のタグがつけられている。複合辞の連語的な取り扱いがされているかを分析したいところだが，そのためには1行ずつ目で見て意味を確かめなければならないため，本節では，複合辞の形が出現するかどうかのみを見た[31]。

表 4.8　初級 24 種類の日本語教科書リスト

管理番号	教科書名	開発元
B01	Learn Japanese vol. I	University of Maryland College
B02	Learn Japanese vol. II	University of Maryland College
B03	Learn Japanese vol. III	University of Maryland College
B04	Learn Japanese vol. IV	University of Maryland College
B05	An Introduction to Modern Japanese	O. Mizutani, N. Mizutani
B06	Intensive Course in Japanese –Elementary–	対外日本語教育振興会
B07	Beginning Japanese Part I	B. Block, W. Cornyn, I. Dyen
B08	Beginning Japanese Part II	B. Block, W. Cornyn, I. Dyen
B09	日本語初歩	国際交流基金
B10	外国学生用日本語教科書——初級——	早稲田大学語学研究所
B11	日本語 I	国際学友会日本語学校
B12	Nihongo no Kiso I	海外技術者研修協会
B13	Japanese –A Basic Course–	A. Alfonso, K. Niimi
B14	Buisiness Japanese	日産自動車国際課
B15	生活日本語 I	文化庁
B16	生活日本語 II	文化庁
B17	Situational Functional Japanese	筑波ランゲージグループ
B18	Basic Kanji Book Vol. I,II	加納，清水，竹中，石井
B19	ようこそ Yookoso	當作靖彦
B20	日本語 I	東京外国語大学附属日本語学校 教材開発研究協議会
B21	初級日本語	東京外国語大学附属日本語学校
B22	文化初級日本語 I	文化外国語専門学校日本語科
B23	文化初級日本語 II	文化外国語専門学校日本語科
B24	Japanese for Today	Gakken

---

[31] 頻度が低いときには複合辞ではない可能性が高いが，多数回出現するときは複合辞である可能性が高い。

表 4.9 中級 16 種類の日本語教科書リスト

管理番号	教科書名	開発元
I01	INTERMEDIATE JAPANESE VOLUME 1	大阪外国語大学留学生別科
I02	INTERMEDIATE JAPANESE VOLUME 2	大阪外国語大学留学生別科
I03	日本語 II	東京外国語大学附属日本語学校教材開発研究協議会
I04	中級日本語	東京外国語大学留学生日本語教育センター
I05	現代日本語コース中級 I	名古屋大学総合言語センター日本語学科
I06	日本語 中級 I	東海大学留学生別科
I07	日本語 II	国際学友会日本語学校
I08	日本語中級 I	国際交流基金
I09	日本語中級 II	国際交流基金
I10	ちょっと ひとこと	朝日カルチャーセンター (佐々木倫子)
I11	日本語でビジネス会話 中級編〈本文冊〉	日米会話学院日本語研修所
I12	文化中級日本語 I	文化外国語専門学校
I13	文化中級日本語 II	文化外国語専門学校
I14	中級から学ぶ日本語	荒井, 太田, 大藪, 亀田, 木川, 長田, 松田
I15	総合日本語中級	水谷信子
I16	日本語中級 J301——基礎から中級へ——英語版	土岐, 関, 平高, 新内, 鶴尾

手順としては，まず，複合辞辞書の見出しのリスト 680 を取り出し，その 680 のいずれが初級教科書データベースに出現したかを調べる．つぎに，同じく 680 の複合辞のいずれが中級教科書データベースに出現したかを調べる．その上で，680 の複合辞のうち，(1) 初級教科書の範囲で出現した複合辞，(2) 中級教科書の範囲で出現した複合辞，そして，(3) 初中級のいずれの教科書においても出現しなかった複合辞，の 3 群に分類し，3 群の特性について，分析と考察を行う．

4.5.4 結　　果

初級教科書，中級教科書について，複合辞辞書の小見出しが出現しているかどうかを調べたところ，表 4.10 のようになった．

表 4.10 分析対象の複合辞の総数と初級教科書，中級教科書で出現した複合辞の数

内訳	複合辞の数	割合 (%)
初級 24 教科書	271	39.9
初級 24 以外	409	60.1
中級 16 教科書	430	63.2
中級 16 以外	250	36.8
複合辞辞書全体	680 (全体)	100.0

4.5.5 初級の範囲で見られたもの

初級教科書で扱われた複合辞の数は 271 である．初級で扱われた複合辞は，「なければならない」「かもしれない」のようなイディオムや「おかげさまで」のような挨拶でよく使われる決まり文句と呼ばれる表現である．1 つの表現を「お／かげ／さま／で」「なけ／れ／ば／なら／ない」のように小さな単位に分割すると分割された各単位からは意味がとらえにくいので，1 つの表現としてまとめて扱われることがほとんどである．「(〜た) ほうがよい」のような比較の表現を教えるときには必ず取り扱われる表現も見られる．表 4.11 の左欄で見られるものはいずれも初級教科書の早い時期に提示され，基礎の基礎と呼ばれるものである．

表 4.11 初級教科書 24 種に見られる上位 20 の複合辞とその出現頻度と中級 16 教科書のみに見られる上位 20 の複合辞とその出現頻度 (複合辞文字列長 3 文字以上のみを対象とした)

順位	初級 24 教科書	出現頻度	中級 16 教科書	出現頻度
1	てください	655	したがって	27
2	ている	314	といった	24
3	がいい	225	一方で	14
4	ないで	210	その結果	13
5	をして	188	を通して	11
6	それで	167	ながらも	10
7	それから	156	ねばならない	9
8	ように	143	どころか	9
9	てもいい	125	といえる	8
10	という	113	に従って	7
11	なければ	110	要するに	6
12	てから	110	に応じ	6
13	だから	98	にもかかわらず	6
14	ないか	95	と思うと	6
15	それでは	93	ためだ	6
16	なくて	90	を問わず	5
17	ほうがいい	89	べきだ	5
18	について	83	としたら	5
19	ところで	81	その一方で	5
20	うちに	71	その一方	5

4.5.6 中級までの範囲で見られたもの

中級教科書で見られた複合辞の数は 430 である．これは複合辞辞書 (680) の 63.2%にあたり，残る 250 (36.8%) の複合辞は中級の教科書において扱われなかっ

たことがわかる。中級教科書で見られた 430 の中には，初級ですでに出現したものもある。では，中級教科書のみに出現したものには，どのような複合辞があるのだろうか。そこで，中級教科書に見られた複合辞のリスト (430) と初級教科書に見られた複合辞のリスト (271) の差分を見た。

その結果，中級のみに見られる複合辞は，173 (全体から見ると，およそ 25%) であった。初級のみに見られる複合辞は 14 あったが，おおむね中級は初級の複合辞を包んでいるものと考えてよい。全体 680 のうち中級ではほぼ 6 割，初級ではほぼ 4 割，そして中級に見られる項目はほとんどの初級でも扱われているので，中級教科書までにカバーされない複合辞は 4 割弱ということになる。

表 4.11 の右欄は，中級教科書に見られる複合辞，頻度上位 20 である。初級よりやや書き言葉的な感じのするものが中級では見られる。また，論理展開を書き表すのに用いられる表現，たとえば文の接続に関わる表現なども見られる。

一般的に中級では，話し言葉的な表現に加えて書き言葉的な表現の導入やより長めの文章が取り扱われる。初級で学ぶ日常会話的な表現を前提に，その次の段階として書き言葉的な要素の加わったものを取り扱いつつ，文や段落をつないで，すでに述べたことに説明を加える，対比する，などの複合辞が扱われている。

4.5.7　初級および中級教科書に出現しなかった複合辞

中級教科書まででカバーされない複合辞はほぼ 40% であるが，その中身はどのようなものだろうか。

表 4.12 に中級教科書までに出現しなかった複合辞を一覧にした。一覧に見られる傾向としては，1) 助詞に相当する語句，2) 文や段落の接続に関連する語句，が多く，3) 書き言葉に見られる話し言葉調の語句，4) 話し言葉によく見られ，かつ，古語を含む語句，が見られる。

1) 助詞に相当する語句

　　「〜について」「〜に関して」のような助詞に相当する語句で，やや論述文に見られる表現の類。

　　　たとえば，210) に至っては，211) に至り，212) に次いで，213) に従い，214) に乗じ，215) に乗じて，216) に先立ち，217) に先立って，218) に相違ない，219) に増して，など。

2) 文や段落の接続に関連する語句

4.5 『BCCWJ 複合辞辞書』の評価

表 4.12 初級および中級にも見られなかった複合辞のリスト

1) あげくに, 2) あげくのはて, 3) あげくのはてに, 4) いいかえれば, 5) いざしらず, 6) いずれにしても, 7) いずれにせよ, 8) うえは, 9) かぎりは, 10) かくなる上は, 11) かしらん, 12) かもわからない, 13) からとて, 14) がために, 15) がゆえに, 16) が早いか, 17) くせして, 18) こういうわけで, 19) こうなると, 20) ここにきて, 21) ここへきて, 22) このために, 23) このためには, 24) このためにも, 25) この上は, 26) これだから, 27) これに加え, 28) これに加えて, 29) これに伴って, 30) これに伴ない, 31) これに反し, 32) これに反して, 33) さうして, 34) さもないと, 35) さもなくば, 36) さもなければ, 37) さらにいえば, 38) されども, 39) ざるべからず, 40) ざるを得ず, 41) しかして, 42) しからば, 43) しだいだ, 44) してみれば, 45) ずにいられない, 46) ずにはいない, 47) ずにはおかない, 48) そいでもって, 49) そうしたら, 50) そうしてから, 51) そうしないと, 52) そうしながら, 53) そうしながらも, 54) そうでないと, 55) そうでなくて, 56) そうでなくては, 57) そうでなくても, 58) そうでなくとも, 59) そうでなければ, 60) そうとはいえ, 61) そうはいっても, 62) そこへいくと, 63) そこへもってきて, 64) そのあげく, 65) そのあげくに, 66) そのかわり, 67) そのくせ, 68) そのくせに, 69) そのせいか, 70) そのせいで, 71) そのためか, 72) そのとたんに, 73) そのゆえに, 74) その際, 75) その上で, 76) その前に, 77) その代わりに, 78) そばから, 79) そやけど, 80) それがかえって, 81) それがために, 82) それがゆえに, 83) それだったら, 84) それでいて, 85) それでこそ, 86) それでもって, 87) それというのも, 88) それにつけても, 89) それにひきかえ, 90) それにより, 91) それに加え, 92) それに加えて, 93) それに伴って, 94) それに伴ない, 95) それに反し, 96) それに反して, 97) それはさておき, 98) それはそうと, 99) それはとくもかく, 100) それはともかくとして, 101) それゆえ, 102) それゆえに, 103) たってかまわない, 104) たってしょうがない, 105) たらいけない, 106) たらない, 107) たるや, 108) だけのことはある, 109) だけれども, 110) だっけ, 111) だってば, 112) だとしても, 113) だとするなら, 114) だとするならば, 115) だとすれば, 116) ちなみに, 117) っていうか, 118) ってのか, 119) ついでながら, 120) つつも, 121) つまりは, 122) ていうか, 123) ていられない, 124) てかまわない, 125) てさしあげる, 126) てしかたがない, 127) てしかたない, 128) てしかるべきだ, 129) てしょうがない, 130) てたまらない, 131) てたまるか, 132) てなるものか, 133) てもしかたがない, 134) てもしょうがない, 135) ても差し支えない, 136) であればこそ, 137) でいうなら, 138) でいうならば, 139) でなかったら, 140) ではないのか, 141) でもって, 142) とあって, 143) とあっては, 144) とあれば, 145) といいながら, 146) というところだ, 147) というものの, 148) というわけだ, 149) といえど, 150) といえども, 151) といえなくもない, 152) といおうか, 153) といけない, 154) といったところだ, 155) といったらない, 156) といわず, 157) ときたら, 158) ときている, 159) とくれば, 160) ところだった, 161) としたことが, 162) としてみれば, 163) とするなら, 164) とするならば, 165) となったら, 166) となっては, 167) となれば, 168) とにかかわらず, 169) とはいいながら, 170) とはいえども, 171) とはいっても, 172) とばかりに, 173) とみえる, 174) ともあろうものが, 175) とも限らない, 176) とやら, 177) と思いきや, 178) どころではない, 179) ないことには, 180) ないことはない, 181) ないこともない, 182) ないといけない, 183) ないとならない, 184) なくしては, 185) なくはない, 186) なくもない, 187) なければだめだ, 188) なんとしても, 189) にあたっては, 190) にあらず, 191) におかれましては, 192) にかけても, 193) にかこつけて, 194) にしたところで, 195) にしてからが, 196) にしてみたら, 197) にしてみると, 198) にしてみれば, 199) にたえない, 200) にとってみれば, 201) にとどまらず, 202) には及ばない, 203) にひきかえ, 204) によらず, 205) に及び, 206) に及んで, 207) に決まっている, 208) に際し, 209) に際して, 210) に至っては, 211) に至り, 212) に次いで, 213) に従い, 214) に乗じ, 215) に乗じて, 216) に先立ち, 217) に先立って, 218) に相違ない, 219) に増して, 220) に代えて, 221) に比し, 222) に比して, 223) に免じて, 224) はおろか, 225) はさておいて, 226) はずではなかった, 227) へかけて, 228) べからず, 229) べくして, 230) べくもない, 231) ましてや, 232) までのことだ, 233) もいいところだ, 234) ものとする, 235) ものなら, 236) ゆえに, 237) よりほかない, 238) より仕方がない, 239) わけにいかない, 240) をめぐり, 241) んことを, 242) んばかりだ, 243) 一方だ, 244) 何となれば, 245) 結局のところ, 246) 最中に, 247) 然れど, 248) 然れども, 249) 他方で, 250) 他方では.

たとえば，6) いずれにしても，18) こういうわけで，19) こうなると，20) ここにきて，22) このために，27) これに加え，30) これに伴ない，31) これに反し，34) さもないと，37) さらにいえば，80) それがかえって，81) それがために，85) それでこそ，86) それでもって，88) それにつけても，91) それに加え，93) それに伴って，95) それに反し，97) それはさておき，101) それゆえ，など．

3) 書き言葉に見られる話し言葉調の語句

たとえば，11) かしらん，48) そいでもって，79) そやけど，103) たってかまわない，104) たってしょうがない，110) だっけ，111) だってば，117) っていうか，118) ってのか，176) とやら，など．

4) 話し言葉によく見られ，かつ，古語を含む語句

たとえば，2) あげくのはて，5) いざしらず，10) かくなる上は，33) さうして，35) さもなくば，38) されども，39) ざるべからず，40) ざるを得ず，41) しかして，42) しからば，64) そのあげく，107) たるや，135) ても差し支えない，170) とはいえども，177) と思いきや，224) はおろか，228) べからず，229) べくして，230) べくもない，247) 然れど，248) 然れども，など．

「助詞に相当する語句」あるいは「文や段落の接続に関連する語句」は初級，中級と学習を積み重ねた後，上級で取り扱う内容と考えてもよい．212) の「〜に次いで」や213) の「〜に従い」は，「〜に続けて」「〜の次に」「〜にしたがって」「〜につれて」のように初級で学んだ表現の上級版と考えられる．その意味では，学習の段階を追って複合辞が選ばれ，教材として提示されていると考えられる．

「書き言葉にも見られる話し言葉調の語句」は，書き言葉であっても，話し言葉を意識しながら語句をとらえなければわかりにくいもので，マンガやシナリオ，小説などでよく使われているが，従来の日本語の教科書の中ではあまり扱われていないようだ．

「話し言葉によく見られ，かつ，古語を含む語句」は，初級教科書，中級教科書で扱われなかった複合辞の最大の特徴である．均衡コーパスで，いいかえれば，ごく一般的なテキストで，このような表現が見られるということである．見られるにもかかわらず，教育では取り扱われにくかったということを指摘するものである．日本語教育の現場では，古語を含む表現を敬遠する向きがあるのかどうかわ

からないが，177)「と思いきや」，247)「然れど」などは実際の会話や文章で多々見られるということである。均衡コーパスを教育における言語の基準とみなすことによって，この類の語句を日本語教育で取り扱うように提案してもよい[32]。

4.5.8 ま と め

『BCCWJ 複合辞辞書』を初級教科書，中級教科書データベースと照合して，複合辞が日本語教育の段階で，どのように扱われるかを検討した。各段階で取り上げられている複合辞の特徴を一言で述べるのは難しいが，おおむね，初級では，平易な意味を成すひとかたまりを1つの文法項目として教えると便利な表現が集められている。中級では，初級で学んだ日常会話的な表現を前提に，書き言葉的な複合辞が取り扱われている。また，初級よりも長めの文章を取り扱っていることから，文や段落をつなぐ複合辞を導入して，説明や対比の表現力強化を意図しているのがわかる。初級・中級の範囲で見られなかった複合辞は，話し言葉でよく見聞きする文語体の表現に特徴が見られた。

均衡コーパスを，言語のスタンダード（尺度となりうるような一定の基準を満たしたものという意味）として分析に利用することによって，主観によらない基準で，教育項目の網羅性の確保，教育の方向性の検討，教育内容の改善や提案などが行えることがわかった。このような辞典の開発や教育項目の抽出・選定などは，今後コーパス研究の応用分野として研究が進められていく必要があろう。

本来，教育で扱うべき事柄は，常に根拠があってしかるべきで，教育者の直観・経験でなく，客観的基準に照らし合わせて，決定されるべきである。均衡コーパスをもとに開発した複合辞辞書によれば，なぜそれを教育で取り扱うのか，明解な根拠を与えてくれる。時代につれて変化する言語の実状を教育のシステムとしてとらえるためには，その"ものさし"としての均衡コーパスが必要であり，今後ともその更新が必要である。　　［近藤泰弘・坂野　収・多田知子・岡田純子・山元啓史］

---

32) 日本語を学ぶ人々にはどの単語が古語でどの単語が現代語だという意識などないのであるが，日本語教科書開発者には，実際に古語が出てくるのに，どういう根拠で古語は学習者には不要だとか難しいとかという意識があるのだろうか。同様に話し言葉が書き言葉よりやさしいとか，あるいは書き言葉は話し言葉より難しいとかいう意識はどういう根拠によるものなのだろうか。

参 考 文 献

Norde, M. (2009) *Degrammaticalization*. Oxford University Press.
石垣謙二 (1955)『助詞の歴史的研究』, 岩波書店.
井手至 (1973)「接続詞とは何か――研究史・学史の展望」, 鈴木一彦, 林巨樹 (編)『品詞別日本文法講座 6 接続詞・感動詞』, pp. 45–88, 明治書院.
伊藤晃 (2003)「指示詞を含む言語形式の接続詞化」,『北九州市立大学外国語学部紀要』, **106**, 45–68.
大堀壽夫 (2009) 文法学研究会 2009 年度公開講義第 5 回ハンドアウト.
尾上圭介 (1973)「省略表現の理解」,『言語』**2**(11), 11–17.
グループ・ジャマシイ (1998)『日本語文型辞典』, くろしお出版.
山崎誠・藤田保幸編 (2001)『現代語複合辞用例集』, 国立国語研究所.
此島正年 (1966)『国語助詞の研究 助詞史の素描』, 桜楓社.
近藤泰弘 (1989)「ムード」, 宮地裕他 (編)『講座日本語と日本語教育 4 日本語の文法・文体 (上)』, 明治書院.
近藤泰弘 (2000)『日本語記述文法の理論』, ひつじ書房.
白川博之 (2009)『「言いさし文」の研究』, くろしお出版.
高橋太郎 (1993)「省略によってできた述語形式」,『日本語学』, **12**(9), 18–26.
田窪行則 (1987)「統語構造と文脈情報」,『日本語学』, **6**(5), 37–48.
多田知子 (2010a)「複合接続詞の生成」,『コーパスを利用した国語辞典編集法の研究』, 特定領域研究「日本語コーパス」平成 21 年度研究成果報告書, pp. 16–22.
多田知子 (2010b)「複合接続詞――文の文頭部分の階層性」,『国文論叢』, **42**, 52–39.
田野村忠温 (2002)「辞と複合辞」, 玉村文郎 (編)『日本語学と言語学』, pp. 49–60, 明治書院.
時枝誠記 (1950)『日本文法 口語篇』, 岩波書店.
永野賢 (1970)『伝達論にもとづく日本語文法の研究』, 東京堂出版.
日本語記述文法研究会編 (2003)『現代日本語文法 4 第 8 部モダリティ』, くろしお出版.
橋本進吉 (1969)『助詞・助動詞の研究』, 岩波書店.
藤田保幸, 山崎誠 (2006)『複合辞研究の現在』, 和泉書院.
藤田保幸 (編) (2013)『形式語研究論集』, 和泉書院.
益岡隆志 (1995)『新日本語文法選書 2 複文』, pp. 132–146, くろしお出版.
益岡隆志・田窪行則 (1992)『基礎日本語文法 改訂版』, くろしお出版.
松吉俊, 佐藤理史, 宇津呂武仁 (2007)「日本語機能表現辞書の編纂」『自然言語処理』, **14**(5), 123–146.
南不二男 (1993)『現代日本語文法の輪郭』, 大修館書店.
宮地朝子 (2005)「形式名詞に関わる文法史的展開――連体と連用の境界として」,『国文学解釈と教材の研究』, **50**(5), 118–129.
森田良行, 松木正恵 (1989)『日本語表現文型』, アルク.
文部科学省科学研究費特定領域研究「代表性を有する大規模日本語書き言葉コーパスの構築：21 世紀の日本語研究の基盤整備」総括班 (2011)『特定領域研究「日本語コーパス」研究成果報告』.
山口堯二 (1980)『古代接続法の研究』, 明治書院.

第5章　コロケーションの辞書記述

　本章は，コロケーションの辞書記述を目指して，特定領域研究「日本語コーパス」の一部として5年間にわたり研究してきた内容をまとめて述べるものである。結論からいうと，コロケーション辞書は完成にはほど遠かった。したがって，5年間の研究でわかったことというのは，コロケーション辞書を作成しようとしたときに何がむずかしいのかということである。

　本章では，コロケーション辞書をどのように記述するか，そのためにどのようにコーパスを利用するかを述べることにする。

5.1　コロケーションとは何か

　コロケーションは，いくつかの語が連なって使われる現象のことであるが，慣用句のようなものは含めない。たとえば，「敵を倒す」のように，特に慣用句でもないが，一緒にまとめて使われる (共起する) ことが多い一連の語のつながり (句) をコロケーションという。もっとも，慣用句との境界はあまり厳密なものではない。

　コロケーションは最近注目されている言語現象である。日本語教育分野などでは，コロケーションを教えることで自然な日本語が早く使えるようになる効果があると聞く。また，言語研究としても，従来，あまり光が当てられてこなかったコロケーションは，未開拓の分野であり，おもしろいテーマがたくさん隠れているように思われる。

　コロケーションの研究があまり行われてこなかったのは，コロケーションデータの収集が困難だったためであろう。単語 (語彙) の研究であっても，要素の数が非常に多く，その扱いは手間がかかるものであった。コロケーションは，単語と単語のつながりであるから，その複雑さは，単語の複雑さが掛け合わされたようなもので，要素の数が単語よりもずっと多くなる。そのような複雑なものはなかなか手が付けられないままになってきたのではなかろうか。

しかし，最近は，大規模コーパスが使えるようになってきた。WWWもコーパスとして使える面があると考えられるが，WWWのような膨大な言語資料が扱えるようになってきて，コロケーションの研究もようやく現実的に行えるようになってきた面がある。

5.2　コロケーション辞書はどんなものになるか

コロケーションの辞書記述は，すでに行われている。その典型例が姫野(2004)である。

たとえば，「かつぐ」のところを見ると，次のような記述がある。

　かつぐ【担ぐ】
　①(肩，背中)に(子供，病人，神輿，荷物，袋，包み，道具，箱，担架，米俵，食糧，獲物，リュック，ゴルフバッグ，録音機，カメラ，銃，釣竿，ザイル，オール，スキー，天秤棒，枝，束)を担ぐ
　②(有望な人物，顔役，有力者)を(会長，取締役，役員，委員長，顧問，監査役，コーチ，責任者)に担ぐ
　③(縁起，験，御幣)を担ぐ
　④人を(うまく，まんまと)担ぐ

このような記述で，「かつぐ」と一緒に使われる名詞(＋格助詞)が列記されており，このような記述から利用者は「かつぐ」の用法のあらましを知ることができるわけである。

では，このような名詞(＋格助詞)を姫野らはどうやって記述したか。2007年3月5日に国立国語研究所で行われた研究会で姫野が語ったところでは，各項目の記述者が自分で内省したものが中心だという。辞書の編集には多数の執筆者が携わっているわけで，ある人の原稿の原案を他人が見れば，コロケーションとして記述するべきもの(で抜け落ちているもの)が思い当たることも多いだろう。特に日本語教師は学習者との教育経験の中でぜひ記述しておくべきコロケーションだと意識することもあると思われるので，多数の執筆者による合議で原稿を書き直していく方法は一理ある方法である。

ある言語の話者の内省は，言語研究や言語記述の手がかりとして有意義なものであるが，人間の頭の中をくぐっているだけに，それだけで十分かといえば，決

してそんなことはない。多数の人の内省に基づくだけでは，重要なコロケーションが記述されないままになるようなこともあるはずである。そのような欠点を補うのがコーパスである。

コーパスとは，言語 (書き言葉・話し言葉) が使われたままを忠実に書き記したものである。広義では電子化されていないものも指すことがあるが，現代では，電子化されたものに限定してコーパスと呼ぶことが多い。

コーパスは，その量が大きくなればなるほど有意義になる面がある。言語研究は，用例に基づいて行われることが多い。その場合，用例数は多ければ多いほど望ましい。もちろん，よく使われる単語 (助詞や助動詞，基本的な動詞や名詞など) は，少量のコーパスでも十分な数の用例を集めることができる。しかし，珍しい語や新しい語などは，かなり大量のコーパスを使わないと分析できるほどの用例を集めることができない。

コロケーション辞書を作成するにあたっては，幅広いコロケーションを収集するために，現実に言葉が使われた記録である「コーパス」を利用することが重要な手段になる。

5.3 コロケーション情報を抽出するためのコーパス

コーパスからコロケーション情報を抽出する。そのためのコーパスとして何を使うべきかが最初の問題となった。具体的に考慮の対象としたのは，『現代日本語書き言葉均衡コーパス (BCCWJ)』と WWW であった (5 年間の研究時点では『国立国語研究所日本語ウェブコーパス』は存在しなかった)。

両者は，以下のような特徴がある。

1) WWW は，日本語のコーパスとして世界最大のものになる。全体の規模は，厳密にはわからないが，田野村 (2009) の推定によれば，WWW の日本語文書のサイズは 26 兆字であり，新聞換算 4 万年分とのことである。BCCWJ は，全体で 1 億語のコーパスであるが，WWW を基準とする場合，サイズとしてはきわめて小さい。

2) WWW は，含まれるものが多様であり，現代日本語の書き言葉が中心であるものの，方言や話し言葉，古典語など，「何でもあり」の状態になっている。BCCWJ は，それに比べると，収録対象を厳密に決めており，現代日本語の書き言葉をきちんと反映するようになっている。

3) WWWは，日々刻々変わっていくものである．変化が早く，ある1時点の状態を固定することはむずかしい．ただし，自分のハードディスクなどにWWWの記事をダウンロードすれば，固定化は可能である．BCCWJのようなコーパスは，その内容が固定されている (ただし，間違いの訂正などで若干の変更・改訂が定期的になされるであろう)．

4) WWWは間違いが多い．意図しない間違いも多種多様なものがあるが，意図的な間違い (たとえば，みずほ銀行のことを「水穂銀行」や「み○ほ銀行」と書く) もたくさんある．わざと間違えることによって，検索エンジンによってその記事が見つからないようにするためであろうと考えられる．

実際に，WWWとBCCWJから一部のコロケーション情報を手作業で抜き出して，どのくらいバラエティがあるかなどを調べたところ，WWWの大量性がきわめて大きなメリットになり，WWWをコロケーション情報の抽出に使うほうがよりよいコロケーション辞書が使えるようになるという見通しを得た．逆にいうと，BCCWJでは，十分なコロケーションを集めることができなかった．1億語のコーパスでも，コロケーション辞書の作成には不十分なのである．

コロケーションは，単語と単語のつながりであるから，非常に大規模のコーパスを使わないと，十分な数の用例が集められない．従来は，コロケーションの記述に使えるような大規模コーパスは存在しなかったから，コーパスに基づくコロケーション辞書の記述などということは不可能であった．しかし，現代では状況が違ってきている．WWWは無料で使えるコーパスとも考えられる．Yahoo!やGoogleなどの検索エンジンを使えば，必要な用例を多数集めることが簡単にできる．

そこで，WWWを基本的なコーパスとして利用してコロケーション辞書の記述を行おうと判断した．

5.4 コロケーション辞書作成の手順案

当初から描いていたコロケーション辞書作成の手順案は以下の通りであった．

1) まずは，動詞を中心としたコロケーション情報を記述することを目指す
2) WWWをコーパスとして利用して，コロケーション候補を大量に集める
3) コロケーション候補が，実際に辞書に記述するにふさわしいものかを何らかの数値で確認し，限定する

4) コロケーションとして辞書に記述していいかどうか，人間が最終的に判断する

これらの4つの段階について，それぞれ簡単に説明しておこう。

第1段階で，動詞を中心としたコロケーションをねらうことにした。もちろん，形容詞でもいいし，名詞でもいい。最終的に辞書を作成するためには，すべての品詞について扱うべきである。しかし，このような方針で辞書記述をしていくことでいいのか，(時間的に，費用的に)可能なのか，などといった問題を考えるために，まずは動詞に限定しようと考えた。動詞のコロケーションがほかの品詞のそれよりも複雑であると考えられたために，動詞で記述方法を確立することができれば，その方法でほかの品詞についてアプローチすればよいと考えた。

第2段階では，WWWをコーパスとして利用する場合でも，コロケーション候補を抽出するにあたっていくつかのやり方が考えられた。検索エンジンを直接使って抽出する方法，WWWから動詞のコロケーション候補を自動処理で抜き出して整理した黒橋・河原データ(黒橋・河原(2007a, 2007b)で収集されたデータ)を使う方法，Googleが提供するN-gramデータ(工藤・賀沢(2007)のデータ)を使う方法の3つが考えられた。詳しくは5.5節で解説するが，最終的にGoogleのN-gramデータがベストであると判断した。

第3段階では，コロケーション候補を，何らかの数値で確認し，限定する点がポイントである。ここの詳細は5.6節で解説するが，最終的にダイス係数を計算し，一定の値以上のものを抽出するのがよいという結論になった。ここで何らかの数値を使うことにこだわったことには意味がある。辞書記述は，最終的には人間の目で見て判断する必要がある(第4段階)。その際，膨大なコロケーション候補を全部人間が見ていくのではコストがかかりすぎる。こういう判断ができる人は，日本語に関する専門的知識を持っている人でなければならない。そういう人を長時間拘束するのは不可能である。そこで，特に専門的知識を持たない人でも，数値で判断しながらコロケーション候補を絞ることができれば，第4段階の実行が現実的なオーダーになる。つまり，第2段階で得られた大量のコロケーション候補を，すべて第4段階に渡すのでなく，第3段階でコストの安い非専門家の操作によってかなり絞り込むことを想定したわけである。

第4段階は，コロケーション記述を確認するとともに，最終的な調整を含むものと想定された。WWWには，辞書記述としてふさわしくないものがたくさんあ

る．たとえばアダルト用語などである．日本語学校や，小中学校での辞書の使用を考慮すれば，アダルト用語のようなものは，辞書記述から外しておいたほうが辞書の実用性を高めるものになる．

　第3段階で，うまく計算式や数値を調整して，かなり機械的なやり方で妥当な絞り込みができれば，第4段階も大きな手間をかけずに実行可能になると考えた．

5.5　コロケーション候補の抽出

　動詞を中心にコロケーションを記述しようとする場合，その動詞の用例を多数抽出し，それらを分析して前後の語との共起の強さを調べることになる．とっかかりとしては名詞との格関係を目標にしてもいいだろう．

　『BCCWJ』のデータは少量すぎるので，基礎資料として適さない面がある．そこでWWWを使うことにするが，その使い方にも3つの方法が考えられた．

　第1に，検索エンジンを使うことである．通常，WWWにある情報を収集する際に最も普通に用いられる方式である．

　第2に，「黒橋・河原データ」(黒橋・河原, 2007a, 2007b) を使うことである．すでに，黒橋・河原がWWWを用いて，大量のコロケーションを収集・整理している．その中には，動詞を中心に，格関係にある名詞を抽出・整理した資料もある．これはコンピュータによる自動処理として作られたもので，間違いなどもかなり含まれるものの，最初から収集せずとも，ある程度整理されたものに基づいて作業を先に進めるには好都合なデータである．

　第3に，Google N-gramデータを使うことである．検索エンジンGoogleがWWW上の文書をクローリングするとき，単語連続が抽出できる．そこで，これを1-gram (単純な単語の頻度表に該当する)，2-gram (2語の連続の使用頻度がわかる)，3-gram，4-gram，5-gramに分類し，ある頻度以上のものすべてを大量に収集したものである．

　3つの方法にはそれぞれ一長一短があるが，最終的にはGoogle N-gramデータがもっともよいと思われた．以下では，そう判断した理由を示す．

　第1に，検索エンジンであるが，動詞を指定して用例を収集する方法だと，用例が1,000例までしか集められないという欠点がある．これはどの検索エンジンでも同様の，実用上の制約である．

　もっとも，実際は1,000例という制限を超えることは可能である．よく使われ

5.5 コロケーション候補の抽出

る単語 A と B を考え，非常にヒット件数が多い動詞 X について検索するとき，「X A B」，「X -A B」，「X A -B」，「X -A -B」というように4回検索すれば，検索ごとに 1,000 例の用例が得られるから，4,000 例までの用例の入手も可能になる。しかし，こういうことで努力しても，せいぜい数万例程度が実用的な上限になってしまうだろう。

また，実際に 1,000 例までの用例から，コロケーション候補の記述をしてみると，用例の多様さが十分には反映されなかった。つまり，何十万例もある中から 1,000 例を取りだしたとしても，それが用例の幅を広くカバーするものではないということである。これでは，せっかくの WWW の大量性を活かしたことにならない。仮に数万例の用例を調べたとしても，やはり全部をカバーしていないというのは問題が残る。

第2に，黒橋・河原データであるが，とりあえず「を抜く」で検討してみた。「肩:ノ格 力:ヲ格*」は「肩の力を」に置き換えて考える。「最後:マデ格 気:ヲ格*」は「最後まで気を」と考えることにする。格要素は基本的に，「名詞:格」という2つ組からなるが，名詞が汎化されていることがあり，それは「数量」「時間」「補文」の3種類である。また，格の後に，複合名詞で出現したことを示す「%」，用言の直前の格で出現したことを示す「*」というフラグがつくことがあるが，ここでは無視した。そのため，一部に「同じ表現」が複数回現れるように見えることがある。

頻度5以上を意味で分類すると (基準は明確でないが) 150 個ほどのグループになるが，そのうち2つを示すと以下のようになる。

○手 7188，手 280，手 42，〈補文〉に手 38，仕事の手 37，最後まで手 25，〈補文〉で手 19，家事の手 19，私が手 16，仕事に手 16，〈補文〉と手 12，部分で手 11，〈時間〉まで手 11，ところで手 10，中から手 8，細部に手 8，〈時間〉から手 8，所で手 7，手間 7，〈数量〉に手 6，事に手 6，料理の手 6，選手が手 5，部分に手 5，〈補文〉まで手 5，〈数量〉に手 5，コミュニケーションに手 5

○気 6375，神経 631，気 219，最後まで気 89，神経 87，歯の神経 68，気 30，〈時間〉神経 21，気合 17，前歯の神経 12，気分 12，気合い 11，奥歯の神経 10，〈補文〉で気 8，〈補文〉と気 8，〈時間〉まで気 7，〈数量〉本の神経

7．〈補文〉に神経 7，前歯の神経 6

　頻度5以上に限っても，いわば 60,843 例を調べていることになり，もしも頻度1まで全部含めたら，97,560 例を見ていることになる．広い範囲をカバーするデータであるといえる．ただし，低頻度のところにはさまざまなエラーが入ってくる点がマイナスである．

　黒橋・河原データは，コロケーション記述の基礎資料として十分使えると判断できる．ただし，使いにくい点もある．たとえば黒橋・河原データでは，「気合いを抜く」という言い方がある．これはどういう意味か，用例を確認したいと思っても，それがなかなかむずかしい．検索エンジンで「気合いを抜く」を入れてもヒットしないことがある．たとえば「気合いをよく抜く」のように，ほかの語が挟まっているような場合があっても，黒橋・河原データでは係り受けを解析しているので，挟まった語をとばして，「気合いを」と「抜く」が格関係にあることを認識している．しかし，検索エンジンはそういう高級な処理はしないから，いざ，具体的に用例を調べたいと思っても，確認がなかなかしにくい．

　以上のようなことから，Google N-gram データが一番使いやすいと判断した．抽出した単語連続は数年前のものだが，現実に文章中にあった言い方である．したがって，疑問があれば，検索エンジンで容易に検索できることが多い．WWW では消されてしまう記事もあるから，完全に復元できるわけではないが，経験上，たいていは用例がそのままの形で見つけられる．「気合いをよく抜く」のように，間に何かが挟まっている場合は，連続した N-gram として認識されないが，「気合い／を／よく／抜く」のように 4-gram では検索できる．

　WWW の言語量は膨大であるから，連続した N-gram だけを見ていっても，用例としては十分なバラエティが確保できるものである．

5.6　コロケーションであることの確認

　コロケーションが単語と単語のつながりである以上，よく一緒に使われる単語のペアを探して，それを記述する必要がある．

　仮に動詞「かつぐ」を取り上げよう．コロケーション情報として「～をかつぐ」という形で使われるのはどういう語なのかを考えてみる．名詞であることは間違いないが，どんな名詞なのか，具体例が知りたいということになる．そもそも，

コロケーションを抽出するとき，何を以てコロケーションだと判断するのであろうか．

このあたりを考えてみたい．

以下の数字は，2008 年の Yahoo! 検索エンジンを用いた数字であり，現在は数値が違っていると思われるが，議論の資料としては特に問題はなかろう．

5.6.1 コロケーション頻度

検索エンジンで「をかつぐ」を入れて検索される 1,000 例を見ていくと，さまざまな名詞が拾える．それぞれを「名詞 + をかつぐ」の形で再度検索してみると，次のような結果になった．() の中が出現頻度である．コロケーションの頻度順に 200 件以上検索できたものを列挙した．なお，検索するときは，たとえば "棺をかつぐ" のように両端を二重引用符で囲って，フレーズ検索することにした．

棺 (3,000)，竿 (849)，籠 (627)，自転車 (615)，十字架 (463)，屋台 (430)，荷 (421)，板 (349)，棒 (327)，山 (296)，駕籠 (288)，棺桶 (263)，餅 (258)，ボート (252)，だんじり (213)，彼 (201)

これらは「名詞 + をかつぐ」を検索した頻度であり，コロケーションの出現頻度 (使用頻度)，略してコロケーション頻度ということになる．

しかし，これでは不十分である．その欠点は，一般にどこでもよく使われる名詞 (たとえば，自転車や板など) が，コロケーション頻度としても大きな値になるということである．

5.6.2 共 起 率

コロケーション頻度では，単語それ自体の出現頻度の影響が大きい．これを補正するためには，名詞の出現頻度を求めて，コロケーション頻度をそれで割ってやればいい (値が小さくなってしまうので，1 万倍するのがよかろう)．こうすれば，一般によく使われる語であるかどうかは影響されなくなって，当該名詞を中心として見たときの動詞との関係を探ることができる．荻野 (2007) では，これを「共起率」と呼んでいる．

「～をかつぐ」のコロケーション頻度と共起率を求め，共起率の大きいものを順に並べてみると，表 5.1 のようになる．

表 5.1 「〜をかつぐ」のコロケーション頻度と共起率

名詞句	コロケーション頻度	共起率
安倍ミコシ	88	9,887.60
神輿	133,000	295.555
花棒	23	175.572
千歳楽	29	165.714
聖遺物箱	14	151.515
挟み箱	12	131.434
肥桶	54	40.9091
関船	25	29.3634
天秤棒	286	15.2127
キリコ	159	9.69512
布団太鼓	40	8.03212
棺	3,000	7.17703
米俵	281	6.62735
端	15	6.14754
駕籠	288	4.83838
太鼓台	199	4.58525
棺桶	263	1.86524
山笠	181	1.45967
籠	627	1.38962
バーベル	160	1.37233

しかし，この共起率の計算法にも欠点がある．名詞の単純頻度が小さい場合，そのほとんどが特定動詞とのコロケーション用法になってしまうことがある．すると，共起率の値がきわめて大きくなってしまうのである．

表 5.1 でいうと，共起率最大の「安部ミコシ」がある．これは，89 件の出現中 88 件が「〜をかつぐ」の文脈で使われたので，共起率が約 1 万となってしまった．

値が大きいから強いコロケーションがあるかと思うと，そうでもない．「安倍ミコシ」は，コロケーションの記述には不必要であろう．表 5.1 では，コロケーション頻度が小さいものが上位に来ている場合が多い．小さいものはあまり重要ではないはずである．やはりコロケーション頻度そのものも考慮して，大きいものを抽出しなければ，人間にとって自然なコロケーションにはならない．

コロケーションは 2 語 (以上) のつながりであるから，ここでいうような共起率のように名詞中心に考えるだけでは十分ではない．コロケーションと動詞との関係も考慮するべきである．

5.6.3 ダイス係数

とりあえず，「神輿をかつぐ」のように「N を V する」の形のコロケーション

を考える。

N (名詞) の単純頻度を f_n, V (動詞) の単純頻度を f_v とする。両者が (適当な格助詞を介して) 連続して現れる頻度 (コロケーション頻度) を f_c とする。

f_n は検索エンジンで「N」を指定して得られる数字であるが，100 例ほどを手作業でチェックして，ほかの意味の語が混じっていないか，語自体が多義ではないかをチェックする。f_v も同様に「をV」を指定して検索して，予定外の用例を外して頻度を求める。f_c も同様である (が，この段階で多義である例は少ない)。

表 5.1 で述べた共起率は $f_c/f_n \times 10,000$ で表される。それと同様に，f_c/f_v も考えられる。当面，一語の動詞の記述を考えれば，f_v はいつも一定であるから，結果的に f_c (コロケーション頻度) だけを見ていることと変わらない。しかし，複数の動詞を扱う場合，動詞の使用頻度が語ごとに違ってくるので，f_c/f_v を考慮しておくことが望ましい。

ここでのコロケーションは，名詞と動詞の結びつきであるから，両者を視野に入れたコロケーションをはかるための係数が望ましいことはいうまでもない。

まず，考えられるのは，f_c/f_n と f_c/f_v の平均を取ることであろう。単純な算術平均 (足して 2 で割る) も考えられる。数式で表すと，

$$c_1 = \frac{f_c/f_n + f_c/f_v}{2}$$

となる。

しかし，算術平均では，名詞の頻度が小さい場合でも大きい場合でも，動詞と同じ重みで (半々で) 扱われてしまい，よくない。実際に計算してみた結果でも，c_1 では，頻度が小さい名詞の影響が強く出てしまい，上述の共起率と同様に，コロケーションの重要性に関する直観に合わないように感じられた。

そこで，「足して 2 で割る」のではなく，2 つの重み (頻度) を考えた「重み付き算術平均」にしよう。数式で表すと，

$$c_2 = \frac{(f_c/f_n) \times f_n + (f_c/f_v) \times f_v}{f_n + f_v} = 2 \times \frac{f_c}{f_n + f_v}$$

となる。

この計算法は数式だとむずかしく思えるが，単純なベン図を描いてその意味を考えることができる (図 5.1)。

重み付き算術平均は，「f_c の大きさ」が「$(f_n + f_v)$ の大きさ」と比べてどれくらいの比率かを求めていることになる。c_2 が 1 を示すということは，$f_n = f_v = f_c$

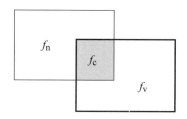

図 5.1 重み付き算術平均の模式図

であり，名詞と動詞がいつも一緒に使われる場合である．c_2 が 0 を示すということは，f_n と f_v が重ならない，つまり $f_c = 0$ の場合である．普通はその中間的な値を取り，つまりは，ベン図中の f_c の面積が f_n と f_v を合わせたものと比べてどれくらいの比率かを表している．

平均の計算では，算術平均の他に調和平均というのもある．非常にスケールオーダーが違うものの平均を考える上では便利である．数式で表すと，

$$c_3 = \sqrt{\frac{f_c}{f_n} \times \frac{f_c}{f_v}}$$

となる．ただし，実際にこの方法で計算して，数値を眺めてみたが，c_3 の意味を

表 5.2 「をかつぐ」のダイス係数

名詞	コロケーション頻度	名詞頻度	ダイス係数
片棒	102,000	651,000	0.130185
神輿	133,000	4,500,000	0.049114
お先棒	25,200	116,000	0.048837
験	12,300	350,400	0.019425
縁起	109,000	11,000,000	0.018295
棺	3,000	4,180,000	0.001177
天秤棒	286	188,000	0.000518
米俵	281	424,000	0.000419
籠	627	4,512,000	0.000231
棺桶	263	1,410,000	0.000226
バーベル	160	1,165,900	0.000154
御幣	97	410,880	0.000146
だんじり	213	2,070,000	0.000143
松明	126	1,244,600	0.000117
肥桶	54	13,200	0.000116
俵	111	1,090,000	0.000111
竿	849	14,900,000	0.000107
十字架	463	16,500,000	0.000053
屋台	430	16,300,000	0.000050
重荷	103	3,360,000	0.000048

汲み取ることはかなり困難であった。また，c_2 との相関係数が非常に高く (だいたい 0.9 程度)，ほぼ似た傾向を抽出する。

以上のような検討結果から，ここでは，c_2 を中心に考えていくことにしたい。c_2 は，すでに考案されていて，ダイス係数 (dice coefficient) と呼ばれているものである。「をかつぐ」とのコロケーションを考える場合，その頻度 916,000 はどの名詞に対しても一定である。それを考慮してダイス係数を算出すると，表 5.2 のようになる。表 5.2 は，上位 20 個を取りだしたものである。

このようにすると，コロケーションとして記述するべきものはダイス係数の数値が大きいものである。

表 5.3　いくつかの動詞と名詞のダイス係数

名詞	格助詞 + 動詞	コロケーション頻度	名詞頻度	「格助詞 + 動詞」頻度	ダイス係数
片棒	をかつぐ	102,000	651,000	916,000	0.130185
神輿	をかつぐ	133,000	4,500,000	916,000	0.049114
お先棒	をかつぐ	25,200	116,000	916,000	0.048837
手	を抜く	11,700,000	556,930,000	18,900,000	0.040637
度肝	を抜く	426,000	3,330,000	18,900,000	0.038327
桜	が消える	754,000	31,188,000	12,400,000	0.034597
敵	を倒す	1,370,000	76,600,000	4,420,000	0.033819
奇跡	を起こす	866,000	48,000,000	27,900,000	0.022819
地球	を救う	596,000	46,900,000	5,590,000	0.022709
訴訟	を起こす	696,000	35,800,000	27,900,000	0.021852
頬	を撫でる	237,000	22,300,000	769,000	0.020547
群	を抜く	701,000	52,360,000	18,900,000	0.019674
験	をかつぐ	12,300	350,400	916,000	0.019425
縁起	をかつぐ	109,000	11,000,000	916,000	0.018295
アクション	を起こす	924,000	77,600,000	27,900,000	0.017517
生き馬の目	を抜く	165,000	183,000	18,900,000	0.017293
行動	を起こす	2,400,000	250,000,000	27,900,000	0.017272
発作	を起こす	308,000	8,110,000	27,900,000	0.017106
場	を仕切る	3,940	6,996	455,000	0.017056
命	を救う	1,400,000	169,000,000	5,590,000	0.016038
親知らず	を抜く	165,000	2,556,000	18,900,000	0.015380
吹き抜け	で仕切る	13,900	1,320,000	762,000	0.013353
カウンター	で仕切る	98,600	14,742,000	762,000	0.012719
肩の力	を抜く	145,000	3,970,000	18,900,000	0.012680
プラグ	を抜く	223,000	17,184,000	18,900,000	0.012360
年齢	を重ねる	1,240,000	199,000,000	6,120,000	0.012090
厨房	で仕切る	54,100	8,590,000	762,000	0.011570
反乱	を起こす	176,000	4,430,000	27,900,000	0.010888
人類	を救う	83,000	10,800,000	5,590,000	0.010128

さて、ダイス係数は、動詞がさまざまに変わっていてもかまわない。そこで、手元でコロケーションを抽出している動詞18語（コロケーションを構成する名詞はそれぞれ50語程度）を用いて、ダイス係数を求め、その大きいものを示すと、表5.3のようになる。

表5.3の結果は、かなり自然なコロケーションの抽出結果となっていると思う。これを言い換えると、自分で辞書記述するなら、こういうものを記述したいと思うということである。

当面は、このダイス係数を使って、コロケーションを抽出すればいいとしておく。

従来、コロケーションの抽出には、t-scoreやMI-scoreが用いられてきた。しかし、それらを計算する際は、コーパスの総語数がわからないといけない。WWWの総語数はわからないし、日ごとに変動する（たいていは増加する）ものであるから、WWWからコロケーションを抽出するためにはこれらの係数は使えない。そこで、コーパスの総語数がわからなくても、2つの語の単純な出現頻度と、それらが共起するときの頻度（コロケーション頻度）からコロケーションらしさ（2つの語のつながりの強さ）を計算できる係数が必要であると考えた。ダイス係数はそのような意味でコロケーションを抽出するのに適した係数である。

5.7　辞書記述の作業の手間の見積

ここまでで、コロケーション記述の方針がだいたい見えてきた。

では次に、コロケーション記述の作業の手間を見積もってみよう。

以下の5段階の作業の手間を見積もった。

〈a〉動詞を指定したYahoo! JAPANの検索結果1,000件のコピー

〈b〉名詞の抜き出しとリストアップ

〈c〉それぞれの名詞のヒット件数調査と並べ替え

〈d〉グループ分け

〈e〉出現頻度の計算

この先に、ダイス係数の計算が入るが、ほぼ手間はゼロである。そして、人間による最終調整・最終判断が入るが、これは何とも言い難い。

では、コロケーション辞書の記述の各段階でかかる手間を計測してみよう。

ここでは、手間＝かかった時間と考える。3語だけの計測である（表5.4）。

検索エンジンによる1,000例の用例からの名詞の抽出であるが、それぞれの動

表 5.4 コロケーション候補として抽出した名詞数

	〜を望む	〜を貼る	〜を含む
1000 件の用例から抽出した名詞	530	339	667
コロケーション頻度 10 以下の名詞	135	96	106
名詞の用例を 100 例チェックしたもの	395	243	561
うち，チェックしたものが 100 例未満	19	12	20
うち，100 例チェックできたもの	374	231	541

表 5.5 コロケーション候補抽出作業にかかった時間

	〜を望む	〜を貼る	〜を含む
〈a〉	10 分	20 分	20 分
〈b〉	3 時間 10 分	5 時間 15 分	7 時間 45 分
〈c〉	12 時間 05 分	12 時間 05 分	17 時間 40 分
〈d〉	50 分	(上に含む)	(上に含む)
〈e〉	47 時間 55 分	39 時間 50 分	64 時間 40 分
合計	64 時間 10 分	57 時間 30 分	90 時間 25 分

詞で数百語程度は抽出できる．その作業時間は表 5.5 の通りである．

表 5.5 から明らかなように，〈e〉=「出現頻度の計算」にかなりの手間がかかり，作業者の負担になっている．

この問題は，さらに詳しく検討することにして，ここで，コロケーション辞書記述を行う場合の費用の概算をしてみよう．以下のような仮定をする．

1) 動詞 3,000 語を取り上げる
2) 動詞 1 語にコロケーション (名詞) を 300〜400 語程度を記述する
3) 動詞 1 語あたり 70 時間かかる
4) 作業者のコストを 1 時間 1,000 円とする

すると，この規模のコロケーション辞書を作成するのに

$$3,000 \times 70 \times 1,000 = 2 億 1 千万円$$

かかることになる．

Google N-gram データ (あるいは黒橋・河原データでも同様) では，この数倍程度のコロケーションが得られるから，費用も数倍になる．

ということで，このやり方では，費用がかかりすぎて，現実的に辞書作成ができない．

5.8 人手によるチェックの必要性

コロケーション辞書の作成にあたって，各段階ごとにかかる時間を見てみると，

表 5.5 のように，出現頻度の計算に時間がかかることがわかる。なぜここに時間がかかるのだろうか。

例として「〜を望む」を取り上げ，「〜」の位置に来る名詞を材料にして，作業量が増える理由を追及してみよう。

まず，

　　名詞 (「N を望む」の出現頻度)
　　名詞単独の出現頻度

の形でいくつかの例を示そう。

　　平和 (189,000)
　　全体の出現頻度　約 124,000,000 件のうちの 100 件中 100 件が，平和として使われる。
　　結婚 (132,000)
　　全体の出現頻度　約 402,000,000 件のうちの 100 件中 100 件が，結婚として使われる。
　　奇跡 (108,000)
　　全体の出現頻度　59,100,000 件のうちの 100 件中 100 件が，奇跡として使われる。
　　出世 (1,800)
　　全体の出現頻度　約 28,600,000 件のうちの 100 件中 99 件が，出世として使われる (1 つは，明太子のホームページだったが，出世という名詞は，見つけられなかった)。

つまり，用例 100 例を取り上げ，それが当該単語の用例になっているかを確認するところに時間がかかっていることがわかる。

では，このチェックがカットできないか。カットできれば，かかる時間 (コスト) が 1/3 に激減する。

100 例チェックした 374 語のうち，その単語が当該の意味としての用例数を数えてみると，表 5.6 のような分布になる。

表 5.6 でわかるように，用例 100 例を調べると，たいていは当該の意味で使われているものである。当該意味の用例数が 70 例以上を取り上げると，346 語あ

5.8 人手によるチェックの必要性

表 5.6 用例中の当該意味の用例数

用例数	語数	
100 例	302 語	
95-99 例	14 語	
90-94 例	7 語	
85-89 例	7 語	合計 346 語
80-84 例	6 語	
75-79 例	6 語	
70-74 例	4 語	
65-69 例	4 語	
60-64 例	4 語	
57 例	1 語	
50-54 例	3 語	
45-49 例	3 語	
40-44 例	3 語	
36-37 例	2 語	
29 例	2 語	
23 例	1 語	
11-13 例	3 語	
1-3 例	2 語	

り，346/374 = 92% を占める。だいたいうまくいくといえなくもない。

しかし，中には当該の意味が少数しかない場合もある。本来，考えられる意味でない意味で使われることが大半を占めるということがあるのである。問題となる，該当語数が低いものをあげると，以下のような例がある。いずれも「〜を望む」という形で考えられる意味と，一般の文脈で使われた場合の意味が違うものということになる。

朝日 (17,300)

全体の出現頻度 約 141,000,000 件のうちの 100 件中 1 件が，朝日として使われる (その他は，「朝日新聞，テレビ朝日，朝日放送，朝日生命，朝日町，朝日大学，など」)。

日の出 (1,010)

全体の出現頻度 約 20,200,000 件のうちの 100 件中 3 件が，日の出として使われる (その他は，「日の出町，旅館名，会社名，製麺所名，日の出みりん，など」)。

遠山 (70)

全体の出現頻度 約 7,100,000 件のうちの 100 件中 11 件が，遠山として

使われる (その他は,「人名, 店名, 会社名, など」)．

荒川 (1,160)

全体の出現頻度　約 39,500,000 件のうちの 100 件中 13 件が, 荒川 (川の名前) として使われる (その他は,「人名＝荒川静香, 荒川良々, 荒川区, 会社名, 施設名, など」)．

　これらは,「〜を望む」という文脈での意味と, 一般の文脈での意味が違うものだが, これに該当しない名詞が大部分であり, もしも全部が該当しなければ人手によるチェックが省略できるものである．しかし, 一部の名詞は, 2 つの文脈で意味が違ってしまう．どういう名詞が問題名詞なのかは, 事前に見当が付かず, 実際に用例に当たってみなければ何ともいえないものである．

　ここで, ちょっと脇道にそれるが, 今までコーパス言語学で共起の指標としてしばしば用いられてきた t-score と MI-score について見てみよう．それぞれ, 以下のように定義される．

$$\text{t-score} = \frac{\text{共起頻度} - (\text{中心語の度数} \times \text{共起語の度数} \div \text{コーパスの総語数})}{\text{共起頻度の平方根}}$$

$$\text{MI-score} = \log_2 \left(\frac{\text{共起頻度}}{\text{中心語の度数} \times \text{共起語の度数} \div \text{コーパスの総語数}} \right)$$

それぞれの計算法で「中心語の度数」や「共起語の度数」といった形で, それぞれの語の出現頻度が用いられている．しかし, それらは「正しい」のだろうか．

　実際の用例に当たって, 意味の違いなどを区分しながら, 同音異義語を排除し, 当該の意味で何回使われたのかを厳密に算出してきたのだろうか．

　使われる数値が非常に大きかったりする (出現頻度が数万回だったりする) と, とても全部の用例は見きれないだろうと思われる．そんな確認は省略しても, 表 5.6 のように, たいていはうまくいくものである．しかし, 中にはうまくいかないものが紛れ込んでいるはずである．それをきちんと扱ったら, コンピュータでさっさと計算するような安易な方法は採用できなくなり, 共起を簡単に決定できるメリットが失われてしまうはずである．

　研究を進める際に, 手間をはしょって, さっさと結果を出すべきか, きちんとデータを扱って正しい結果を出すべきかは難しい問題であるが, 少なくとも, そういう問題が存在することは意識しておきたいものである．

5.9 コロケーションの辞書記述のむずかしさ

　本章は，コロケーションの辞書を作成しようとして 5 年間研究してきた経過をまとめて述べたものである。

　当初は，問題を楽観的に考えていた。数値で計算すればコロケーション候補が自動的に抽出できるのだから，あとはそれを見ながら人手で調整すれば，辞書記述はむずかしくないと思っていた。

　実際にやってみると，予想とは違ってしまった。

　どんなデータを使って，どんな数値を計算すればいいかについては，ほぼ結論が出た。

　しかし，具体的な単語ごとのコロケーションの記述に向けて取り組もうとすると，作業量が膨大になってしまうということがわかった。つまりは，非常に多額の費用がかかるということである。どこかから費用を工面しなければ，辞書の作成はできない。

　結局，わかったことといえば，コロケーションの辞書記述はむずかしいということである。

　世の中にはすでにコロケーション辞書と銘打ったものが何種類か出回っている。姫野 (2004) だけではない。しかし，それらは，コーパスに基づいて記述されておらず，コロケーションを網羅的に記述したとはいえない。よくいえば，記述者の内省を活かしているわけだが，悪くいえば，思いつきを書き留めているようにも見える。

　また，コーパスを利用して作成したようなコロケーション資料も利用できるようになった。たとえば，NINJAL-LWP for TWC (http://corpus.tsukuba.ac.jp/) のように公開されて使えるものもある。しかし，自動処理で作成したものでは，必ずしも全部が適切な用例ではない。当該のトップページの例を見ると，「車が走る」というコロケーションを記述しているが，用例の先頭は「SL 機関車が走る」の用例であって，「車が～」の例とするには問題がある。また「のが走る」というものが抽出されている。「走る」の頻度 128,836 例という数字を見ると，人手でこれらを全部チェックすることはきわめて困難であるというのも事実である。

　コロケーション辞書の作成を目指す場合，あるべき姿 (理想像) は，これら 2 つのアプローチの中間にあるはずである。コーパスを用いて用例を広くカバーする

とともに，自動処理で大量のデータを扱い，最終的に人間が判断を加えて，辞書に記述する価値のあるものだけを記述するということである。

「中間」といいつつ，どのあたりを狙うといいか，妥協点はどこか。そういった問題の立て方をするべきかもしれない。　　　　　　　　　　　　　　　［荻野綱男］

注　本章は，一部に荻野綱男 (2009)「コロケーション辞書」,『国文学解釈と鑑賞』，**74**(1)，70–78 の記述を含むものである。

参 考 文 献

荻野綱男 (2007)「コーパスとしての WWW 検索の活用」,『言語』，**36**(7)，26–33.
工藤拓，賀沢秀人 (2007)『Web 日本語 N グラム第 1 版』言語資源協会.
　　http://www.gsk.or.jp/catalog/GSK2007-C/catalog.html
黒橋禎夫，河原大輔 (2007a)「格フレームを用いた自然言語処理〈上〉」,『言語』，**36**(11)，94–101.
黒橋禎夫，河原大輔 (2007b)「格フレームを用いた自然言語処理〈下〉」,『言語』，**36**(12)，76–83.
田野村忠温 (2009)「日本語研究の観点からのサーチエンジンの評価・続――検索ヒット件数の
　　時間変動のその後と Web 文書量の推計の修正」,『計量国語学』**26**(8)，290–294.
姫野昌子 (2004)『日本語表現活用辞典』，研究社.

第6章 コーパスによる辞書の記述内容の検証

6.1 はじめに

6.1.1 使いやすい日本語の辞書を求めて

携帯情報機器の普及により，常に辞書[1]が携行される時代が訪れている。これにより，辞書の役割も大きく変わろうとしている。情報機器に搭載された日本語変換システムは，国語辞書の「字引」としての役割をほぼ奪ってしまった。携帯情報機器は，書籍と比べて1表示面の情報量が少ないが，階層的に情報をいくらでも提供できるといった特性があり，さらにインターネットを通じてほかの情報への接続もできる。ところが，現在の携帯情報機器に掲載されている国語辞書の多くは，書籍版を移し替えたものに過ぎず，必ずしも携帯情報機器の特性に適応した使いやすい形になっているとはいえない。

本章では，このような状況を踏まえて，新しい時代の国語辞書を開発するためには，どのような課題を解決しなくてはならないのか考える。まず，現行の書籍版の国語辞書にはどのような使いにくさ(バリア)があるのかを検討し，その中で，言語使用の実態と辞書の記述のずれについて見ていく。次いで，多義語の処理と動詞の自他の認定を例に，コーパスを辞書の記述にどう結びつけるか，検討していく。この過程で，日本語変換システムとの連携や今後の辞書の姿について検討していく。

6.1.2 国語辞書のバリア

国語辞書は，利用者が言葉の情報が不足するときに用いられる。このとき，利用者はいわば，言語的弱者の立場におかれている。使いやすい国語辞書は，まず，

---

[1] ここでは「辞書」と「辞典」との使い分けをせず，原則，「辞書」の語を用いる。

言語的強者である執筆者・編集者の観点ではなく，言語的弱者の観点に立つことから考えなくてはならない．以下，国語辞書を用いる際のバリアを挙げて，現在の辞書の記述の状況と課題とを見ていく[2]．

〈1〉 読みのバリア

書籍版の国語辞書は，語句の読みがわからなければ語句が検索できない．実際の文章に表れた形がほぼそのままの形で辞書の見出し語になる英語辞書と異なり，漢字仮名交じりで記述された形は，そのまま国語辞書の見出し語とはできず，「潤滑（じゅんかつ）」「漸次（ぜんじ）」などの語を「じゅんこつ」「ざんじ」のように読んでしまうと求める情報に行きつかない．国語教育では，読み方のわからない漢語は漢語辞書を使うように指導されるが，部首引きや総画引きは煩雑であり，日常で漢和辞書が用いられることは多くなく，国語辞書での対応が求められることになる．

辞書によっては誤読情報を掲載するものもあるが，「漸次」の項に「『ざんじ』は読み誤り」，「暫時」の項に「『ぜんじ』は読み誤り」といったように，正しく読めた利用者に誤読の情報を提供するだけで，誤読した利用者への対応とはなっていない．

読み誤りを支援するためには，空見出しを立てるのが効果的だが，書籍版の国語辞書では紙面の制約上制約が強く，誤読を立項するのは，「直截」のように「ちょくさい」という慣用読みが広く及んでいるものに限られている．

国立教育政策研究所の行った「特定の課題に関する調査」や「全国学力学習状況調査」などにより，児童・生徒の読み誤りやすい語についての情報はかなり集積されている．たとえば，教育政策研究所 (2006) は，「挙手」は小学校 4 年生で 17.2%，5 年生でも 24.3%しか正しく読めず，「勢い」は 5 年生で 63.4%，6 年生で 69%，中学校でも「趣（おもむき）」は 1 年生で 31.8%，2 年生で 60.3%，「短絡」は 2 年生で 51%，3 年生でも 53.5%，「潤滑」は 3 年生で 36.2%であったと報告されている[3]．ここでは，「誤答の傾向」として，「短絡」や「潤滑」は，「たんかく」「じゅんこつ」などの読み誤りが多いという指摘がなされているが，2014

---

[2] 矢澤 (2006), 矢澤 (2009a) で述べた内容に，新たな調査結果を加えている．
[3] 国立教育政策研究所 (2006)『特定の課題に関する調査 (国語) 調査結果 (小学校・中学校)』の「通過率が低い問題」(小学校 pp. 11–14, 中学校 pp. 24–27). http://www.nier.go.jp/kaihatsu/tokutei/

年に販売されている4種類の学習国語辞典[4])では，これらに空見出しは立てられていない。同じ漢字を用いていても，より耳にする「選挙」や「連絡」，「滑走路」などでは読み誤りは少ないと予想され，特定の語に顕著に現れる誤りであるならば，辞書において，正しい読みへ導く対応をするのが妥当な方策であると考えられる。

先に触れたように，書籍版の国語辞書では，紙面の制約から空見出しが制約されるが，電子版の国語辞書では，検索用に読み誤りやすい形も登録して，正しい見出し語に誘導する対応も可能であるし，手書き文字認識機能や電子版テキストで当該部分を範囲指定して辞書に渡すといった対応もできる。現在の電子版の国語辞書では，「読みのバリア」を十分に解消するに至っていないが，今後，十分な対応が期待できる。

〈2〉 分節・整形のバリア

語の読みがわかったとしても，連語や活用語では，そのままの形では見出し語が見つからないことがある。国語辞書の見出し語に当てはまるように，区切り，整形しなければならないのである。たとえば，「将軍によって建立された寺」の「によって」は，表出形がそのまま見出し語に立っていない場合は「よって」や「よる」などに変えて検索しなくてはならない。

表6.1は，「によって」や「にとって」「にもかかわらず」など，いくつかの助詞的な連語について，空見出しや用例も含めて，国語辞書のどの見出し語で表出形が出されているかを調査したものである[5])。

「にもかかわらず」は表出形が見出し語にされる傾向が高く，「にかんして」や「によって」は辞書によりかなりばらつきが見られるなど，語による差違があること，I・F・Gは表出形を見出し語に立てる傾向にあるが，CやDは動詞基本形で処理する傾向にあるなど，国語辞書による差違があることがわかる。

小学校中学年では，学習指導要領の「表現したり理解したりするために必要な文字や語句について，辞書を利用して調べる方法を理解し，調べる習慣を付ける

[4)] 本章で使用した辞書については巻末に一覧で示すが，特定の国語辞書を批判することを目的としないので，各調査ごとに書名を記すことはせず，各節ごとに記号を振り直す(同じ国語辞書でも章を越えれば別の記号で表す)。また，項目によっては，新しい版で改訂されたものもあるが，それについても特段触れることはしない。

[5)] ここでは文法化の度合いは問わず，「絵によって生計を立てる」や「先生に就いてピアノを学ぶ」のような例も含めている。

表 6.1 連語が国語辞書でどんな見出し語になっているか

国語辞書	に(も)かかわらず	に関して	に沿って	について	にとって	によって
一般向け A	かかわらず	かんする	(なし)	ついて	とって, とる	よる
一般向け B	にもかかわらず, かかわらず	かんする, かんして	そう	について, ついて, つく	にとって, とる	によって, よる
一般向け C	かかわらず, にも	かんする	そう	ついて, つく	とる	よる
一般向け D	にもかかわらず, かかわらず, かかわる	(なし)	(なし)	ついて, つく	とる	(なし)
一般向け E	にもかかわらず, かかわらず	かんする	そう	ついて, つく	とって	(なし)
日本語教育向け F	にかかわらず, にもかかわらず,	にかんして, にかんする	にそって	について, につき, ついて	にとって	によって, により
学習用 G	にもかかわらず, かかわらず	かんする	(なし)	ついて	とって	(なし)
学習用 H	にもかかわらず, かかわらず	(なし)	そう	ついて	とって	よって, よる
学習用 I	にもかかわらず, かかわらず	にかんして	そう	ついて, つく	にとって	によって
学習用 J	にもかかわらず, かかわらず	(なし)	そう	ついて, つく	とって	よって, よる

こと。」[6]という規定を受けて，国語教科書には，国語辞書の引き方にかかわる教材が設けられている。そこでは，「形のかわる言葉は，じてんには『ねる』のように言いきりの形で出ています。」[7]のような説明があり，児童は終止形で検索することを学習する。ところが，表6.1からわかるように，「について」や「にとって」などを終止形にしてしまうと，かえって行き着けなくなってしまう辞書もある。

先の「読みのバリア」における誤読への対応と同様，電子版の国語辞書では，検索用に多様な形を登録しておくことができる。電子版のテキストでは，「によ」「によっ」など，部分指定から該当語を推定して辞書に渡し，該当項目の候補を示して選択を待つといった対応も可能である。「分節・整形のバリア」も電子版の辞書では，今後，解消される可能性がある。

---

[6] 平成23年施行『小学校学習指導要領』「第2章各教科」「第一節国語」の〔第3学年及び第4学年〕〔伝統的な言語文化と国語の特質に関する事項〕(1) イ (カ)

[7] 平成16年度版教育出版『小学国語ひろがる言葉3 上』「国語じてんの引き方」

⟨3⟩　配列のバリア

　書籍版の国語辞書では，見出し語への分節や整形ができたとしても五十音順に慣れていなければ，見出し語がどこにあるかを探し出すのに苦労する。年少の児童や日本語学習者にとっては，対象となる語句の読みすべてに五十音順の先後を考えて見出し語を探すのはかなりの負担になる。日本語母語話者の成人でも，イロハ順で並べられた国語辞書を検索することを想像すれば，その手間が推測されよう。

　電子版の国語辞書では，配列のバリアはほぼ解消されているが，うろおぼえの語句は，国語辞書で検索することは難しい。五十音順引きだけでなく，節用集のように頭音と意味分類を組み合わせた検索法も検討してよい。たとえば，「打つ」のような多義語では，「ヒットを打つ」「カーブを打つ」「四番を打つ」など，野球にかかわる用法がヲ格の種類(結果，対象，立場など)によって，異なった下位区分で扱われることがある。「上手投げを打つ」「シュートを打つ」「碁を打つ」「麻雀を打つ」「角の頭に歩を打つ」なども含めて，「スポーツで使う『打つ』」「ゲームで使う『打つ』」といった場面から用例を提示し，選択させることで意味区分に導くような対処も考えられる。これは，配列のバリアだけではなく，「意味選択のバリア」への対応ともなる。

⟨4⟩　意味選択のバリア

　国語辞書では，見出し語のもとに，①②や(ア)(イ)など細かい意味の区分が立てられることがある。この意味区分が多数ある場合は，どれが求めるものか，記載された意味を頼りに利用者が選択しなくてはならない。特に，電子版の国語辞書は表示面が小さいために，語釈を詳しく，用例を豊富にすればするほど，画面のスクロールが必要になる。前の画面が消えていくため，意味区分ごとに比較して判断することも難しくなる。

　意味がわからないので辞書を引いたのに，意味で判断しなくてはならないというパラドクスを少しでも軽減するためには，語の実際の使われ方から検索のキーを探るほかない。

　動詞や形容詞では，格体制がキーとなる可能性がある。たとえば，「思う」とい

表 6.2　BCCWJ で「思う」の直前に来る形式 (%)

と	に	う	は	も	を	て	, (読点)	その他
58.8	4.2	3.8	3.8	1.8	1.6	1.4	1.4	23.2

う動詞について，『現代日本語書き言葉均衡コーパス (BCCWJ)』で直前の形式を調べると，表6.2のようになっている[8]。

引用の「と」が過半数を占め，それに続く「に」「う」も，そのほとんどは「〜ように」や「こう」「どう」など，引用相当の表現である。「を」が直前に来る場合は，「あなた(のこと)を思う」のような用法と，「探偵小説を思わせる」のような用法である。「と」の中には，「母を恋しいと思う」のように従属節の前にヲ格が現れるものがあるが，「恋しいと母を思う」のような引用節が先行する用例はほとんど見られない。

ここから，「思う」は，おおよそ，①直前に引用節が出るもの，②直前にヲ格が出るもの，③直前に引用節もヲ格も出ないものの3種類に分けることができる。直前にどのような形式が現れるかという検索キーで意味区分に導入することができれば，意味がわからないのに意味で区分を判断しなくてはならないというパラドクスを解消することができる。

しかし，すべての動詞で格体制が意味区分の選定に役立つわけではない。「–ガ–ニ–ヲ」のように取りうる格をすべて示す方式は，実際の文の中での格成分の省略もあり，かえって混乱を来すおそれもある。格体制が意味区分と対応しない動詞も少なくなく，格の共起が意味区分の選定に使えるのかどうかは，動詞によって判断するほかない[9]。

格の共起関係のほかに，用例をキーとする方法も考えられる。一部の国語辞書には，この方式を取り入れたものもあるが，書籍版では多様な用例を多数掲載することは難しく，求めるタイプの用例が挙げられていないこともある。また，用例が多数挙げられれば挙げられるほど，言語弱者にとっては用例を理解すること自体が負担になり，選択の手間も増大する。必ずしも，意味選択の手軽な方法にはなっていない。

〈5〉　情報不掲載のバリア

どうにか見出し語に行き着いても，そこに求める情報が掲載されておらず，がっかりした経験は誰にもあるだろう。

たとえば，先の複合助詞的連語の「によって」には，「将軍によって建立され

---

[8]　矢澤 (2009b) で述べた内容に新たなデータを加えている。
[9]　格体制を示すことは，意味区分の選定には部分的な寄与しかしないが，作文や推敲など，表現の面では有効であることは否定しない。

た寺院」のように受身文の動作主を表す用法がある。この用法について，児童がGの学習国語辞書で調べようとしたとする。「によって」という見出し語はなく，「よって」も「よって，これを賞します」のような接続詞にかかわる説明なので，「よる」と読む「寄る」「因る」「拠る」「選る」「縒る」などを見ることになる。これらの見出し語には，「によって」という形の用例は挙げられていないために，意味から割り出すしかない。「因る」に「原因となる。[例] 不注意による事故」，「拠る」に「よりどころにする。土台にする。[例] これは先生のおすすめによる辞書です」とあるが，どちらもしっくりこない。「不注意」や「おすすめ」などの事柄を示す名詞ならば，「原因」や「よりどころ」という説明が当てはまるが，「将軍」という人属性の名詞では，この語釈はそぐわないのである。

HやIは，「によって」が見出し語や用例として示されているが，これも「もとにする。よりどころにする。／原因とする／手段とする」(H) や「…が原因となって／…の方法で。…を手段として」(I) といった説明がなされ，用例も事柄名詞やモノ名詞のものばかりで，ニヨッテ受身文の説明はない。今回の調査では，ニヨッテ受身文の動作主の用法については，BとFにしか説明が見られなかった。

では，ニヨッテ受身文は，あまり目にすることがない珍しい用法なのだろうか。BCCWJでサンプリング調査をしてみると，「によって」全体におけるニヨッテ受身の割合は，1割強を占めていた。これは，「手段」や「原因」などでは解釈しにくい，「有情物＋によって」のうち，「によって」で示される名詞句が後続の受け身文の動作主であるものの割合であり，「出会いによって引き出される」のような事柄名詞を「によって」で受ける受動文 (能動文に書き換えられる文) は外している[10]。「原因」や「手段」などで説明できない「によって」は，必ずしも珍しい表現とはいえないだろう。

執筆者が自分の頭の中にある意味区分や先行する国語辞書の意味区分を前提に，児童向けに言い換えるという手法でなく，実態調査をもとに頻度を加味して意味区分を作ったならば，こうした漏れは生じなかったのではないだろうか。

一方，掲載されていても，あまり意味がない情報も少なくない。国語辞書では，記述の統一性が重視され，すべての語に品詞情報が添えられるのが普通であり，漢語に対する名詞・形容動詞・サ変動詞の認定や自他の認定などは，作文や推敲

---

[10] 事柄名詞やモノ名詞を含めたニヨッテ受身文の割合は，「によって」の3割を越える。

の際にしばしば役に立つ。これに対し，副詞や接続詞といった品詞情報は，品詞調べのような特殊な用途ならともかく，かえって混乱を起こすおそれもある。

学習国語辞書では，「すなわち」の語釈を「いいかえると」や「つまり」で済ませながらも，品詞の認定では「つまり」を副詞，「すなわち」を接続詞としているものが少なくない。「つまり」と「すなわち」の用法をコーパスで調べてみると，表 6.3 のように，出現する位置がかなり異なった傾向にあることが知られる[11]。「つまり」は前の文を受けて説明する傾向が強く，「すなわち」は前の名詞を受けて説明する傾向が強いことを表すと解釈して良いだろう。

表 6.3　各種コーパスで「つまり」「すなわち」が出現する位置

	つまり				すなわち			
	文頭	文頭以外			文頭	文頭以外		
		名詞直後	「は」直後	左記以外		名詞直後	「は」直後	左記以外
小説	58.3	15.2	7.1	19.4	37.3	34.0	7.3	21.4
新聞	63.6	26.0	1.8	8.6	37.2	41.6	4.4	16.8
新書	66.7	18.0	3.7	11.6	20.3	54.7	6.3	18.7
BCCWJ	59.8	22.8	1.8	15.6	50.4	37.4	3.4	8.8
平均	62.1	20.5	3.6	13.8	36.3	41.9	5.4	16.4

ところが，どの学習国語辞書でも，「つまり」の用例は，「この子は母の妹の子，つまりいとこに当たります。」(H)，「ぼくの言いたいことは，つまり，こういうことです。」(I) のように文頭以外のものしか挙げていない[12]。

これも，ニヨッテ受け身文の場合と同様，実態調査なしに用例を作り上げたことが原因ではないだろうか。「つまり」と「すなわち」でいえば，「つまり」は文頭で前の文を受けるのに用いられることが多いとか，「すなわち」はかなり堅い文脈で用いられるとか，最近の科学論文などでは「つまり」のかわりに「すなわち」が用いられる傾向があるとかいった情報を場面に応じて提供することも考えられるであろう。理解語から使用語へと語彙を拡張していく児童のための学習用国語辞書であるからこそ，より一層，実態を踏まえた記述が求められるのである。

⟨6⟩　行為中断のバリア

書籍版の国語辞書にせよ，電子版の国語辞書にせよ，そもそも辞書を検索することは，理解行為や表現行為を中断させてしまう。多くの利用者は，辞書は引き

---

[11] 吉野ほか (2014) による。
[12] 一般向け国語辞書では，文頭用法の用例が示されることが多い。

たくて引くわけではない。

　従来の国語辞書においては，編集側も利用側もこの意識が薄く，多くの語の詳細な言語情報を提供する辞書がよい辞書であるとみなされてきた。しかし，詳細な意味区分や多様で多数の用例は，利用者に的確解釈や表現を提供する可能性も高いが，一方で選択に大きな手間を取らせることになる。書籍版の国語辞書は，ほぼ，物理的なサイズと情報量とが対応していたが，電子版では国語辞書の物理的な側面はもはや問題にならない。利用者は，より大量で詳細な情報を求めることから，徐々に中型の国語辞書が小型の国語辞書の記述を吸収していくことも考えられる。インターネットの検索エンジン同様，使用者や使用場面に応じた候補の絞り込み技術が求められる。

　これまでの辞書編集では，執筆者や編集者は，「はしがき」や「凡例」を十分に読み込み，執筆者の考える意味区分の微妙な差違も読み取ってくれる「理想的な使用者」を想定していたように思われるが，実際の利用者は必ずしも理想的な形で使用してはくれない。小林 (2002) や篠原 (2003) によれば，日本語変換システムは，理想的な使用者を想定する段階から，目的の異なった一人一人の使用者へのサービスを志向するようになったという[13]。国語辞書も，利用者に理想的な使用者たることを強要する道具から，利用者の実態に即し，多様な利用者が場面ごとに求める言語情報を適切に提供する道具へと変化することが期待される。デジタル教科書など電子媒体によるテキストの提供と連動させて，利用者がその文章を容易に深く読み込むためにはどのような情報を提供するのがよいか，日本語変換システムと連動させて，作文や推敲を支援するにはどんな情報を提供するのがよいかなど，利用者や利用場面に応じた使いやすさの検討が求められるのである。

6.2　多義語の記述と検証

　6.1 節で述べたように，電子版の国語辞書では，「読みのバリア」「分節・整形のバリア」「配列のバリア」は解消されるが，「意味選択のバリア」「情報不掲載のバリア」「行為中断のバリア」は依然として課題になる。この節ではこのうち，実際に「意味選択のバリア」はどのようなものなのか，コーパスを活用した実態調査

---

[13] 規範的な表記を提供するだけの段階から，規範を保証しつつ，方言や口語，古語などに対応した表記も提供するようになっている。

6.2.1 階層的な意味区分と並列的な意味区分

国語辞書の意味区分には，より大きな意味のもとに，その下位に個々の意味をまとめる階層的に並べる区分の仕方と，個々の意味を並列的に並べる区分の仕方がある。

「底」という語の意味区分の示し方の違いを 2 つの国語辞書で見てみよう。K は，一般向けの国語辞書で階層的な意味区分の例，L も一般向けで，並列的な意味区分の例である。

> (1)「そこ(底)」K ①くぼんだ所や容器の内側の一番下の所。「川の—」「—の厚いなべ」「二重—」。物体の下面。底面。「舟の—が岩にふれる」②表面から離れた深い所。(ア) ずっと下方の所。「地の—」「—が浅い」(内容に深みがない) (イ) ほりさげて行ってたどりつく所。際限。限界。「—をつく」「—知れぬ」「—がない」(ウ) 一番奥にある本当のもの。「—力」「心の—」「—を割って話す」(本当の気持をかくさず話す)「—が割れる」
>
> (2)「そこ(底)」L ①容器など，くぼみのあるものの一番下の部分。「なべの—」「船の—に水がたまる」②重ねられたものの一番下。「積み荷の—」③水面や地面から深くさがった極限のところ。「海の—にもぐる」④奥深いところ。また，物事の極まるところ。「心の—まで見透かされる」「腹の—から笑う」

K では，大きく①が下部の面，②が深い地点を表すといった基準で大きな意味区分をし，②をさらに (ア)・(イ)・(ウ) の 3 つに区分するのに対し，L は並立的に①から④に区分している。

K のような階層的な意味区分では，上位の意味区分が下位の意味区分を十分に統括できるかどうかが課題となる。たとえば，K の①では，「くぼんだ所」という語釈に，池や水たまりなどはしっくり来るが，川や海までも含めるには少々抵抗を感じるのではないだろうか。②では，「表面から離れた深い所」と規定しているが，用例の「—が浅い」では，「表面から離れた深い所が浅い」ということになり，深いのか浅いのか，わからなくなってしまう。

もう少し細かく K の記述を検討しよう。①は，②のような下位区分はないが，

「くぼんだ所の一番下の部分」「容器の内側の一番下の部分」「物体の下面」という3つの語釈が並列されている。「底の厚い鍋」は，「容器の内側の一番下の部分」の用例として挙げられているが，「底が厚い」のは「内側」の部分の厚みではない。もし，内側と規定するならば，「釜の底に飯がこびりついている」といった用例の方が適当であろう。

もし，「鍋の底」に「内側」の意味が含まれているならば，「鍋の底の外側」は矛盾した言い方になるはずだが，「なべは，底の内側も外側もきれいに洗って返しましょう」という表現はなんら不自然ではない。「なべの底」も「舟の底」も，単に「容器などの一番下の部分」を指すだけで，内側の上向きの面，外側の下向きの面，厚みのある仕切りの部分のいずれを表すかは定まっていないと見るべきだろう。

底の外側の下向きの面を指す用法が，たまたま物体の底面と重なるのであって，岩やタンスが地に接する面は，普通，「底」とは言わない。階層的な意味区分にするならば，「容器など一番下の部分」という語釈を上位の区分とし，下位に「物体の下面」「容器の内側の一番下の部分」「下面の仕切りの部分」などを立てるのが望ましい。

一方，「くぼんだ所の一番下の部分」である「川の底」や「海の底」には，内側や外側の区別はなく，上向きの面を示す。「底の厚い海」とは言わないことからも「容器などの一番下の部分」に当てはまる。

階層的な意味区分だからといって，下位の区分が立てられるかどうかは，理論的な必然性があるわけではない。人間が読んでわかりやすいかどうかが一番大きな基準であり，機械的な検索処理と相性がよいかとはかかわらない。

一方，Lのような並列型意味区分でも同様の問題はまぬがれない。Lの③で「水面や地面から深くさがった極限のところ」という説明があるが，先と同様，「底の浅い池」といった表現は「深くさがったところが浅い」という矛盾を引き起こすことになってしまう。

一方，「地の底」は浅くてはならないが，「池の底」「川の底」などは「浅い〜」が言えるように，深さ自体はさほど問題にならない。海水浴場など，浅い砂地はふつう「海の底」とは言わないように，「海の底」では深いことが期待される。「海の底の魚は，浅い所に住んでいる」は不自然であり，「海の底の魚も浅瀬に来ることがある」なら自然なのもこれを表している。③は，必ずしも深さという観点を必須というわけではなく，むしろ，「下方に」という規定の方が妥当であろう。

6.2.2 選択性から見た階層的意味区分と並列的意味区分

〈1〉 調査の方法

階層的意味区分と並列的意味区分では，意味を選択する際にどのくらいの違いがあるのか，検証してみよう。KとLを用いて，コーパスから抽出した用例に対し，被験者が国語辞書を検索して選択した意味区分がどの程度一致するのかを調査する。方法は，KとLで複数のブランチを持つ形容詞20語を対象とする[14]。被験者は人文系の大学生2・3年生18人。日本語学や国語教育を専門とする学生で，「理想的な辞書利用者」に近い対象であると考えられる。新聞コーパスから，形容詞ごとに約400例を無差別に抽出し，辞書の記述を参照して，どの意味区分にあたるかを判定させた[15]。1つの形容詞につき3人の被験者をあて，そのうちの任意の2人が一致する割合を測った。回答は，意味区分の番号を1つ選択させる形で行ったが，適当なブランチがないと思われる場合は「0」を回答させた。また，判断しかねる場合は第2候補も回答させた。

〈2〉 調査結果

結果は，表6.4，表6.5のようになった。

表中の「K」「L」は国語辞書。「一致率」は，意味区分の2つの組み合わせ全体の中から，被験者の任意の2人が同じブランチを選択した割合を表す。「全員」は，当該の形容詞の用例全体に対して，3人の被験者が同じ区分を選択した用例の割合。「0回答」は，被験者が適切な意味区分がないと回答した数。「区分数」は，それぞれの国語辞書で立てられた意味区分の数。階層的な意味区分で下位区分がある場合は，下位区分で数え，上位の区分は数えなかった。この意味区分数からいうと，KとLは，階層型と並列型という傾向だけでなく，どちらかというとKは大きく意味分割し，Lは細かく意味分割する傾向があることが見て取れる。

〈3〉 階層型と並列型，意味区分数の影響

調査結果に対し，階層型と並列型との差はあるのか，選択の揺れにもっともかかわる要因は何かという点を軸に分析していこう。

---

[14] 矢澤・下村 (2011) で示したデータをもとに再分析を行った。矢澤・下村 (2011) では，「うまい」「しぶい」も調査したが，特定の被験者による0回答の多発などが見られたため，全体の集計から外した。

[15] 新聞データを対象としたのは，標準的な知識を前提として記述されているからである。また，形容詞を対象にしたのは，適当な意味の広がりを持つとともに，述語用法・連体用法・連用用法と，それぞれの用法の差異についても観察できることからである。

6.2 多義語の記述と検証

表 6.4 国語辞書 K の意味区分数と回答の全員一致率

K	形容詞	一致率(%)	全員(%)	0回答	区分数
1	あさい	84.6	82.3	79	4
2	うまい	87.3	81.2	1	3
3	おもしろい	66.2	51.4	3	4
4	かたい	84.0	77.0	40	7
5	くらい	79.5	71.0	0	5
6	にぶい	45.7	23.7	6	4
7	まずい	84.2	72.4	0	4
8	やわらかい	71.8	64.6	85	2
9	きたない	92.4	88.5	6	2
10	ちかい	95.2	95.2	1	5
11	ひろい	82.2	73.3	12	2
12	わかい	87.3	81.7	0	4
13	さびしい	75.4	63.5	98	2
14	あたたかい	68.7	53.3	1	4
15	あわい	93.2	86.7	0	2
16	いたい	86.2	73.2	6	3
17	こい	42.5	26.6	308	3
18	むずかしい	41.4	13.0	5	5
19	あかるい	92.7	89.1	1	6
20	うすい	56.3	41.3	169	6
	平均	75.9	65.5		

表 6.5 国語辞書 L の意味区分数と回答の全員一致率

L	形容詞	一致率(%)	全員(%)	0回答	区分数
1	あさい	83.0	73.0	49	9
2	うまい	82.0	67.7	13	4
3	おもしろい	71.5	51.7	20	4
4	かたい	81.1	68.8	3	9
5	くらい	75.5	60.3	2	6
6	にぶい	74.7	49.7	5	4
7	まずい	76.5	59.5	0	4
8	やわらかい	77.6	69.0	33	8
9	きたない	83.9	71.2	25	6
10	ちかい	90.7	83.6	10	6
11	ひろい	73.3	57.1	2	6
12	わかい	91.2	83.5	0	6
13	さびしい	62.6	40.2	96	3
14	あたたかい	94.9	91.5	2	6
15	あわい	93.0	87.9	1	3
16	いたい	95.4	91.6	3	3
17	こい	62.0	43.5	141	7
18	むずかしい	84.1	77.9	6	5
19	あかるい	82.2	77.1	1	8
20	うすい	76.9	69.6	69	7
	平均	80.6	68.7		

まず，今回の調査の範囲では，20語全体の一致率は，KとLで5%弱の差が見られたが，いずれも75%以上の値を示す．この程度の一致率がある場合は，妥当な選択がなされていると解釈してよいだろう．

全体的に，並列型で意味区分を細かめにする辞書Lの方が，階層型で意味区分を大きくとる傾向のある辞書Kよりも平均一致率は高い傾向が見える．意味区分数が同じ「おもしろい」「にぶい」「まずい」「ちかい」「いたい」「むずかしい」の6語について一致率の平均を見ると，Kは69.8%，Lは82.2%となり，並列型の方が少々高い数値になった．ただ，これはKの「にぶい」と「むずかしい」が極端に低い値を示しているからであり，これを除く4語ではK83.0%，L83.5%と差がなくなる．

一方，意味区分の差が4以上の「あさい」「やわらかい」「きたない」「ひろい」「こい」の5語の平均も，K74.7%，L76.0%とほとんど差がない．一致率と区分数との相関係数を出すと，K「−0.11」，L「−0.09」と，どちらもほぼ無関係である

といえる。意味区分が9つくらいまでであれば，意味区分の多さは大きな差にはなっていないと解釈して良いだろう。

「にぶい」「あたたかい」「むずかしい」「うすい」の4語は，KとLとの一致率の差が20％を越えている。以下，「にぶい」を例にこのような差が生じた原因について検討する。

〈4〉 「にぶい」の語釈の検討

KとLでは，「にぶい」の意味区分と語釈は，以下のようになっている。Kの(ア)とLの①，(イ)と②，(ウ)と③，(エ)と④とがほぼ対応しているが，Kには用例が掲出されていない。

> (3) 「にぶい」K　するどくない。(ア)(刃物や頭・腕の)切れ味が悪い。(イ)感度が悪い。鈍感だ。(ウ)(動作・反応が)のろい。(エ)(光・音が)はっきりしない。
>
> (4) 「にぶい」L　①刃物などの切れ味が悪いさま。鋭利でない。「切れ味の―包丁」②頭脳や感覚の働きが弱いさま。「勘［感受性・運動神経］が―」③動き・勢い・刺激などが弱い。「客足が―」「―痛み」④光・色彩などがぼんやりしている。また，音が澄んでいない。「―街灯の光」「―濃紺の着物」「どすんという―音がした」

今回対象とした新聞データの用例は，これらの意味区分をまんべんなくカバーしているわけではない。Kでは，全体(全用例×被験者数)のうち，(ア)が選択されたのは5.3％，(イ)が30.9％，(ウ)が54.9％，(エ)は7.7％，候補なしが0.5％，空欄が0.7％であり，Lでは，①が0％，②が8.0％，③が84.8％，④が6.5％で，候補なしが0.4％，空欄が0.3％というように，特定の意味区分に偏っていることがうかがわれる。

KとLで，被験者がどのような意味区分を選択したのかを示したのが，次の表6.6と表6.7である。B1～B4は意味区分の番号，KでB2／B3に44.7％とあるのは，一方がB2と答え，一方がB3と答えた組み合わせが全体の44.7％を占めるということである[16]。

---

[16] 先の表6.4，表6.5の全員一致率は，用例全体に対して，被験者3人が同じ意味区分を選択した用例の割合を示したもので，表6.6と表6.7のB1／B1，B2／B2，B3／B3，B4／B4，0回答／0回答は，組み合わせ全体での割合を示すので，後者の和は前者とは一致しない。

表 6.6 国語辞書 K の「にぶい」の意味区分の選択組み合わせ (%)

にぶい K	B1	B2	B3	B4	0 回答
B1	1.4	3.3	4.3	0.3	0.2
B2		6.9	44.7	0.5	
B3			30.6	0.3	
B4				6.8	0.8
0 回答					

表 6.7 国語辞書 L の「にぶい」の意味区分の選択組み合わせ (%)

にぶい L	B1	B2	B3	B4	0 回答
B1			0.3		
B2		7.3	24.2		
B3			61.1		0.6
B4				6.6	
0 回答					

表 6.6 と表 6.7 を対照すると，K・L ともに，B3 にかかわる揺れが大きい。B2／B2 や B4／B4 は差がない。K・L とも，B2 と B3 の区別が課題になっていることを示している。

今回調査対象とした新聞データでは，「鈍い」の主語となる名詞にはかなりの偏りが見られる。用例全体のうち，「動き」が主語になっている例が 30.2% を占め，「反応」(16.7%) がこれに次いでいる。以下，「対応」(3.4%)「出足 (2.9%)，「感覚」(2.6%)，「動作」(1.6%)，「振り」「働き」(1.4%)，「感度」「伸び」(1.1%) などが続く。

K は，(ウ) の語釈で「(動作・反応が) のろい」としていることから，被験者に示された新聞の用例の主語に注目すれば，「動き」と「反応」で B3 に 46% 程度が一致するはずであるが，実際には，全体の選択傾向では，(ウ) が 54.9% と集中したものの，B3／B3 で一致する割合は 30% に過ぎなかった。揺れが見られたのは，次のような用例である。

(5) 小学校 4 校で「センサーの反応が鈍い」「チャイム音が鳴らない」など，設備の不具合が見つかった。

(6) ほかの企業が鈍いままの方が，ありがたい。

被験者は，K の「反応」や「動き」などの語は，共起情報とはみなさず，意味の一部だと解釈したようである。文 (5) は，センサーの感度が「悪い」とも，センサーの対応が「のろい」とも解釈できる。文 (6) も，感度が悪いのか，対応がのろいのか，それとも，感度が鈍いために対応が鈍くなるのか，いずれの判定も可能である。もし，(イ)(ウ) を統合する上位区分があれば，そのレベルで解釈しておくこともできるが，「にぶい」は，K でも並列的な意味区分がなされているため，どれかを選択しなくてはならず，用例による支援もない。

実際，「反応」を主語とする用例だけを抜き出して，L と K でどのように判断し

ているのかを分析してみたところ，Lでは③を選択する割合が98.6％，全員一致する割合も95.7％と高かったのに対し，Kでは(イ)の選択が32.4％，(ウ)の選択が57.3％であり，(イ)もしくは(ウ)で一致する割合は11.5％と，表6.6のB3／B3の30.6％よりもかなり低下している。一方，Lでは，人の「反応」に対して，感受性の高さか事物への対応かで判断の揺れが数例見られたものの，②を「頭脳や感覚の働き」と精神作用に限定したことで，③との区別が容易になったと思われる。KとLの「鈍い」の項の執筆者が「反応が鈍い」を(ウ)と③にとりまとめたかったのか，(イ)・(ウ)と②・③とで区別させたかったのかは不明であるが，実質的に，Kは後者に導き，Lは前者に導いている。

　KではB1／B2，B1／B3などにも揺れが見られるが，これは「頭」の切れの良さを(ア)に含めるため，頭の切れ味の悪さ，鈍感さ，反応の鈍さか，わかりにくくなってしまうのである。

　このほかに，次のような用例で判断の揺れが見られた。

　　(7) 巨人・仁志のサヨナラ安打は，やや詰まった鈍い当たり。
　　(8) 手術が終わり麻酔から目覚めると，腰に鈍い痛みを感じた。
　　(9) アスファルトを歩き続けた足は，数年前から鈍い痛みを感じる。
　　(10) 心臓が外部からの鈍い衝撃を受け，揺さぶられた際に起きる。

　文(7)は，Lでは全員が③で一致したが，Kでは(イ)(ウ)(エ)のいずれもが候補に挙がった。また，文(8)〜(10)では，K・Lともに妥当な候補なしとの回答があった。Lでは，③に「痛み」の例を加えることで対処を図っているが，「刺激が弱い」という語釈では不十分であったと思われる。この用例も，先のKの(ウ)「(動き・反応が)」も，辞書の編集側からすれば，的確な対処を施したつもりであろう。しかし，その記述が十分に利用者に伝わらなくては用をなさない。「記述してあるからよい」のではなくて，「利用者に容易にわかるように記述してある」ことを求めて，記述の検証がなされなくてはならない。

　文(8)は，Kでは0回答と(エ)で割れていた。「はっきりしない痛み」と言い換えられそうなのだが，語釈では「光・音が」と限定していることで揺れが生じたものと考えられる。

　語釈の執筆者が，実際のコーパスでの用例の出現の具合を勘案して，実際の用例がどのように収まるか，また収めるためにどのような語釈や用例の掲出をすれば

よいかを検討していれば，もう少し揺れは小さくなったのではないだろうか。また，実際の利用場面では，執筆者の考えが期待するようには利用者に伝わらない。正しく記述したからよいというのは，言語的強者の立場からの言い訳に過ぎない。国語辞書が，言語的弱者のための道具を目指すのであれば，利用者がどのように誤りやすいのかを考慮して，その誤りを防ぐ手段を講じることが必要となる。

6.3 国語辞書の自他認定

6.3.1 自動詞と他動詞の割合

動詞の自他は，日本語研究における主要なテーマの1つであり，これまでにもさまざまな研究がなされてきた。国語辞書では，主としてヲ格をとるかどうかに注目して，動詞の自他の認定を下してきたが，実際にはかなり判断に揺れが生じることがある。研究レベルでは，典型的な動詞の代表的な用例で全体の体系を示してすませることもできるし，必要に応じて詳細な分類を施したり，例外的な用法に対して十分な注釈を加えることもできるが，国語辞書では，典型と典型の間の中間的な用例も含めて，数多くの動詞に対して，簡略な形で示さねばならない。

1つ1つの動詞について，十分な用例調査を行った上で自他の認定をなすのが理想的であるが，文脈によってヲ格が省略されることも多く，他動詞相当なのか自動詞相当なのかを判断するのは容易ではない。たとえば，「話すことがある」は，話すべき内容があるという意味であれば，「こと」はいわゆる内の関係であり，ヲ格相当の名詞句と見なせる。一方，話す機会があるという意味ならば，「こと」は話すという行為そのものを表す外の関係にあり，ヲ格相当の名詞句とはみなせない。十分な数の実例を吟味した認定は，習熟した者でも相当の負担がかかってしまう。いきおい，理屈や直感で個々の動詞の自他認定を行ってしまい，使用実態とのずれや国語辞書ごとの認定のずれが生じることになる。

6.3.2 基準の優先順位によるずれ

自他に関しては，ヲ格の共起，まともな受身の可否，働きかけ性の有無，形態的対応と格の対応など，さまざまな判定の基準が提示されてきた。「ガラスが割れる」と「ガラスを割る」のように，すべての基準が当てはまる典型的な対では，国語辞書の認定の揺れがない。複数の基準があることは，どの基準を軸にするかによって，判定が食い違うおそれがあるということである。たとえば，「過ぎる／

過ごす」や「明ける／明かす」のペアは，形態的な対応からすれば，「過ぎる」と「明ける」が自動詞，「過ごす」と「明かす」が他動詞となる。一方，ほかへの働きかけ性から見れば，「過ごす」も「明かす」も対象への影響はかなり希薄である。「過ぎる」に文 (11)c のような経過点をヲ格で表す用法があることから，「一日を過ごす」も同様とみなして，自動詞と認定する国語辞典もある。

(11) a. 一日が過ぎる
b. 一日を過ごす
c. 締め切り日を過ぎてしまった
(12) a. 夜が明ける
b. 夜を明かす

6.3.3 用法の変化によるずれ

さらに，自他ともに同形で用いられる自他両用動詞もある。「充実する」や「交流する」は，国語辞書では文 (13), (14) のように自動詞と認定されることが多い[17]。

(13) a. じゅう-じつ【充実】〔名・自サ変〕必要なものが十分にそなわっていること。内容・実質が豊かで，満ち足りていること。「福祉施設の―をはかる」「―した日々を送る」「―感」(M)
b. じゅう-じつ【充実】(名・自サ) 力や内容が豊かに十分備わっていること「―した生活」「―感」(N)
(14) a. こう-りゅう【交流】〔名〕①〔自サ変〕系統・組織・地域などを異にする人々や文物が互いに行き来すること。「文化［人事］の―」「国際―」②一定の周期で流れる方向が変化する電流。交流電流。◇家庭用の電気は五〇または六〇ヘルツの交流。←→ 直流 (M)
b. こう-りゅう【交流】①一定の時間ごとに流れの方向と大きさを変える電流。記号 AC。［対］直流。②(名・自サ) (異なった系統・組織に属するものが) 互いに行き来すること。「世代間の―を図る」「文化―」(N)

---

17) 「交流」には他動詞用法があるが標準的でないとの記述をする国語辞書もあるが，その辞書でも「充実」は「名・自サ変」となっている。

『BCCWJ』で「充実する」「交流する」の形で検索すると，「充実する」では，ヲ格と共起して明らかに他動詞用法と認定できるものが68%，非対格動詞として，ガ格が共起して明らかに自動詞用法と認定できるものが16%と，他動詞用法の方が多くヒットする．

「交流する」は，「充実する」ほど他動詞用法は多くはないが，それでも終止連体形のうち，「考えを交流する」「情報を交流する」など，明らかにヲ格をとるものが6%程度見られる．ただし，「交流する」の他動詞用法は，国語教育にかかわる公文書にも見られる．

6.3.4 直前ヲ格の出現状況

他動詞が文中でヲ格を明示的に伴うかには，かなりの差がある．表6.8は，『BCCWJ』において，それぞれの動詞の終止連体形の直前にヲ格が現れる割合を示したものである．動詞の正確なヲ格の共起率ではないが，一般的な他動詞は，おおよそ直前だけでもヲ格が10%程度出現することがわかる．

表 6.8 『BCCWJ』で各動詞の直前にヲ格が現れる割合 (%)

他動詞		他動詞		自動詞	
閉ざす．	86.05	溶かす．	45.83	悩む．	0.88
救う．	83.61	運ぶ．	44.04	入る．	0.82
見つける．	80.69	望む．	43.75	黙っている．	0.80
助ける．	79.22	乗せる．	43.55	助かる．	0.42
建てる．	76.85	飲む．	40.25	乗る．	0.14
汚す．	75.00	延ばす．	40.00	見える．	0.12
伸ばす．	73.92	間違える．	38.83	割れる．	0.00
のばす．	70.34	割る．	36.70	溶ける．	0.00
作る．	69.42	食う．	35.57	黙る．	0.00
開ける．	67.21	聞く．	35.37	座る．	0.00
変える．	63.07	抜く．	33.19	困る．	0.00
破る．	57.50	考える．	31.77		
吐く．	56.12	入れる．	28.86		
吸う．	55.92	食べる．	28.01		
包む．	53.82	届ける．	23.08		
眺める．	51.51	移す．	22.62		
塗る．	50.41	張る．	20.74		
見る．	49.72	触る．	19.90		
くっつける．	48.89	尋ねる．	17.04		
植える．	47.55	話す	14.92		
読む．	47.08	しゃべる	12.30		

「見える」の直前ヲ格は，「ものを見えるようにする」のように，ほかの他動詞に係るヲ格が直前に出現したものであり，動詞単独のものではなく，構文的な環境によるものであるが，「バイクを乗る人」「一命を助かる」「秘密を黙っている」「横丁を入る」「どうしてよいかを悩む」などは，その動詞に由来するヲ格が出現している。

「黙る」は終止連体形では直前ヲ格を取らないが，「黙っている」の形では直前ヲ格が現れることがある。「話さないでいる」の代用として用いられたものと考えられるが，文(15)〜(17)のように，文学作品にもヲ格を伴う例が見受けられる[18]。

(15) もうあのことを黙ってはいられなかった。(新田次郎)
(16) 柳さんは，どうして襲われたことを黙ってたのかしら？ (赤川次郎)
(17) 君はあのことを黙ったまま耐えしのぶつもりじゃないだろう？ (大江健三郎)

国語辞書において，特に自他の認定が課題になるのは，形態的な対立がない漢語サ変動詞である。表6.9は，3種類の国語辞書のいずれかで自他両用と認定されている漢語サ変動詞のうち，『BCCWJ』での用例が多い20語について，それぞれの自他認定と，新聞3年分をもとにした自動詞用法(対象ガ＋動詞，対象ヲ＋動詞サセル)と他動詞用法(対象ヲ＋動詞，対象ガ＋動詞サレル)の数，他動詞用法の割合，『BCCWJ』における動詞数，直前ヲ格の数，直前ヲ格の割合を示したものである[19]。表6.9中の新聞の他割合と『BCCWJ』の割合の相関係数は0.78と強い相関を示しているが，ここで注目したいのは，直前ヲ格の割合が極端に低い「発生」「増加」「減少」「増大」などは，他動詞の割合も低く，十分に数があれば，直前ヲ格である程度，自他の予測ができるという点である。

先にも触れたように，自他の認定は，文法を専門とする者でもかなり手間がかかる。これに対して，「ヲ＋動詞使役形」を避けて，終止連体形で直前にヲ格が

---

[18] 以下のような副詞的な「何を」「あとを」，接続助詞的な「ところを」を除く。
   三原は言って，あとを黙った。(松本清張)
   聖さま，なにを黙っていなさるんです？ (北杜夫)
   とにかく私は何とか挨拶すべきところを黙っていたのですから (夏目漱石)
   なお，ヲ格をともなう代用表現としては，「お手紙をありがとうございます」のように，直前にヲ格を取る「ありがとう」もあり，『BCCWJ』の「ありがとう」の用例のうち，2.17％を占めている。直前ヲ格を取る「すみません」は，0.09％とかなり少ない。
[19] 矢澤・楊 (2011)「自他両用漢語動詞辞典」をもとに作成。

6.3 国語辞書の自他認定

表 6.9 漢語サ変動詞の自他認定と新聞の他動詞の割合と『BCCWJ』での直前ヲ格の割合

漢語	国語辞書			新聞 (3 年分)			BCCWJ		
	M	N	O	自	他	他割合 (%)	動詞	直前ヲ	割合 (%)
減少	自他	自他	自他	996	6	0.60	644	6	0.93
増加	自他	自他	自他	958	15	1.54	1022	24	2.35
増大	自他	自他	自他	300	14	4.46	466	14	3.00
発生	自他／自	自他／自	自他	2986	41	1.35	2100	68	3.24
集中	自他	自他	自他	1245	235	15.88	547	74	13.53
移動	自他	自他	自他	284	262	47.99	882	135	15.31
心配	他	他	自他	130	709	84.51	747	136	18.21
勉強	自他	他	他自	47	337	87.76	549	131	23.86
拡大	自他	自他	他自	1264	1630	56.32	846	336	39.72
期待	自他	自他	他	301	3197	91.40	762	341	44.75
回復	自他／自	自他	自他	905	1000	52.49	569	257	45.17
展開	自他	自他	他自	304	2522	89.24	884	434	49.10
解決	自他	自他	他自	341	1327	79.56	1169	590	50.47
用意	他	他	自他	14	1395	99.01	568	318	55.99
決定	自他	自他	他自	297	1890	86.42	1156	720	62.28
整備	他	他自	他自	0	1162	100.00	843	557	66.07
実現	自他	自他	自他	2093	2061	49.61	1675	1140	68.06
解消	自他	自他	自他	94	996	91.38	475	348	73.26
確立	自他	他自	自他	220	962	81.39	649	518	79.82
開始	自他	自他	自他	13	2705	99.52	678	544	80.24

出現するかどうかの調査は，文法的な知識は不要である．十分な使用例がある動詞については，簡単な直前ヲ格調査によって，おおよそ，0.1%未満のものは自動詞，10%以上のものは他動詞と目安をつけ，この間に入る動詞について，用法を詳細に調査するといった方法が考えられる．

ここでは紙面の都合上，細かい調査結果を示すことができないが，矢澤・楊 (2011) の調査では，「電話」「分布」「抗議」「反発」「急増」「離婚」「消滅」「反論」「減少」などは，直前ヲ格の割合が 0.1% を切っている．これらは，国語辞書によって他動詞や自他両用と認定されているが，「奥さんを離婚する」「一定数のブロックを消滅する」のような実例を参照しつつ，自他の判定を再検討するきっかけになるだろう．

6.3.5 自他両用動詞のタイプ

1 つの動詞が自他両用に用いられるものは，大きく，ヲ格とガ格の名詞句が全く異なったもの，同じ名詞句がヲ格とガ格，ヲ格とニ格など格が交替する形で現れ

るもの，自動詞的な用法にヲ格が追加された形をとるものの3種類に分けられる。

一方，文(19)は，「太郎が花子の失敗を笑う／太郎が笑う」のように，同じガ格のもとで，自動詞的な用法とヲ格を追加した他動詞用法とが対をなす。この点では，後に述べる同族目的語以下の用法と共通しているが，自動詞用法から，他動詞用法では「あざわらう」「冷笑する」という意味へと拡張されており，多義語として処理するのがよい。同様に，「注意する」も，「太郎が車に注意する」のような，気配りや用心を表す自動詞用法と，「車内で騒ぐ子どもを(子どもに)注意する」のような言い聞かせや忠告を表す自他両用動詞の用法とで意味が区分できる。

〈1〉 ヲ格とガ格の名詞句が全く異なったもの

文(18)のように，同じ動詞であるが，ヲ格とガ格で全く異なった名詞句をとるものがある。これらは，自他両用動詞ではなく，多義語として意味区分ごとに処理されることが多い。

(18) a. 笛を吹く／風が吹く
    b. 行間を明ける／夜が明ける
(19) a. 失敗を笑う／笑う
    b. 車内で騒ぐ子どもを注意する／車内で騒ぐ子どもに注意する・自動車に注意する
    c. 意見を交流する／意見が交流する・留学生と交流する

〈2〉 同じ名詞句がヲ格とガ格で現れる自他両用動詞

「ガラスを割る／ガラスが割れる」のように，語幹を同じくし，活用の型を異にする動詞の対で，同じ名詞句がヲ格とガ格で現れるものを典型的な自他対応とする。対にならないものでは，「髪がなびく／髪をなびかせる」「罪人をさらす／罪人がさらされる」のような受身形や使役形などとの対で，他動詞的用法と自動詞用法が表されることもある。

和語の単独の動詞では，文(20)のように同じ名詞句をヲ格とガ格でとるものは，可能動詞を除くと，ほとんど見当たらないが，サ変動詞では，「おんぶする」「早じまいする」「オープンする」「カールする」など数多く見られる。特に，漢語サ変動詞は，「(音波を／音波が)発生する」「(夢を／夢が)実現する」「(問題を／問題が)解決する」「(定員を／定員が)増加する」「(鉄板がさびを／鉄板にさびが)生じる」など数が多いばかりでなく，他動詞用法に偏るもの，自動詞用法に偏る

もの，均衡しているものなど，さまざまの程度のものがある。また，「充実する」や「起動する」のように，以前は自動詞用法がほとんどであったが，最近は他動詞用法が多くなったものもあり[20]，用法の実態調査が欠かせない。ただ，ガ格とヲ格という明確な対立があるために，国語辞書における認定の食い違いは比較的少ない。

(20) a. 柿が粉を吹く／柿に粉が吹く
    b. 胸を病んでいる／胸が病んでいる
(21) a. 店を早じまいする／店が早じまいする
    b. 雌のバッタが雄をおんぶしている／雄のバッタが雌の背におんぶしている
    c. コンピューターを起動する／コンピューターが起動する

〈3〉 同じ名詞句がヲ格とニ格で現れる自他両用動詞

　同じ名詞句がガ格とヲ格ではなく，ヲ格とニ格で格の交替になる。「(女優を／女優に) メーキャップする」「(相手選手を／相手選手に) アタックする」「(気遣いを／気遣いに) 感謝する」「(隣国を／隣国に) 侵攻する」「(中華料理を／中華料理に) 堪能する」「(車を／車に) 細工する」など，対となるニ格は，さまざまな意味役割のものがある。特に，「悩む」「感謝する」「堪能する」など精神状態を表す動詞にはこのタイプが多い。「憤慨する」「悲嘆する」などは，自動詞と認定されることが多いが，これらにも原因となる名詞句をヲ格で表す用法が見られる。

　「加筆する」は，Mは自他両用動詞，NとOは他動詞と認定が異なっている。「記事を加筆する」と「記事に加筆する」のように同じ名詞句がヲ格とニ格で現れるが，「記事に新事実を加筆する」のように，後者はさらにヲ格を補うことができる。「細工する」が「車に細工する」にヲ格を加えにくく，また，「車」が細工が加わる場所であると同時に，大きく質の変化がもたらされるものである点で，「車を細工する」と「車に細工する」が同じ意味であるとみなしやすいのに対し，「記事に加筆する」は，記事に部分的な変化がもたらされるだけで，全体的な変化を表す「記事を変化する」とは異なるようにも思える。

　こうした点に注目すれば，「加筆する」は「〜に〜を」の2つの格をとる他動詞

---

[20] 「充実する」の直前ヲ格は54.6%，「起動する」の直前ヲ格の割合は，49.5%。

1つを認めればよい。一方，ヲ格名詞を伴わない「〜に加筆する」は，もっぱら，「本書は学位論文に加筆したものです」のように，何を書き加えたかを問題にせず，加筆によって前のものが変化したことを表す。「細工する」を，場所的なヲ格をとる他動詞用法と，場所的なニ格をとる自動詞用法を併せ持つ自他両用動詞とするならば，「加筆する」は，場所的なニ格と内容的なヲ格をとる他動詞用法と，場所的なヲ格をとる自動詞用法とを併せ持つ自他両用動詞と見なすことができるのである。

〈4〉 同族目的語を補うもの

自動詞的な用法にヲ格が追加されたように見えるものには，またいくつかのタイプがある。いずれも，ヲ格によって，自動詞的な動きがより詳しく示される。このうち，もっとも多数を占めるのが，いわゆる同族目的語をとるものである。詳細は省略する。

〈5〉 移動にかかわる場所を表すヲ格を伴うもの

移動を表す動詞は，自動詞でも経路や基点など，場所を表す名詞句をヲ格でとることがある。「高速道路を走行する」や「球団を移籍する」などは経路や基点を表すヲ格であるとみなすことが容易だが，「運行する」や「貫通する」などは認定が難しい。「運行する」は，M・N・Oのいずれもが自動詞と認定するが，「大学と駅前の間を」ならば経路とみなせるが，「大阪行き高速線を」「大阪行き急行を」のようなものになると運行の内容を表すように思われる。

6.4 おわりに

コーパスは，国語辞書の内容を向上させるために大いに寄与するが，一方で，国語辞書の内容を検証するためには，『BCCWJ』くらいの規模では不十分である。「破約する」や「抗拒する」の自他の用法を分析しようにも，『BCCWJ』では「破約」の動詞用法が1例ヒットするのみ，「抗拒」の動詞用法は全くヒットしない。また，形容詞の意味区分についても，『BCCWJ』でも10年分程度の新聞データにも用例が見つからないものは少なくない。

今後，より規模の大きなコーパスが整備されて，これらの実態が検証できることを期待するが，コーパスの整備により補強されるのは，言語事実の正確さにすぎない。国語辞書に正確な情報を記載すれば利用者はそれを活用するはずだ，と考えるのは，理想的な利用者を前提にした，言語的強者の発想である。これまで

の国語辞書の執筆者は，ともすると，正確な記述だけを追い求め，生身の利用者を放置してきたきらいがある。

　正確な言語記述を求めるのと同等の熱心さで，利用者が国語辞書を用いる場面や求める情報，そしてそれを提供する方法を追究することで，国語辞書は道具としての完成度を高めることができよう。　　　　　　　　　　　［矢澤真人］

参考文献

国立教育政策研究所 (2006)『特定の課題に関する調査 (国語) 調査結果 (小学校・中学校)』.
小林龍生 (2002)「漢字・日本語処理技術の発展：仮名漢字変換技術」,『IPSJ Magazine』, **43**(10), 1099–1103.
　　http://museum.ipsj.or.jp/guide/pdf/magazine/IPSJ-MGN431010.pdf
篠原一 (2003)『電脳日本語論』, 作品社.
矢澤真人 (2006)「国語辞典の障碍について」, 荻野綱男 (編)『科研費日本語コーパス国語辞書編集班平成18年度報告書』, pp. 11–16.
矢澤真人 (2009a).「第2部 解説3 バリアフリーの国語辞典」, 国立国語研究所 (編)『新「ことば」シリーズ22 辞書を知る』, pp. 46–55.
矢澤真人 (2009b)「文型と語釈」,『筑波日本語研究』, **14**, 1–18.
矢澤真人，下村健司 (2011)「形容詞一致率集計表」,『文部科学省科学研究費特定領域研究「代表性を有する大規模日本語書き言葉コーパスの構築：21世紀の日本語研究の基盤整備」研究成果報告』(電子版).
矢澤真人，楊ソルラン (2011)「自他両用漢語動詞辞典」,『文部科学省科学研究費特定領域研究「代表性を有する大規模日本語書き言葉コーパスの構築：21世紀の日本語研究の基盤整備」研究成果報告』(電子版).
楊喆郎 (2009)「国語辞書における自他認定について——自他両用の二字漢語サ変動詞を中心に」,『筑波日本語研究』, **14**, 75–95.
楊ソルラン，矢澤真人 (2009)「漢語動詞の自他認定」,『日本語コーパス 辞書編集班21年度報告書』, pp. 32–53 (『文部科学省科学研究費特定領域研究「代表性を有する大規模日本語書き言葉コーパスの構築：21世紀の日本語研究の基盤整備」研究成果報告』再録).
吉野貴志，越智仁紀，矢澤真人 (2014)「作文支援型学習国語辞典における接続詞の記述について」,『国語科教育研究第127回筑波大会要旨集』, pp. 313–315.

国語辞典類

『岩波国語辞典 第六版』, 岩波書店.
『学研現代新国語辞典 改訂第四版』, 学習研究社.
『明鏡国語辞典携帯版』, 大修館書店.
『現代国語例解辞典 第四版』, 小学館.
『明鏡国語辞典 第二版』, 大修館書店.
『岩波国語辞典 第七版』, 岩波書店.
『新明解国語辞典 第七版』, 三省堂.
『日本語文型辞典』, くろしお出版.
『例解学習国語辞典 第九版』, 小学館.

『チャレンジ国語辞典』, ベネッセ.
『新レインボー小学国語辞典 改訂第四版』, 学習研究社.
『例解小学国語辞典』, 三省堂.

第 7 章　コーパスを利用した辞書記述の試み

　本章では，コーパスを利用した辞書記述の試みについて述べる．7.1 節では，これまでの辞書記述の実態を把握した上で，コーパスの利用法を考える．7.2 節では，格情報の記述にどのようにコーパスが使えるかの試みを，7.3 節では，オノマトペの語釈記述にどのようにコーパスが使えるかの試みを示す．

7.1　辞書記述の実態とコーパスの利用法

　これまでの辞書の編纂法と問題点を知るため，辞書編纂者(『岩波国語辞典』の編者，水谷静夫氏)へのインタビューを行い，聞き書きの冊子『辞書編纂談義――水谷静夫先生が語る』を作成した．7.1.1 項では，その中から，本節の筆者(丸山)が重要と判断したものをいくつか紹介する．7.1.2 項では，『岩波国語辞典』に限らず，国語辞書一般の記述のどの部分にコーパス利用が可能かの考察を行う．

7.1.1　『辞書編纂談義――水谷静夫先生が語る』より

　水谷静夫氏は『岩波国語辞典』の編者であり，初版から約 50 年にわたって辞書編纂に携わってきた．この聞き書きを行ったのは，第六版から第七版への改訂作業をしている時期に当たる．聞き書きの作業は，主として国立国語研究所の柏野和佳子氏に拠っている[1]．

　この冊子の中より，本節の筆者(丸山)が重要と思うものを，若干表現を変えて，いくつか掲げる．

---

[1] 辞書編纂についての記録はあまり残されてこなかった．近年ようやく，『三省堂国語辞典』の飯間浩明氏による『辞書を編む』(2013)，『岩波国語辞典』の増井元氏の『辞書の仕事』(2013)，『日本国語大辞典』の松井栄一氏による『日本人の知らない 日本一の国語辞典』(2014) など，辞書編纂の詳細について記されたものが出版されているが，当時はまだ少なかった．先人の苦労を形にして残しておく必要があるということで行った聞き書きプロジェクトであった．水谷氏自身も，聞き書きプロジェクトの後に『随筆 辞書を育てて』(2012) を執筆している．

〈1〉 辞書を反省的に考える時の前説として

1) 国語辞書とは？ 辞書は普通には読み通す本ではなく，ある箇所だけ引く実用書である．人が国語辞書を引く実用的目的は大別して3つだろう．

① わからない，時にはそれでよいかどうか自信のない語の意味 (や用法) を知るため

② 漢字，時には (歴史的) 仮名遣を忘れた場合など，その語をどう書くか確かめるため

③ 表現しようとする言い方が正しいかどうかを確かめるため

2) 辞書の種類 コトテン (事典) とコトバテン (辞典) がある．見出し語の指す事物を記すのがコトテン (事典) であり，コトバテン (辞典) はその事物を表す際の指し方を記すもの．小型辞書は一体に，百科項目はなるべく立てず，中型辞典以上となると一定基準の下で (たとえば編集時に国連に加入している国の名は収録するなど) それも見出しとするといった傾向がある．

辞書の小型・中型・大型の区別は，もっぱら収録項目数による事であって，釈義の詳しさや挙例数の多さによるものではない．

3) 辞書は"かがみ" レキシコグラファとして生涯を送った見坊豪紀氏の名論に，「辞書は"かがみ"である．」という言葉がある．辞書には，ことばを写す"鏡"とことばを正す"鑑"の両方の側面がある．『岩波国語辞典』は，"鑑"の方に重点を置く．

〈2〉 釈義について

① 意味とは，指示物ではなく，指し方である．

② 釈義の循環ということが起こりうる．辞書の釈義は原理的に循環を免れないものである．英語の辞書では Defining Vocabulary (釈義に使ってよい語のリスト) を設けることがあるが，全く無定義要素なしでは循環の無い定義の体系は出来ない．基本語の中核的意味はほかの語では語りにくい (だからこそその語が基本語なのだ) という問題がある．

③ 意味区分について，大抵の辞書は，所謂多品詞語については品詞を意味区分の1つの目安にしている．『岩波国語辞典』もこの方策には大体従っている．孤立語化した英語の場合，名詞も多義，動詞も多義というような語の場合，意味中心の釈義なら品詞に捉われない方がいいかもしれない．それを実行した (と見える) のが "Collins Cobuild English Language Dictionary" (1987) である．

④ メタ釈義というものがある．たとえば《御大層》を

　おおげさすぎることヲ皮肉ニ言ウ語．

と書きたいときには，この手のメタ釈義表現が要る．(注：下線部がメタ表現；この部分は釈義の実質的一部ではない．)

〈3〉　注記 (▽部)

釈義や語形への補足解説が▽部の趣旨．1. 見出し語の由来，2. 別形の提示，3. 当節の日常語にははいるまいという注 (「既に古風」「やや古風」「今は言わない」「雅語的」など)，4. 意味区分に関係した用字法の注意，5. 項目の表記に別様の読みもあって別義になる場合の注，6.「→○○」姿で示す，他項目への参照，7. 意味区分を別にしない程度で記述釈義に比喩的用法があることの注，8. その表現の運用にかかわる諸注意 (8.1. 文法通則の例外と見られるなどの用法の注，8.2. 用法の補足，8.3 用法上の特色)，9. 類義語との差，など多岐にわたる．

〈4〉　用例について

実例主義と作例主義がある．大型辞典は実例を載せるが，小型辞典は作例が基本である．実例主義の難点として，

　① 然るべき文献の範囲に確かな実例が見出せない場合が珍しくないこと
　② 概して (作例より) 長く引かないと好適例になり難いこと

の2つが大きい．『岩波国語辞典』には，実例に基づいてそれを簡略化したものがかなりある．よい作例とは，

　① 実例と違い割合に短く済ませられること，特に結合価関連の例なら要る格要素が完備していること
　② 似た実例が在れば文脈的に似たものだろうという，文法的に見ても無理が無いこと
　③ 似た実例が在るとしてその表現に劣らぬ美しさ (必ずしも文芸のを指してはいない) を有すること

の3つが挙げられよう．これが実現出来れば作例も改作例も差し支えない．

実例主義の場合に大切なのは，どこからどこまでを採るかという引例範囲の見極めである．短すぎると釈義との関連がよく付かない．長すぎると辞書が厚くなって仕方がない．また，引例を選ぶ方針としては次の3つが考えられる．

　a) 文献初出例：　基本語などでは古いものをプールした中から選びとるため

の規約が必要。

b) 釈義の典型となる使用例： どれが典型となるかは釈義者の主観となるので，複数個挙げてよい。出典分野も顧慮する。

c) (実践過程での) 最も新しい例： 死語の場合には，見つかっている最後の例。

d) その他

辞書改修者の仕事としては，統括者，上位改修者，用例エキスパート，普通改修者，形態面改修者が必要である (実際には一人何役にもなる)。『岩波国語辞典』は，第1に，高校生に必須の，単に早分りのする学習用の水準を抜いた標準的辞書であること，第2に，大学生や一般社会人が社会生活の上で利用できるバランスのとれた辞書であることを目指したものである。

『辞書編纂談義——水谷静夫先生が語る』には，そのほか，版を重ねるごとに，どのような改修が行われてきたかなど，50年間辞書編纂に携わってきた氏ならではの知見がふんだんに語られている。

"鑑"を意識して，少し古い日本語を写し取る姿勢，釈義の循環は免れないが，なるべくそれを避けて記述する方法，意味は指し方であるという考え方，メタ釈義というものの指摘，実例を重視しつつ，それを簡略化した作例を用いるということ，ここには載せなかったが，収録語の選定の問題，と多岐にわたる知見が披歴されている。

7.1.2 語釈・用例・注記の在り方とコーパス

水谷氏は，コーパスに対して否定的な見解を有している[2]が，語釈の決定にも用例の採取にも，コーパスを利用することが有効である。

〈1〉 語釈 (釈義) の在り方

語釈の区分は辞書によって異なる。大きく，分類型と列挙型がある (沖森, 2006)。『岩波国語辞典』は分類型だが，『明鏡国語辞典』は列挙型である。また，語釈の並べ方も，時系列に古い意味から新しい意味に並べる方法 (語史型) もあるし，現在使用されている最も一般的な意味から並べる方法 (頻度型) もある。大型辞典である『日本国語大辞典』は，語史型かつ分類型であり，この組み合わせは相性が

---

[2] 今あるコーパスでは，非常に偏った例しか見つけることができない，言語研究者の勘で当たりをつけて良質のデータを集めることが，言語研究には必須であるという考えからである。実際，水谷氏は，語彙的・文法的に注目すべき表現を集めた独自のデータベースを構築している。

よい．"Cobuild" は頻度型であり，コーパスにおける頻度順ということを徹底させた辞書である．

時系列変化も，頻度も，重要な情報である．通時コーパスがあれば，どの意味が古いか新しいかの裏付けを取ることができるし，それぞれのコーパスにおける頻度を調べれば，時代ごとに (あるいはコーパスごとに)，もっとも一般的な意味から並べることができる．紙媒体でなく電子媒体なら，すべての情報を持っておいて，必要に応じて，分類型にしたり列挙型にしたり，語史型にしたり頻度型にしたり，と並べ替えることも可能であろう．

〈2〉 用例の在り方

『日本国語大辞典』は実例主義であり，なるべく初出に近い例を挙げることで，その語の歴史的位置づけを提示することができるようになっている．小型辞典は作例が中心である．実例では用例が長くなってしまって，コンパクトにおさまらない．が，近年，新しく編まれている辞書 (『明鏡国語辞典』や『日本語新辞典』) の用例は，1つの用例の長さが長く，また用例の数も多い．長い用例が数多く挙げられていれば，共起する表現を詳しく知ることができ，自分が使用するときに役に立つ．国語辞書も，表現辞典としての役割が重んじられるようになってきた．媒体が紙でなくなれば，より長い用例を，より多く載せることが可能となる．

実例・作例それぞれの良さがある．格情報のような骨格情報のみを反映させた作例 (その場合も実例からの改変の方が，より自然な用例になろう) と，出典つきの実例の両方を有する辞書が望ましいと思われる．これも，紙媒体でなく，電子媒体なら，作例表示，実例表示の双方を選択できるようになる．実例の蓄積は，言葉の使われ方がどのように変わっていくかの記録になるので，是非とも必要であると思われる．

〈3〉 注記の在り方

注記には，語源や変遷などが記載される．『日本国語大辞典』では，方言情報や語誌情報が豊かに掲載されている．位相情報についての各辞書の記述法はかなり異なっている (前坊，2009)．「俗語」という注記は殆どの国語辞書に記載されているが，そのほか，「雅語」「文語」「文章語」「日常語」「口頭語」「口語」「会話」「隠語」「卑語」「女性語」「幼児語」など，さまざまな語がばらばらに用いられている．英語の辞書においても，辞書によって，記載されている位相情報はまちまちのようである．(style) label と呼ばれ，使用地域，世代・時代，話し言葉か書

き言葉か,分野,丁寧さなどが,用語も精粗もばらばらに記されており,それが辞書の個性ともなっている.さまざまなジャンルのコーパスが用意できれば,このあたりの情報も豊かになるが,どのようなコーパスに現れていれば,どのような種類の語といえるのかの判断は,そう簡単ではないと思われる.今後の研究課題である.

7.2 動詞の格情報

　動詞の格情報を,国語辞書にどのように記述するか.格パターンとして,［モノヲ　コトニ］［だれニ　なにヲ］のように明示的に記述する方法もあるが,多くの国語辞書は語釈や用例の中に記述している.従来の国語辞書(特に小型国語辞書)は,紙の分量の制限もあり,なるべく短い用例(それも作例)を載せるようにしてきた.用例に載せる格情報は,必須の格成分(その中でも中核的なもの)に限られており,記述しなくてもわかる一般的なものはなるべく載せない方針だった.それが近年,新しく編纂された辞書においては,なるべくいろいろな用法を網羅し,長い用例を載せるよう転換してきている.7.1 節でも述べたように,大修館書店の『明鏡国語辞典』や小学館の『日本語新辞典』がそのよい例である.現代の日本語の姿をきちんと記述するためには,当たり前の格情報も記述しておく必要があるし,副次的な格成分も記載した方がよい場合がある.昨今,国語辞典とは別に「コロケーション辞典」なるものも出現している[3].どの語とどの語を組み合わせて使用するのか,そのあたりの情報が求められているといえよう.これらの情報を収集するためにコーパスは力を発揮する[4].

　国語辞書に掲載されているのは,「規範性」「可能性」としての格情報であり,コーパスに現れるのは,「実態」としての格情報であるといえる.したがって,国語辞書に記載されていても,実際にはほとんど使われておらず,コーパスに現れないものがある.また,逆に,コーパスには現れるのに(実際は使われているのに),国語辞書に載っていないものもある.前者は古い用法に,後者は新しい用法の場合に多い.国語辞書とコーパスを照らし合わせることで,今後の国語辞書に記載すべき情報は何なのかを探った.

---

[3] 『日本語表現活用辞典』(研究社),『知っておきたい日本語コロケーション辞典』(学習研究社) など.
[4] コーパスからのコロケーションの収集については,本巻第 5 章も参照.

7.2.1 『岩波国語辞典 第六版』の用例の見直し (第七版のために)

格パターンの記述を明示的に行っている国語辞書が2つある.『日本語新辞典』(松井栄一編, 小学館, 2005) と『新明解国語辞典』(山田忠雄ほか, 三省堂) である[5].『新明解国語辞典』は, 第五版 (1997) から格パターンを記載している.

『日本語新辞典』では重要な語の見出しを太字にしている.『新明解国語辞典』に格パターンの記述があって『日本語新辞典』で太字の見出しになっている動詞が512語,『日本語新辞典』では太字になっていないが『新明解国語辞典』に格パターンの記述がある動詞が, 一般動詞287語 + サ変動詞596語,『新明解国語辞典』に格パターンの記述がないが『日本語新辞典』で太字の見出しとなっている動詞が59語である. これらを合わせた1454語の動詞を対象に,『新明解国語辞典』『日本語新辞典』の格パターン情報・語釈・用例と,『岩波国語辞典 第六版』の語釈・用例との比較対照を行った. その際,『岩波国語辞典』とは語釈の記述法が対照的ともいえる『明鏡国語辞典』(大修館書店) の語釈や用例を比較対照した. さらに,『現代日本語書き言葉均衡コーパス (BCCWJ)』2008年度版を用いて, 当該動詞の格成分として, 実際にどのようなものが現れるかの実態も調査した. コーパスに広範囲かつ高頻度で現れ, しかも語義の解釈に有用な格情報を, なるべく辞書の用例に反映させるという方針に基づいて作業を行った結果, 用例やほかの情報の追加を行った動詞は537語, 新しく用例に加えた格成分は, 以下の687個である.

> ガ格：83個, ヲ格：269個, ニ格：243個, ト格：29個, デ格：38個,
> その他 (カラ, マデ, トシテ)：25個

従来, 必須格の, しかも中核的な格を伴う用例しか載せてこなかったが, 多少, 副次的な格も記述した. これまでは, 用例を短くするために周辺的格があまり記載されていなかった. 必須格であっても, ヲ格だけ記してニ格を記さないというような場合が多かった. 今回, 複数の格成分を伴う用例を増やしたために用例の長さは長くなった. 第七版への改修では,『新明解国語辞典』や『日本語新辞典』のような格パターンを記述する代わりに, 用例で補充することを試みた.『日本

---

[5] このほか,『ベネッセ表現読解国語辞典』(2003) においても, 最重要語については, 格パターンの記述がある.

語新辞典』は，載せた格パターンはなるべく用例に反映させる方針をとっているので，用例が多く，かつ1つ1つの用例が長い。そこまで用例を増やさないまでも，重要な格成分は載せる方針で，BCCWJ (2008年版) に存在する生のデータを利用しながら用例を考えた。

そもそも『新明解国語辞典』と『日本語新辞典』では，個々の動詞の格パターンがかなり異なる。格パターンに載っている格というのは一応必須格とみなされていると考えられるが，両辞典でそのとらえ方が大きく異なるのである。『新明解国語辞典』は (　) を使うことで (「(なにデ)」など) 必須度の高低を表しているが，『日本語新辞典』は，(　) を使用せず，必須度の差というものは考慮していない。一方，『日本語新辞典』の方が語義を細かく分ける傾向にあり，それぞれに格パターンを付与するために，『新明解国語辞典』にはない格が付与されている場合がある。その場合は，より周辺的な格もカバーしているように見受けられる。

また，国語辞典には，分かるものは書かないという傾向がある。「分かる」とは何か。誰が使うことを想定しているのか。これまで，国語辞典は，母語話者 (中高生が多い) の学習の補助資料として使用するというのがもっとも一般的な使われ方であった。したがって，中高生が誰でも知っているような用例よりは，少し古風なもの，珍しいものを載せる傾向にある。しかし，母語話者でない人のためや，後世の人のため (こちらはその時代の記録としての意味がある) には，その時代その時代の使われ方を反映した用例であることが望ましいと考える。古いものは古いという記述が必要だし，歴史 (派生の向き，語義の変遷) がわかる記述が望ましい。格パターンとして記述されるのは必須の格成分である。格パターンに記述されている格成分については，なるべく用例に書くようにしたいと考えた。しかし，用例には，必須であるものを載せればそれでよいかというと，そうではないように感じる。必須度という観点と，使い方が分かるという観点の両方が必要なのではなかろうか。また，多重性を有する格情報というものがある。同じ名詞に複数の格助詞が付きうる場合もあるし，格助詞は同じでも複数の意味関係を有する場合もある。それらが，語義の異なりに対応している場合もあるし，対応していない場合もある。次項では，多重性を有する，動詞の格情報について，コーパス情報に基づいた辞書記述の試みを示す。

7.2.2 多重性を有する，動詞の格情報の記述

まず，多重性を有する，動詞の格情報について，名詞の異同，格助詞 (表層格) の異同，動詞の語義の異同，名詞と動詞の意味関係 (深層格) の異同の観点から，次のように整理した。

(A) 同じ名詞に複数の (異なる) 格助詞がつくもの
　(A–1) 両者をほとんど同じように使うことができる (意味関係 (深層格) が同じあるいは類似の) もの
　(A–2) 意味関係 (深層格) が異なるもの
(B) 格助詞は同じ (つまり表層格は同じ) だが，意味関係 (深層格) が異なるもの
　(B–1) 格助詞の前に来る名詞が同じもの
　　(B–1a) 動詞の語義が異なり，名詞と動詞の意味関係が異なるもの
　　(B–1b) 動詞の語義は同じだが，名詞と動詞の意味関係が異なるもの
　(B–2) 格助詞の前に来る名詞が異なるもの
　　(B–2a) 動詞の語義が異なり，名詞と動詞の意味関係が異なるもの
　　(B–2b) 動詞の語義は同じだが，名詞と動詞の意味関係が異なるもの

表 7.1 多重性を有する格情報の型

型	名詞	格助詞 (表層格)	動詞の語義	名詞と動詞の意味関係 (深層格)	例
A–1	同じ	異なる	同じ	同じ	試合で／に勝つ
A–2	同じ	異なる	同じ	異なる	目標を／に置く
B–1a	同じ	同じ	異なる	異なる	パンを焼く
B–1b	同じ	同じ	同じ	異なる	アメリカに学ぶ
B–2a	異なる	同じ	異なる	異なる	ボール／要求を蹴る
B–2b	異なる	同じ	同じ	異なる	体／汗を拭く

それぞれの型に属する動詞の一覧を表 7.2〜7.7 に示す。

表 7.2 (A-1) 複数の格助詞をほとんど同じように使うことができるもの

	該当動詞
ニ／カラ	あやしまれる，教わる，借金する
	始まる，始める
ニ／デ	驚く，懲りる，しびれる，悩む，濡らす，迷惑する，酔う
	満ちる
	勝つ，失敗する，通用する，つまずく，優勝する
	終わる
ニ／ト	一致する，関係する，協力する，したしむ，接触する，相談する，妥協する，つきあう，とりかえる，とりくむ，比較する，比例する，まじる，まちがう，みあう，密接する，矛盾する，面会する
	限定する
ニ／ヲ	欠席する，信頼する，納得する
ニ／マデ	案内する，遡る
ニ／トシテ	くれる，もらう，やる，行く
	掲げる，採用する，使用する，使う，望む，引く，迎える，雇う，利用する
ヲ／カラ	下がる，出発する，それる，追放する，はずれる
ヲ／ニツイテ	議論する
ヲ／デ	通す
ト／カラ	へだたる
デ／ニヨッテ	補う
デ／トシテ	鳴らす

表 7.3 (A-2) 同じ名詞が異なる格成分となるもの

	該当動詞
役割のニ格	置く (目標ヲ／ニ)，掲げる (目標ヲ／ニ)，採用する (教員ヲ／ニ)，立てる (ヲ／ニ)，頼む (ヲ／ニ)，とりあげる (ヲ／ニ)
ニ格成分が結果物	書く (詩ヲ／ニ)
その他	教える (子供ヲ／ニ)，さとす (ヲ／ニ)

表 7.4 (B-1a) 格助詞の前に来る名詞が同じで，動詞の語義が異なり，名詞と動詞の意味関係が異なるもの

	該当動詞
〜ヲ	焼く (パンヲ，写真ヲ)，にぎる (寿司ヲ)，よむ (詩ヲ)

表 7.5 (B-1b) 格パターンも同じ，格助詞の前に来る名詞も同じで，語義は異ならないが，当該名詞と動詞の意味関係が異なるもの

	該当動詞
〜ニ	学ぶ (アメリカの大学ニ)，命じる (隊長ニ)，もらう・やる (嫁ニ)，雇う・迎える (家庭教師ニ)

7.2 動詞の格情報

表 7.6 (B–2a) 格助詞の前に来る名詞が異なり，動詞の語義も異なり，名詞と動詞の意味関係が異なるもの

	該当動詞
～ヲ	営む (巣ヲ／法要ヲ／事業ヲ)，いましめる (自らヲ／乱用ヲ)，祝う (正月ヲ／雑煮ヲ)，打ち消す (不安ヲ／雨の音ガ声ヲ)，奪う (命ヲ／リードヲ／心 (目) ヲ奪われる)，恨む (人ヲ／己の腕のつたなさヲ)，横断する (太平洋ヲ／道路ヲ)，買う (家ヲ／調停役ヲ買って出る)，カバーする (赤字分ヲ／全国ヲ／古い曲ヲ)，かばう (子ヲ／右手ヲ)，くむ (水ヲ／酒ヲ／事情ヲ／土佐派の流れヲ)，蹴る (ボールヲ／要求ヲ)，志望する (獣医ヲ／地方転出ヲ)，絞る (テーマヲ／引き金ヲ)，信じる (勝利ヲ／宗教ヲ)，眺める (窓の外ヲ／人心の動向ヲ／じっと相手ヲ)，なぐさめる (無聊ヲ／霊ヲ)，抜く (朝食ヲ／群ヲ)，乗せる (車ニ家族ヲ／荷物ヲ車ニ／事業ヲ軌道ニ)，引き起こす (トラブルヲ／体ヲ)，踏む (ブレーキヲ／大地ヲ／舞台ヲ)，振り返る (声がしたほうヲ／過去ヲ)，振る (首ヲ／話ヲ)，まかなう (食事ヲ／学費ヲ)
～ニ	聞こえる (嫌味ニ／音ニ)，狂う (嫉妬ニ／ギャンブルニ)，沈む (眠りの底ニ／物思いニ／西ニ)，従う (先達ニ／省略ニ)，嫉妬する (出世ニ／愛人が妻ニ)，過ぎる (遅きニ／分ニ)，つきあう (課長ニ／買い物ニ)，つまずく (石ニ／事業ニ)，出る (旅ニ／選挙ニ)，はまる (型ニ／池ニ／ゲームニ)，まわす (一座ニ／敵ニ)，行く (嫁ニ／学校ニ)
～ガ	生まれる (男子ガ／緊張感ガ)，おどる (提灯ガ風ニ／見出しガ)，くもる (理性ガ／表情ガ)，ひらめく (閃光ガ／軍艦旗ガ／名案ガ)，持ち上がる (体ガ／騒動ガ)，疑われる (腎機能障害ガ／品性ガ)
～デ	うるおう (雨デ／収益デ)

表 7.7 (B–2b) 格助詞の前に来る名詞が異なり，動詞の語義は同じだが，名詞と動詞の意味関係が異なるもの

	該当動詞
～ヲ	訓練する (部下ヲ／持久力ヲ)，警戒する (津波ヲ／あたりヲ)，指導する (学生ヲ／事業の推進ヲ)，示す (興味ヲ／増加の傾向ヲ)，治療する (病気ヲ／患者ヲ)，とがめる (罪人ヲ／約束違反ヲ)，拭く (体ヲ／汗ヲ)
～ニ	生まれる (日本ニ／日本人ニ)，隠す (背後ニ／周りの人ニ)，感じる (近くニ／肌ニ)，くれる・くださる (私ニ／入学祝いニ)，抗議する (軍事介入ニ／政府ニ)，推薦する (取締役会ニ／後任ニ)，当選する (議員ニ／選挙ニ)，並ぶ・並べる (アルファベット順ニ／テーブルニ)，敗北する (戦争ニ／日本ニ)
～ト	交換する (鍋ト／友達ト)

これらのうち，網掛けの語 (計 20 語) について，国語辞書の記述の現状と，コーパス BCCWJ，新潮文庫 100 冊，朝日新聞 2005 年版における使用実態を調査し，理想的な辞書の記述法を考えた[6]。

〈1〉　(A–1) 複数の格助詞をほとんど同じように使うことができるもの
　　　——ニ／デ

「驚く」「しびれる」／「満ちる」／「勝つ」「つまずく」／「終わる」

「驚く」「しびれる」のニ格・デ格 (「あまりの美しさニ／デ驚く」) は，日本語記述文法研究会 (2009) によれば，〈起因・根拠〉の中の〈感情・感覚の起因〉を表すものである。「満ちる」のニ格・デ格 (「香りニ／デ満ちる」) は，〈手段〉の中の〈内容物〉，「勝つ」「つまずく」のニ格・デ格 (「試合ニ／デ勝つ」) については明記されていないが〈領域〉に近いと判断する。ニ格の場合は〈認識の成り立つ領域〉，デ格は〈評価の成り立つ領域〉といえる。「終わる」の場合 (「失敗ニ終わる」「平社員のままデ終わる」) は，ニ格とデ格でだいぶ性格が異なり，ニ格は〈変化の結果〉，デ格は〈様態〉に近い用法である。これらの語がコーパスでどのように使用されているかを表にまとめると，表 7.8 のようになる。

　ニを用いるかデを用いるかということに関しては，すべてニの方が多い結果となっているが，「驚く」「満ちる」は圧倒的にニが多く，「勝つ」「終わる」は両者それほど差がないという結果が出ている。コーパスにかかわらず，似たような結果が得られた。しかし，どのような名詞が来るかということについては，コーパスの種類によって違いが現れるものと，現れないものがある。「満ちる」のニ格の場合，「自信」「希望」が多いという現象は，どのコーパスにも共通する。しかし，「終わる」のニ格は，朝日新聞の場合，スポーツ記事の影響が大きく出ている。『新潮文庫』は，語によっては，あまり数が取れない。BCCWJ は，この三者の中では，偏りのあまりないデータを取るのに適しているといえるだろう。(ただし，「勝つ」に係るデ格について，〈着眼点〉[7]にあたる例が BCCWJ からはとれなかったという事実から，十分なデータであるとはいいきれない。) 辞書に載せるコーパス情報を何か 1 つに限るとしたら，今のところ BCCWJ が有力候補で

---

[6]　丸山 (2011a) 参照。ここでは，A–1 と B–2a のみ，辞書記述の試みを表にして表 7.9, 表 7.10 に示す。

[7]　「安打数で勝つ」のような「に」で置き換えられない類のデ格が存在する。

7.2 動詞の格情報

表 7.8 (A–1) コーパス情報

動詞	コーパス	ニ：デ		ニの前の名詞	デの前の名詞	他のニ格・デ格
驚く	BCCWJ	970：38	25：1	〜こと (164), 〜さ (130), 〜の (100), 〜声 (24), 〜力 (15), 〜音 (14)	〜こと (15)	他のニ格：能動文に戻した時のガ格, 場所, 時／他のデ格：場所
	新潮文庫	171：4	43：1	〜の (41), 〜さ (18), 〜こと (11), 変化 (4), 音 (4), 声 (4)	いたずら	
	朝日新聞	728：23	32：1	〜さ (135), 〜こと (112), 〜の (68), 姿 (16), 〜ぶり (11), 違い (9)	〜こと (5), 話 (2)	
しびれる	BCCWJ	1) 身体 2：5／3) 精神 13：1		サルトル, 第二楽章	寒さ, 衝撃	
	新潮文庫	1) 身体 1：1／3) 精神 1：0		寒さ, 酔い	喜び	
	朝日新聞	1) 身体 0：0／3) 精神 8：2		音色, 中島みゆき	先手 9 六角	
満ちる	BCCWJ	1478：36	41：1	自信 (92), 〜力 (67), 希望 (39), 悪意 (38), 確信 (30)	ガス, 財宝	他のニ格：場所
	新潮文庫	217：5	43：1	自信 (13), 希望 (12), 愛情 (6)	声 (2), 兵士の群	
	朝日新聞	432：8	54：1	自信 (37), 希望 (16), 波乱 (14), 活気 (12)	歌声, 人, 香り	
勝つ	BCCWJ	376：117	3：1	競争 (65), 戦争 (51), 試合 (42)	試合 (9), 戦争 (6)	他のニ格：相手 (対象)／他のデ格：様態, 手段, 場所
	新潮文庫	49：0		試合 (13), 戦争 (5)		
	朝日新聞	318：191	1.7：1	試合 (55), 選挙 (47), 競争 (38)	選挙 (28), 大会 (19), 試合 (12)	
つまずく	BCCWJ	1) 物理的 82：1／2) 抽象的 9：33		石 (15), コード (3)	計算, 諸問題	他のニ格：時／他のデ格：場所
	新潮文庫	1) 物理的 31：0／2) 抽象的 2：1		石 (3), 土の盛り上がり (2), 生活	男女問題	
	朝日新聞	1) 物理的 13：2／2) 抽象的 14：23		石, ふとん, 段差, 生活	段差, 救援活動	
終わる	BCCWJ	1037：610	1.7：1	失敗 (168), 結果 (90)	〜だけ (117), 〜まま (41), 途中 (7)	他のニ格：時／他のデ格：範囲の上限, 場所, 時
	新潮文庫	5：2	2.5：1	失敗 (2), 取り越し苦労	ただのいたずら	
	朝日新聞	999：310	3.2：1	○位 (171), 不調 (67), 無得点 (18), ○勝 (15)	ブーム (7), 夢 (6)	

* 右側の比率は，デを 1 とし，ニを有効数字 2 桁とした．
* ニの前の名詞，デの前の名詞の ( ) 内は，使用度数．

あるという程度にとどまる。

「しびれる」「つまずく」は用法によって，ニ格・デ格のどちらになるか偏りが見られる[8]。

⟨2⟩　(A–1) 複数の格助詞をほとんど同じように使うことができるもの
　　　──ニ／ヲ

「欠席する」「信頼する」「納得する」　「会議ニ／ヲ欠席する」「知識ニ／ヲ信頼する」「理由ニ／ヲ納得する」それぞれ，通時的変化と分野による偏りが見られる。「欠席する」はヲが多く，他動詞的性格が強まっているといえよう。「授業」「学校」はヲしか使えない。「信頼する」はヲが主流だが，ニも，憲法における「国民の公正と信義に信頼して」という表現をはじめとして，コーパス上にも散見され，消えてしまったとはいえない。「納得する」は，新聞においては圧倒的にニが多いが，書籍においてはむしろヲが多い。前に来る名詞が「説明」のようなものはニ格，「老い」「負け」のようなものはヲ格となる傾向がある。

⟨3⟩　(A–1) 複数の格助詞をほとんど同じように使うことができるもの
　　　──ニ／トシテ

「迎える」「雇う」　「ゲストニ／トシテ迎える」「ガイドニ／トシテ雇う」「迎える」は他のニ格に比べて〈役割〉のニ格[9]が多い。「雇う」の場合はそれほど多くない。他のニ格としては，「迎える」は〈場所〉，「雇う」は〈目的〉が多い。〈役割〉のニはトシテと言い換え可能であるが，動詞の直前の場合，「迎える」はニの方がトシテより多く，「雇う」の場合は，トシテの方がニより多い。

⟨4⟩　(A–2) 同じ名詞が異なる格成分となるもの──ヲ／ニ

「(目標ヲ／ニ) 置く」「(目標ヲ／ニ) 掲げる」　「目標を置く」「目標に置く」および「目標を掲げる」「目標に掲げる」を比較すると，BCCWJ においては，ヲの方が多いが，新聞を調査すると，ほとんど同じ数字を得る。「目標を」と「目標

---

[8] 「しびれる」の場合は，身体的しびれならデが主流（「寒さで (に) しびれる」），精神的しびれならニが主流である（「歌声にしびれる」）。「つまずく」は，物理的つまずきはニもデも〈起因〉である（「石に (で) つまずく」）が，抽象的つまずきは，「勝つ」と同様〈領域〉を表し，デが主流である（「事業で (に) つまずく」）。

[9] 〈役割〉のニ格については，丸山 (2010) で詳しい分析を行った。

に」の両方の存在について記載する必要がある。「置く」の方は，「A を目標に置く」と「目標を A に置く」の両方がいえるが，「掲げる」はいえない。とりうる格構造が異なるのである。そういった現象についても記載する必要がある。

⟨5⟩　**(B–2a)** 格助詞は同じだが，格助詞の前の名詞が異なり，動詞の語義も異なり，名詞と動詞の意味関係が異なるもの

　ヲ–「カバーする」　「カバーする」は，表 7.6 によると，「赤字分ヲ／全国ヲ／古い曲ヲ」の 3 種類が存在する。「古い曲を」は新しい用法で，コーパスの分野による偏りが見られる。BCCWJ の中では，Yahoo!知恵袋にこの用法が多かった。

　ニ–「はまる」　「はまる」は，表 7.6 によると，「型ニ／池ニ／ゲームニ」の 3 種類がある。コーパスによる分布の違いが甚だしい。新聞には「ゲームにはまる」の用法が多い。BCCWJ の中でも Yahoo!知恵袋に多かった。

　B–2a については，丸山 (2011b) で詳しく分析した。

⟨6⟩　**(B–2b)** 格助詞の前の名詞が異なり，動詞の語義は同じだが，名詞と動詞の意味関係が異なるもの

　「推薦する」「当選する」　「推薦する」のニ格として，表 7.7 には「取締役会ニ／後任ニ」の 2 つが書いてあるが，前者は⟨相手⟩，後者は⟨役割⟩といえるものだが，もう 1 つ，「新人賞ニ」のような⟨対象⟩も存在する。「当選する」は，表 7.7 には「議員ニ／選挙ニ」とある。前者が⟨役割⟩，後者が⟨領域⟩であるが，もう 1 つ「無利子の奨学金ニ当選する」のような⟨対象⟩もある。どちらの語も⟨役割⟩の用法が多い。

　これらの分析をもとに試みた辞書記述の一部を表 7.9，表 7.10 に示す。表 7.9 は，A–1 に属する動詞の表であり，表 7.10 は，B–2a に属する動詞の表である。語釈，用例，注記，コーパス情報の順に並べてある。ほんの小さな試みだが，有力なコーパスの情報が載っている辞書が，今後必要になってくると思われる。

表 7.9 (A-1) の辞書記述の試み

	語釈	用例	注記	コーパス情報（BCCWJ）	コーパス情報（新潮文庫 100 冊）	コーパス情報（朝日新聞 2005）
驚く	思いがけない出来事や状態に、心さわぐ。びくりとする。	（〈原因〉の二格・デ格に関わる用例として）「速い/変化/物音に驚く」「美しいことに驚く／美しさに驚く」「あまりの美しさにで驚いた」「美人で驚く」	〈原因〉は二・デで表されるが、二の方が一般的である。〈原因〉以外の二格には、能動文に戻した時のが格相当のもの、〈時〉（場所）が多い。デはタの連用形（「あまりに美人で」）と連続的である。	二：デ 970：38(=25：1) 二の前の名詞：〜こと(164)、〜さ(130)、〜の(100)、〜音(24)、〜力(15)、変化(14) デの前の名詞：〜こと(15)	二：デ 171：4(=43：1) 二の前の名詞：〜の(41)、〜さ(18)、〜こと(11)、変化(4)、〜音(4)、声(4) デの前の名詞：いたずら	二：デ 728：23(=32：1) 二の前の名詞：〜さ(135)、〜こと(112)、〜の(68)、姿(16)、〜ぶり(11)、違い(9) デの前の名詞：〜こと(5)、話(2)
しびれる	①体（全体または一部分）の感覚が失われ、運動の自由がきかなくなる。びりびりふるえる。②〔俗〕強烈な魅力に我を忘れ、うっとりする。	①「寒さで（に）しびれる」②「電気で（に）しびれる」「歌声にしびれる」「陶酔感にしびれる」	しびれる原因となるものについては、身体的なしびれならデが主流、精神的なしびれならニが主流である。	①二：デ 2：5 ③二：デ 13：1 デの前の名詞：サルトル、第二楽章 デの前の名詞：楽さ、衝撃	①二：デ 1：1 ③二：デ 1：0 デの前の名詞：楽さ、酔い デの前の名詞：喜び	①二：デ 0：0 ③二：デ 8：2 デの前の名詞：音色、中島みゆき デの前の名詞：先手 9 六角
満ちる	⑦（全体まで一杯になる。ア あふれるばかりになる。イ それ以上にはなれない所まで底が増す。ウ 期間の末に達する。	（ア の〈内容物〉の二格・デ格に関わる用例として）「自信/希望/悪意に満ちる」「兵士の群で満ちる」「香りにで満ちる」	〈内容物〉は二・デで表されるが、二の方が一般的である。〈内容物〉以外の二格には、（場所）が多い。	二：デ 1478：36(=41：1) 二の前の名詞：自信 (92)、〜力 (67)、希望 (39)、悪意 (38)、確信 (30) デの前の名詞：ガス、財宝	二：デ 217：5(=43：1) 二の前の名詞：自信 (13)、希望 (12)、愛情 (6) デの前の名詞：声 (2)、兵士の群	二：デ 432：8(=54：1) 二の前の名詞：自信 (37)、希望 (16)、波乱 (14)、活気 (12) デの前の名詞：歌声、人、香り

7.2 動詞の格情報

表 7.9 つづき

	語釈	用例	注記	コーパス情報 (BCCWJ)	コーパス情報 (新潮文庫 100 冊)	コーパス情報 (朝日新聞 2005)
勝つ	①戦争・試合などで、相手を負かす。競争、先(せん)を越す。②(心に働く。〔欲望・誘惑などの〕強い力をおさえる。③まさる。その傾向が強い。	①〈領域〉のニ・デの用例として〕〈試合にで〉勝つ」「安打数で勝つ」	〈領域〉以外の二格には、〈相手(対象)〉が多い。〈領域〉〈着眼点〉以外のデ格には、〈様態〉〈手段〉〈場所〉が多い。	ニ:デ 376:117(=3:1) この前の名詞: 競争 (65)、戦争 (51)、試合 (42) デの前の名詞: 試合 (9)、戦争 (6)	ニ:デ 49:0 この前の名詞: 試合 (13)、戦争 (5)	ニ:デ 318:191(=1.7:1) ニの前の名詞: 試合 (55)、選挙 (47)、競争 (38) デの前の名詞: 選挙 (28)、大会 (19)、試合 (12)
つまずく	①歩く時、足先を物に打ち当てて、前へよろけかける。②中途で障害にあって、失敗する。挫折する。	①「石に(で)つまずく」②「事業で(に)つまずく」	①の物理的のまずは「〈く〕の仲間であり、二格はすぐ〈起因となるものであるが、「石に〕ばつまずいた原因という意味合いが濃い。二が主流。②の抽象的のまずは「勝つ」の仲間で、「事業に/で成功する」「事業に/で勝つ」と同様〈領域〉を表すつ。「つまずく」に係る二格・デ格には、このほか〈場所〉〈時〉の成分もある。	①ニ:デ 82:1 ②ニ:デ 9:33 この前の名詞: 石 (15)、コード (3) デの前の名詞: 計算、諸問題	①ニ:デ 31:0 ②ニ:デ 2:1 この前の名詞: 石 (3)、生活 (2) デの前の名詞: 男女問題	①ニ:デ 13:2 ②ニ:デ 14:23 この前の名詞: 石、ふとん、段差、生活 デの前の名詞: 段差、救援活動
終わる	その時まで続いていた事が済む、すっかり済んで、または時期が来て、しまいになる。はてる。	「失敗/～という結果/～に終わる」/「三位に終わる」/「～だけ/～まま で終わる」	ニは〈結果〉、デは〈状態〉の意味合いが濃い。二格は他に〈時〉〈場所〉が多く見られる。デ格は他に〈範囲の上限〉(時)〈場所〉が多く見られる。	ニ:デ 1037:610(=1.7:1) この前の名詞: 失敗 (168)、結果 (90) デの前の名詞: ～だけ (117)、～途中 (41)、～まま (7)	ニ:デ 5:2(=2.5:1) この前の名詞: 失敗 (2)、取り越し苦労 デの前の名詞: ただのいたずら	ニ:デ 999:310(=3.2:1) ニの前の名詞: ○位 (171)、不調 (67)、無得点 (18)、○勝 (15) デの前の名詞: ブーム (7)、夢 (6)

表 7.10 (B-2a) の辞書記述の試み

	語釈	用例	注記	コーパス情報 (BCCWJ)	コーパス情報 (新潮文庫 100 冊)	コーパス情報 (朝日新聞 2005)
ヲ						
カバーする	①保護のために何かを覆う。②足りないところを補う。ア 損失や不足を補う。イ 野球で,野手の守備動作を他の野手が援護する。③(比ゆ的に) 覆う。全体に力が及ぶ。④オリジナルの曲に対して,他の歌手や演奏家が,自分の持ち曲として歌ったり演奏したりすること。	①「本をカバーする」②「欠点をカバーする」③「全国をカバーする」④「古い曲をカバーする」	④は新しい用法で,コーパスの分野による偏りが見られる。BCCWJの中では,Yahoo!知恵袋にこの用法が多かった。	①:②:③:④ = 13:52:112:6	①:②:③:④ = 1:2:0:0	①:②:③:④ = 7:64:88:4
蹴る	①足の先で強く物を突きやる。また,はね飛ばす。②(示された提案・要求などを) 聞き入れず拒む。はねつける。	①「ボールを蹴る」「席を蹴って立ち去る」②「要求を蹴る」「内定を蹴る」	使われ方に,コーパスによる違いは見られない。	①:② = 455:22	①:② = 68:2	①:② = 22:2
ニ						
はまる	①ある物の中または外側に合わせ押し込んで,ちょうどよくはいる。ぴったりと合う。②落ちこむ。陥る。②'のめりこむ。	①「型にはまる」「条件にはまる」②「池にはまる」「罠にはまる」②'「ゲームにはまる」	コーパスによる分布の違いが甚だしい。新聞には,②'の用法が多い。BCCWJの中でもYahoo!知恵袋に多かった。	①:②:②' = 110:243:116	①:②:②' = 10:11:2	①:②:②' = 50:76:86
ガ						
ひらめく	①瞬間的にひかる。きらめく。②風などを受けてひらひらと揺れ動く。③瞬間的にある考えが脳裏に浮かぶ。	①「閃光がひらめく」②「旗がひらめく」③「アイディアがひらめく」	③の用法が多い。②は少ない。	①:②:③ = 16:5:40(異なり) ①:②:③ = 29:5:70(延べ)	①:②:③ = 8:1:17(異なり) ①:②:③ = 22:1:32(延べ)	①:②:③ = 1:1:16

7.3 オノマトペの意味と用法

7.3.1 オノマトペとは

オノマトペとは人間の感性の所産である擬音語・擬声語・擬態語の総称である。擬音語・擬声語は聴覚で聞き取った外界の音声を感覚的に模倣・再生したもの，擬態語は視覚・触覚・味覚で，また，心情的に捉えた外界の物事のありさまを独特の音声で表現したものである。類型化すると ab・ab っ・ab り・ab ん・abab の形態になる (たとえば，から・からっ・からり・からん・からから)。ab の b を長く伸ばしたり，ab り型では末尾「り」の後ろにさらに「っ」や「ん」を付したりすることもある。ab の間に「っ」を入れる形の語も多い。表記は平仮名・片仮名以外に「轟々」「茫々」「濛々」など漢語由来のものもある。伸ばす音の「イ・ウ」には長音符号が用いられることもある。

畳語オノマトペは副詞や形容動詞として，また，名詞的に使用されることもある。畳語以外は末尾に「と」を付して使われることが多いが，その形のままで音やさまを示すこともある。国語辞典は語義・例文とともに用法 (品詞) も記述する。その記述内容を 1 拍目が清音・濁音・半濁音の対応をなし 2 拍目が「ラ行音」であるハ行の 3 つの語群について検証する。主に『BCCWJ』のサブコーパス LB (図書館書籍) を使用するが，時に OB (特定目的・ベストセラー)・PB (出版書籍) および「青空文庫」[10] の用例も引用する。これらでオノマトペの用法と意味を分析し，『岩波国語辞典 第七版』(以下『岩波』と略す) の記述と対照比較を試みるが計量的考察は行わない。それはコーパスに特定の一人に帰属する特定の用法・語義が半数近く採られた語が存在するからである。

『岩波』は用法を《ノダ》(「—の」の形で連体修飾し，述語になるもの／例：名うて・ちぐはぐ)，《ダナノ》(形容動詞のうち，連体形に「—の」の形のあるもの／例：きちきち・散々)，《副 [と]》(単独または「—と」の形で使うもの／例：ひらり)，《副 [と]・ス自》(副詞で，「する」と結合してサ変動詞化するもの／例：にこにこ) のように記す。用法は語形と後続の語句で確定できるが，語義は文や文脈中の要素に求める必要がある。それでもなお確たる意味のつかめない用例がある。表記上ハ・ヒ・ホ，バ・ビ・ボ，パ・ピ・ポは濁点・半濁点の有無の問題で

---

[10] http://www.aozora.gr.jp/

あるが，発音上は [h] が声門摩擦音，[b] と [p] が両唇破裂音で有声・無声の対立をなす．アクセントによって意味・用法の異なることも多く，日本語とは音韻体系の異なる言語を母語とする外国人には理解しにくいといわれる．

7.3.2 用法と意味の検証
〈1〉 ハラハラ・バラバラ・パラパラ

『岩波』はハラハラの用法《副 [と]・ス自》に語義を 2 つ立て (表 7.9 参照)，①の語義「危ぶんで気をもむさま」に例文「見ていても—する」をつける．LB にも「人」を主体とするサ変動詞用法の用例が多い．ハラハラする理由・原因は主に他者の言動にあり，その不安で落ち着かない心情は以下のような文型で表される．

①の典型的文型
  a. (迷惑をかけ・失敗をし) ないかとハラハラする
  b. (他者の言動) にハラハラする
  c. ハラハラと (気をもむ・見守る)

  (1) 親に強く出られない吉岡は，親がどんどんきめてゆく縁談にハラハラしながら，あぐりと切れないでいたのだ．(田辺聖子，1987『ジョゼと虎と魚たち』) (LBb9_00064)
  (2) 於大が来てから，それまで蒲柳の質で絶えずみんなをハラハラさせていた広忠の血色がめっきりよくなったことであった．(山岡荘八，1987『徳川家康』) (LBb9_00100)
  (3) これが行成なら，(中略)，三ヶ月も逆襲しないでおくわけがありません．また清少納言も，その間，ハラハラと出世の気を揉んだりせずに，気軽に声をかけたでしょうね．(荻野文子，1991『枕草子』) (LBf9_00227)

②の語義は「涙・花片・木の葉・火の粉」など粒や破片状のものが「乱れ舞う」様子を表しサ変動詞用法がない．「青空文庫」には「髪の毛・裾・袖」など幅や長さのある軽いものの用例があり「乱れ翻る」場面を表現する．

②の典型的文型
  a. 人がハラハラ (と) (落涙する・涙をこぼす)
  b. 涙がハラハラ (と) (落ちる・流れる・こぼれる)
  c. (木の葉・花びら) がハラハラ (と) (散る・舞う)

d. 衣服の (裾・袖) がハラハラ (と) (翻る・乱れる)

(4) ただ，涙だけが，はらはら流れては落ちていくのだ。(村山由佳，1996 『きみのためにできること』) (LBk9_00150)

(5) 落葉が風に吹かれてははらはらと舞い踊っている。(安井健太郎，1999 『ラグナロク』) (LBn9_00196)

(6) その外套の袖が煽って，紅い裾が，はらはらと乱れたのである。(泉鏡花，1995 『みさごの鮨』) (青空文庫)

『岩波』はバラバラの《副 [と]》用法に語義を 2 つ，《ダナノ》用法に 1 つ立てる。副詞用法は「時空的に乱れ散るように移動・出現する様子」を示すもので，音を伴うにしても語義の焦点は複数の人・ものが直線的に「乱れ散る」ことにあり 1 つにまとめることも可能である。「出現・移動」は主に横方向の移動，音を伴う可能性のある「落下・降下」は縦方向の移動となる。

《副 [と]》の典型的文型

① 複数の人が　バラバラ (と) (出現・移動) する

② (小石・種子) (が・を) バラバラ (と) (落ちる・落とす)

(7) 強奪されたトヨタのピックアップカーのエンジンが動き始めた。兵士がバラバラと後部座席に飛び乗った。(橋田信介，2001 『戦場特派員』) (LBp9_00042)

(8) 野生のイネもそうなんです。秋になって実が熟すと，穂から種がばらばらと落ちて枯れススキのように穂だけ残る。(佐藤洋一郎，1999 『DNA考古学』) (LBn2_00063)

(9) B29 の編隊が，頭上にばらばらと爆弾を落とすのを見上げていた。(江種満子，2001 『大庭みな子の世界』) (LBp9_00015)

《副 [と]》は頭高アクセントであるが《ダナノ》は尾高である。後者の語義は「まとまりを失った様子」「物事が同じでない様子」「行動が個別である様子」に分けられる。①「バラバラになる」の場合は元来ひとまとまりだったものが分散・分解・切断されたり，まとまりを欠いたりした様子を表す。主体間で「形態・趣味・時間・年齢・行動」などが異なることを表す用例の多くは文型②の「バラバラだ」となる。③はまとまりを失った結果として行動が別々になることを表し①の意味

とつながるが，②と③は1つにまとめることも可能である。

《ダナノ》の典型的文型

① (家族・仲間・身体・組織) がバラバラ (だ・になる)
② (年齢・形態・服装) がバラバラだ
③ 人がバラバラに行動する

(10) 我々は長いあいだ一緒にたたかってきた仲間たちとばらばらになった。(栗本薫，1995『新・魔界水滸伝』) (LBj9_00063)

(11) 各炭鉱で，経営者や監督官によって，危険の認識がバラバラでは取り締まることができない。(森弘太，1999『三池炭鉱』) (LBn5_00009)

(12) 夜になっても，投光器の明りの中で，検証は続けられた。その一方，バラバラに逃げた乗客や乗務員に対する，警察の事情聴取も行われた。(西村京太郎，2004『裏切りの特急サンダーバード』) (LBs9_00007)

パラパラの《副[と]》には『岩波』の語義以外に③の「まばらに (存在・出現) するさま」を表す用例がある。副詞用法のキーワードは「まばら」であり，物・事・音の出現・存在が空間的あるいは時間的に疎であることを意味する。

《副[と]》の典型的文型

① 人が (冊子・紙類) をパラパラ (と) (めくる・繰る・見る・読む)
② a. (雨・石粒・コンクリート片) がパラパラ (と) (落ちる・降る)
　　b. (豆・食塩) をパラパラ (と) (まく・振る・落とす)
③ a. 場所に (人・物) がパラパラ (と) (いる・ある)
　　b. パラパラと (拍手が起きる・挙手がある・声があがる)

(13) 電車の中とか，喫茶店での待ち時間に，パラパラと拾い読みをする。(板坂元，2001『男の小道具』) (LBp5_00013)

(14) 香山の中腹を駈けくだる車のフロントグラスに豆粒ほどの雨滴がパラパラとはねるとみるや，数瞬ののちには篠つくような雨となり，(井出孫六，1994『風変わりな贈物』) (LBj9_00256)

(15) 幕の内ご飯にパラパラと黒ゴマをふりかける係 (犬丸りん，1999『あの頃，あの味，あのひとびと』) (LBn5_00029)

(16) 目鼻がぱらぱらと離れてくっついているが，見苦しくもない。(田辺聖

子，1992『ブス愚痴録』) (LBq9_00028)

(17) 二曲目が終わり，またパラパラと拍手が起きた。(恩田陸，2004『麦の海に沈む果実』) (LBs9_00123)

《ダナノ》用法は「(粘着性を失い) 離れてまとまりがない」か「まばら」であるさまを意味する。後者は空間的に疎である点において《副 [と]》用法の語義とつながる。(19)「パラパラの人通り」は「押すな押すなの人の波」との対比が語義を示唆する。

《ダナノ》の典型的文型
① パラパラに (なる・炊く・炒める・ほぐす)
② パラパラの (人通り・拍手・断片)

(18) パラパラに炊いたライスにトマトソースを添えて盛りつける。(川又一英，1993『ルイ・アームストロング』) (LBh7_00053)

(19) JR 天満駅 (その当時は城東線) の周辺から天六にかけては押すな押すなの人の波。天三・天二・天一へ行くにつれてパラパラの人通りになっしまっていた。(土居年樹，2002『天神さんの商店街』) (PB26_00010)

〈2〉 ヒリヒリ・ビリビリ・ピリピリ

ヒリヒリの用法は《副 [と]・ス自》である。皮膚がヒリヒリする主たる原因は日焼け・火傷・摩擦などであり，粘膜の場合は炎症や強い酒・辛味・煙などの刺激である。プラス・マイナスどちらにも評価され，外界の視線・雰囲気を敏感に察する場面にも使用される。

典型的な文型
(肌・喉・目・口中・傷) がヒリヒリ (と) (する・痛い・痛む)

(20) すでにまわりは火の海で顔が熱でひりひりする。(宗田理，1991『雲の果て』) (LBf9_00017)

(21) このカリに限っては，上あごも，ほっぺの内側も，のどの奥まで，辛く，息を吸い込んでもひりひりと痛い。(磯淵猛，1998『紅茶のある食卓』) (LBm5_00031)

(22) 女に強い言葉でなじられて，ひりひりするような快感も覚えた。(車谷長吉，2002『贋世捨人』) (LBq9_00003)

(23) 誰かに見られているという感覚がある。僕はその視線をひりひりと肌に感じる。(村上春樹, 2005『海辺のカフカ』) (LBt9_00195)

『岩波』はビリビリに《副[と]・ス自》と《ノダ》の2つの用法を記すがBCCWJにサ変動詞用法の用例は非常に少ない。副詞用法の語義は「大音響・衝撃などでものが振動する音・様子」「電流・寒冷など外部からの刺激による身体部分の不快感」「紙・布などが裂かれる(音・さま)」などに分類できる。外界の緊迫した気配を鋭く感じ取る様子にも使用される。

《副[と]・ス自》の典型的文型
① a. (着弾・大声) で (壁・空気) がビリビリ (と) (震える・振動する)
   b. (衝撃・物事の様子・感触) が人にビリビリ (と) 伝わる
   c. (笛・爆音) が (鼓膜・雪の斜面) にビリビリ (と) (響く・反響する)
② 身体部分がビリビリ (と) (痛い・痛む・しびれる・する)
③ (紙・布) をビリビリ (と) (はがす・破く)

(24) スノーモービルの爆音は谷間にこだまし, 雪の斜面にびりびりと反響した。(藤原英史, 1987『ヒグマ物語』) (LBbn_00017)

(25) 新雪を踏むと足の指先が冷たくてビリビリと痛い。(豊野則夫, 2003『奥利根・谷川連峰の沢』) (PB32_00080)

(26) 健太郎が助かったと思って, ドアのノブに触れます。その途端, ビリビリときて, 心臓の弱い彼は死んでしまった。(折原一, 2004『丹波家の殺人』) (PB49_00601)

(27) 打撃練習の時から, 誰かがマッチを擦れば球場そのものが吹っ飛んでしまうような緊張感がびりびりと満ちている。(堂場瞬一, 2004『焔』) (LBs9_00023)

(28) 泰男から来た手紙を開封した勝が怒ってびりびり破いているのを見かけたこともあった (萩原葉子, 1976『蕁麻の家』) (OB1X_00289)

副詞用法で述語が「はがす・破く」などではその行為に伴う音も表すが,「ビリビリに」では無残に破損された状態だけを表す。

《ノダ》の典型的文型
(紙類・衣類) がビリビリだ・ビリビリに (なる・ちぎれる・破れる)

(29) 夜会服，という感じのドレスだったが — 今，それは見る影もなく，びりびりに引き裂かれていた。(赤川次郎，1985『三毛猫ホームズの幽霊クラブ』) (OB2X_00322)

　ピリピリは外界の出来事に人が心理的に反応する様子を表す文型②の用例が多いが，物理的刺激を示すものもある。①は口中なら「辛味・酸味」などの刺激であり，皮膚なら「刺すような連続的痛み」を表現する。③の身体部分の動きは「怒り・興奮」など心理的な原因による。これらの用法は《副[と]・ス自》であるが，「笛の音」にサ変動詞用法はない。

《副[と]・ス自》の典型的な文型
① (肌・頬・粘膜) がピリピリ ((と) (する・痛む・痛い)
② a. 人が (相手の言動) にピリピリ (と) (する・神経を—させる)
　 b. ピリピリした (空気・緊張感)
③ (ひげ・口元・筋肉) がピリピリ (と) (する・震える・引きつる)
④ 笛をピリピリ (と) (吹く・鳴らす)

(30) 北タイの家庭料理は世界一辛いという評判通り，どれも香辛料がしたたかに利いて，料理の通過する器官は口であろうと喉であろうとピリピリと辛く，(熊澤文夫，2003『メーサイ夜話』) (PB32_00148)

(31) 駐車場からほんの数メートル上にあがっただけなのに，風の強さは倍にも感じられた。そのせいで，頬がピリピリと痛かった。(吉村達也，2000『金田一温泉殺人事件』) (LBo9_00107)

(32) 勝負にピリピリしている親方には，なるべくいやなことは耳に入れないようにずいぶん気を遣ってきた。(石橋省三，1997『武蔵川部屋物語』) (LBl7_00003)

(33) 大先輩の方との共演は，本当に緊張の連続だった。なにせ，初めてづくしなので，毎日神経をピリピリさせてけいこをし，本番にのぞんだ。(石川ひとみ，1993『一緒に泳ごうよ』) (LBh7_00056)

(34) 声の大きさに，ランプや調度品がピリピリと振動した。(冴木忍，1995『空みて歩こう』) (LBj9_00084)

(35) やがて船長がピリピリと笛を鳴らすと，汽笛のひもがひっぱられ，ボーボーと鳴った。(司馬遼太郎，2005『甲賀と伊賀のみち，砂鉄のみち』)

(PB59_00410)

〈3〉　ホロホロ・ボロボロ・ポロポロ

　ホロホロは『方丈記』に山鳥の鳴き声として出てくるがBCCWJに鳥の用例はなく，こぼれ落ちるものは「涙」だけである。「青空文庫」には「花びら・葉・灰・髪の毛・砂」などの用例があり文脈から「はかない・頼りない・弱弱しい」様子が感じられる。文(36)で泣くのは子牛と引き放される親牛で，擬人化されている。語義②は「心地よい感覚」を表す。BCCWJのPMに用例のみられる「ホロホロと笑う」は軽くこぼれるように声を出して笑う様子なので，「ホロホロと泣く」も涙より「声」に焦点があるかもしれない。

《副[と]》の典型的文型
① a. (涙・花・固まり)がホロホロ(と)(こぼれる・落ちる・崩れる)
　　b. (人)がホロホロ(と)(泣く・涙をこぼす・笑う)
② 人がホロホロと(酔う・暮らす・行う)／　食品が　ホロホロ(と)苦い

(36)　牛は，目にいっぱいのなみだをためて，まっすぐに自分を見ていたのだ。気のせいではなかった。こぼれていくなみだが，赤毛の上をほろほろと伝った。(川村たかし，1997『くじらの海』)(LBin_00020)

(37)　アカシアが，(中略)風にふかれて，ほろほろと白い花を落すのを見た。(芥川龍之介，1950『大川の水』)(青空文庫)

(38)　〜クッキー。口の中でホロホロとくずれます。(舘野鏡子，2002『お菓子作り入門』)(PB25_00006)

(39)　平八さんは立ち上がって，タオルでズボンの土埃を払うと，ほろほろと山道を登って行きました。(村上政彦，1997『ニュースキャスター』)(LBl9_00007)

(40)　大酒家の文左衛門も，この兄事する天野の前では静かに盃を傾けほろほろと酔った。(神坂次郎，1984『元禄御畳奉行の日記』)(OB2X_00077)

　ホロホロを述語とする用例はないが「ホロホロのN」がある。文(41)は「鶏そぼろ」の作り方であり，意味は文(38)「ホロホロと崩れる」とつながるがボロボロのようなマイナス評価ではない。

7.3 オノマトペの意味と用法

《ノダ》の典型的文型
ホロホロの (状態・粒)

(41) 中火にかけ，出てくるあくを取りながら，汁けがなくなってほろほろの状態になるまでいり煮する。(松本忠子，2003『〈おかずの素〉でもっとおかずを』) (LBr5_00004)

ボロボロには《ダナノ》と《副 [と]》があり用法によって語義が分かれる。前者はものが崩れて本来の形態・状態を失ったさまを表現し，比喩表現もある。

《ダナノ》の典型的文型
(布・紙・建物・臓器) がボロボロだ・に (崩れる・傷つく)

(42) 邸内に家屋は二軒あるのだが，一軒は畳はぼろぼろであり，(嵐山光三郎，1988『徒然草殺しの硯』) (LBc9_00002)
(43) 十三年前に国境へ向かった時はボロボロのベンツで二〇〇ドルであった。(勝谷誠彦，2004『イラク生残記』) (LBs3_00059)
(44) 気が立って，心はぞうきんのようにボロボロになってたんです。(松谷みよ子，1995『松谷みよ子の本』) (LBjn_00007)

副詞用法の①は主にものが形を失って次々に細かく崩れ落ちる様子を表す。文(45)は「もろく崩れる」様子に焦点があるが，文(46)は数の多さを示唆する。これは②の事が次々に発生することにつながる。

《副 [と]》の典型的文型
① (皮膚・垢・本) がボロボロ (と) (崩れる・欠ける・落ちる)
② (人がボロボロ (と) 辞める／ことがボロボロ (と) (露呈する・起こる)

(45) 炭になった本が見つかった。さわると，ほろほろとくずれてしまった。(宗田理，1991『雲の涯』) (LBf9_00017)
(46) こすると，垢といっしょになった皮膚がほろほろと落ちてくる。(吉岡忍，2005『ある漂流者のはなし』) (LBt5_00043)
(47) 債権取立業者どもが連日おしかけてくる。社員たちもボロボロ辞めていくしまつだった。(谷恒生，1998『警視庁歌舞伎町分室』) (LBm9_00176)

(48) ほんの子供の投げるボールを, まあボロボロ落とすこと。われながら情けないものがあった。(赤井英和, 1995『人生さだかやない』) (LBj7_00058)

ポロポロの用法は《ダナノ》と《副 [と]》であり, 涙など粒状のものが形を残したまま落下するさまに重点がある。物事がこぼれ落ちるように次々に出現する様子を表す比喩表現はその延長線上にあり, 文 (48) のボロボロに似る。《ダナノ》用法ではボロボロが崩壊であるのに対し粒状であるさまに重点があり必ずしもマイナス評価ではない。

《副 [と]》の典型的文型
① (涙・粒) がポロポロ (と) (落ちる・こぼれる)
② ポロポロ (と) 喋る

《ダナノ》の典型的文型
(肉・粉製品) が　ポロポロになる・ポロポロの N

(49) 彼女は, お別れのとき, 涙をポロポロ流していたそうだ。(丸山千里, 1976『丸山ワクチン』) (OB1X_00093)

(50) 組み立てたそばからネジがポロポロ落ちるような車〜(船越百恵, 2005『名探偵症候群』) (LBt9_00067)

(51) 自分は口が固いと思っているけど, 意外とポロポロしゃべっちゃってるのがスケボーを選んだ友だちよ。(麗川真央, 1994『悪魔のいたずら心理ゲーム』) (LBin_00005)

(52) クスクスは北アフリカの国々でポピュラーな料理。ポロポロの粉状のスパゲティにシチューをかけたもの。(井原三津, 2004『1歳からの子連れ辺境旅行』) (LBs2_00061)

7.3.3　用例分析結果による語義記述の試み (一覧表)

BCCWJ の用例では『岩波』の語義を反映できない場合もあれば, 『岩波』が記述しない語義もあった。国語辞典の記述のためには日ごろから用例採取を心がけ, コーパスに頼るのではなく検証に利用するという姿勢を貫くべきであろう。表 7.11 で『岩波』の記述と並べて用例分析から得た語の用法・意味・作例を示すが, 得られた語義のすべてを載せているわけではない。また, BCCWJ で不十分な語に関しては「青空文庫」を参照した。スペースの限られた国語辞典では語釈は例文

7.3 オノマトペの意味と用法　193

表 7.11　『岩波国語辞典 第 7 版』の記述と「BCCWJ」の用例による用法・語義記述の試み

見出し語	『岩波』用法	語義・例文	BCCWJ用法	語義・例文
はらはら	副 [と]・スル自	① 危ぶんで気をもむさま。「見ていても—する」	①副 [と]・スル自	危ぶんでいて心が落ち着かないさま。「若い二人の生活を—と見守る」「傍らで—するような振る舞い」
		② 木の葉やしずく・涙などのようなものが、乱れ落ちる様子。「桜が—（と）散をこぼす」	②副 [と]	しずく・木の葉・涙などが（ひらがえり）落ちる さま。「—（と）涙をこぼす」「風に花びらが—（と）散る」
ばらばら	1. 副 [と]	① 乱れ散るように現れるさま。「—（と）駆け寄る」	1. 副 [と]	乱れ散るように移動・出現するさま。「怪我人のそばに通行人が—（と）駆け寄る」「トラックから兵士が—（と）飛び降りる」
		② 連続的な軽い音を立てて、雨・あられなどが降ったり、弾丸・小石などが飛んで来たりするさま。「—（と）霰が降って来た」(中里介山『大菩薩峠』)		② 小石・破片などが、いくつも（音を立てて）落ちたり飛んで来たりするさま。「種が—（と）こぼれる」「壁土が—（と）落ちる」「あられが—（と）降る」
	2. ダナノ	（まとまったものの分解が方々にかかれたり乱れ散らばったりしているさま。「—家は—に離散しました」(太宰治『惜別』)「—の髪の毛」「各人—な意見」	2. ダナノ	① まとまっていたものが個々に異なっている さま。「被災して家族が—に離れて暮らす」「—に分解・分離する」「—に片付けた骨」「—な対応」
				② 外見・行動などが異なっているさま。「服装が—に見学する」髪
ぱらぱら	1. 副 [と]	① 小さな粒状のものがまばらに散る（音の）さま。「木の葉の露が—と落ちて来る」(中島敦『山月記』)「—とごま塩をふる」	1. 副 [と]	① 小さな粒がまばらに散る（音の）さま。「雨が—（と）降る」「—とごま塩をふる」
		② 紙などを繰る音のさま。「風がスケッチブックを めくって」(太宰治『ダス・ゲマイネ』)		② まばらに出現する様子。「—と露店が出始めた」「—と客が出現する」「—と手が上がる」
				③ 紙などをめくる（音の）さま。「札束を—（と）数える」「—（と）拾い読みする」
	2. ノダ	まとまりなく離れているさま。「粘り気のない—の古米」	2. ノダ	離れて、まとまりのないさま。「—ひき肉を—に炒める」「—の人通り」
ひりひり	副 [と]・スル自	辛味の刺激や、すりむいた傷の痛みを感じるさま。比喩的に「文章に—するところがあるがいい」のようにも使う。「—（と）痛む」「皮膚が—する」	副 [と]・スル自	辛味の刺激や、火傷・擦り傷などで粘膜・肌に感じる痛みのありさま。比喩的にも使う。「喉が—する」「日焼けで背中が—（と）痛い」「冷たい視線を—（と）感じる」

表 7.11 つづき

見出し語	『岩波』用法	用法	語義・例文	BCCWJ用法	語義・例文
ぴりぴり	①副[と]・スダ		物がひどく破れている様子。裂けたりする様子。「紙を—(と)裂く」	1.副[と]	物が小刻みに震え動く様子。「地震で窓ガラスが—(と)裂く」
	②副[と]・スダ		揮れるような、不快な刺激を感じるさま。「電気が—(と)来た」	2.副[と]・スダ	揮れるような、不快な刺激のあるさま。「電気が—(と)来る」
	③ノダ		無残に裂けている様子。「服が—だ」	3.ノダ	衣類・紙などが無残に裂けている様子。「釘に引っ掛けて服が—に引っ掛けて手紙を—に破る」
ぴりぴり	副[と]・スダ	①	皮膚・口の中などが強い刺激を感じるさま。	1.副[と]	① 皮膚・口の中などで感じる強い刺激のありさま。
		②	神経が過敏になっているさま。「本番前で—している」		② 神経が過敏になっている様子。「本番前で—している」
		③	笛を吹く鋭い音。「警官が—(と)笛を吹いて車を止める」		③ 小刻みに震えるさま。緊張して口もとを—させている
				2.副[と]	笛を吹く鋭い音。「警官が—(と)笛を吹く」
ほろほろ	副[と]	①	軽く小さなものが静かに、こぼれるように落ちる様子。「涙を—(と)こぼす」「—と山吹散るか滝の音」(松尾芭蕉)	1.副[と]	① 複数の軽く小さなものが静かに、こぼれるように落ちる様子。「涙を—(と)こぼす」「口に入れると—れるクッキー」
		②	笛の音。やまばとの鳴き声などの形容。		② 心地よいさま。「—と苦い」「—と酔う」
				2.ノダ	—の炒り卵
ほろほろ	ダナノ	①	布がひどく破れている様子。さらに広く、物がひどくたんでいる様子。「—の着物」「—の校舎」「身もひと—だ」	1.ダナノ	崩れるようにやわらかいさま。ひどくいたんで、本来の姿・形・状態ではないさま。「畳まったり、疲れきって身も心も—だ」
	副[と]	②	物がこぼれ落ちたり、はげ落ちする様子。「—とこぼれ落ちる」「悪事が—(と)明るみに出る」	2.副[と]	① ものが小粒や粉状に崩れたり、はげ落ちして落ちる様子。「—すると垢が—(と)落ちる」「ペンキが—(と)はげ落ちる」
					② 物事が次々に数多く起こる様子。「刃がけるようにも社員が—(と)辞めていく」「ボールを—落とす」「言葉が出てくるように—(と)こぼす」「余計なことを—しゃべる」「殺虫剤の噴霧で虫が—(と)落ちる」
ぼろぼろ	①副[と]		小さい(粒状の)物がこぼれ落ちる様子。涙を—こぼす	①副[と]	こぼれるように、次々に小さな粒などが落ちる様子。「涙を—(と)こぼす」「露見する」
	②ダナノ		(飯粒など)粘り気のない様子。	②ノダ	分離して粘り気のない様子。「冷えて—のご飯」「粉にバターを混ぜて—にする」

を含めたすべての記述から読み取るものであろう．比喩表現はほぼすべての語にみられるので特に言及する必要はないと考えられる．　　　[丸山直子・星野和子]

参 考 文 献

石綿敏雄 (1999)『現代言語理論と格』，ひつじ書房．
NTT コミュニケーション科学基礎研究所 (監修) (1999)『日本語語彙大系』，岩波書店．
沖森卓也 (2006)「国語辞典の意味記述――語釈の示し方を中心に」，倉島節尚 (編)『日本語辞書学の構築』，pp. 右 532–519. おうふう．
奥田靖雄 (1983a)「に格の名詞と動詞とのくみあわせ」，言語学研究会 (編)『日本語文法・連語論 (資料編)』，pp. 281–323，むぎ書房．
奥田靖雄 (1983b)「で格の名詞と動詞とのくみあわせ」，言語学研究会 (編)『日本語文法・連語論 (資料編)』，pp. 325–340，むぎ書房．
国立国語研究所 (1997)『国立国語研究所報告 113 日本語における表層格と深層格の対応関係』，三省堂．
仁田義雄 (1986)「格体制と動詞のタイプ」，『ソフトウェア文書のための日本語処理の研究 7 計算機用レキシコンのために (2)』，pp. 102–213，情報処理振興事業協会．
仁田義雄 (1993)「日本語の格を求めて」，仁田義雄 (編)『日本語の格をめぐって』，pp. 1–37，くろしお出版．
日本語記述文法研究会 (編) (2009)『現代日本語文法 2 第 3 部 格と構文 第 4 部 ヴォイス』，くろしお出版．
前坊香菜子 (2009)「語の文体的特徴に関する情報についての一考察――国語辞典と類語辞典の調査から」，『一橋日本語教育研究報告』，**3**, 50–60．
丸山直子 (2010)「助詞「に」を伴う〈役割〉成分――コーパスに基づく分析」，『日本語文法』，**10**(1), 71–87．
丸山直子 (2011a)「辞書記述のためのコーパス利用 動詞の格情報とその記述法――国語辞書の例文とコーパス」『特定領域研究「日本語コーパス」平成 22 年度研究成果報告書 コーパスを利用した国語辞典編集法の研究』DVD．
丸山直子 (2011b)「動詞の格情報――国語辞書の記述とコーパス」，『東京女子大学日本文学』，**107**, 227–245．
水谷静夫 (2007)『辞書編纂談義――水谷静夫先生が語る』，特定領域研究「日本語コーパス」平成 18 年度研究成果報告書．

国語辞典類

阿刀田稔子，星野和子 (1993)『擬音語擬態語使い方辞典』，創拓社．
小野正弘 (編) (2007)『日本語オノマトペ辞典』，小学館．
北原保雄 (編) (2002)『明鏡国語辞典』，大修館書店．
金田一秀穂 (監修) (2006)『知っておきたい日本語コロケーション辞典』，学習研究社．
情報処理振興事業協会 (1987)『計算機用日本語基本動詞辞書 (IPAL)』．
新村出 (編) (2008)『広辞苑 第六版』，岩波書店．
西尾実，岩淵悦太郎，水谷静夫 (編) (2000)『岩波国語辞典 第六版』，岩波書店．
西尾実，岩淵悦太郎，水谷静夫 (編) (2009)『岩波国語辞典 第七版』，岩波書店．
西尾実，岩淵悦太郎，水谷静夫 (編) (2011)『岩波国語辞典 第七版新版』，岩波書店．

飛田良文，浅田秀子 (2002)『現代擬音語擬態語用法辞典』，東京堂出版.
姫野昌子 (監修) (2004)『日本語表現活用辞典』，研究社.
松井栄一 (編) (2005)『日本語新辞典』初版，小学館.
山田忠雄他 (編) (2006)『新明解国語辞典 第六版』，三省堂.

付録 A　リレーショナルデータベース

1　はじめに

リレーショナルデータベース (RDB) とは，相互に関連付けられた複数のテーブルから構成されるデータベースのことである．まずは例を見てみよう．

図 A.1 に，本講座第 3 巻『話し言葉コーパス——設計と構築』の第 1 章で紹介した『日本語話し言葉コーパス (CSJ)』に付与されている情報のうち，談話の情報，話者の情報，短単位の情報を簡略化してまとめた 3 つのテーブルの例を示す．

個々の情報はテーブル，つまり行と列で構成される表の形式で記述されている．たとえば『話者情報』テーブルは，「話者 ID」「性別」「出身地」の項目から構成されており，それらがテーブルの列で表現されている．また個々人のデータがテーブルの行に相当する．

『談話情報』テーブルには，「講演 ID」や談話の「タイプ」「ジャンル」の項目に加えて，『話者情報』テーブルにも存在する「話者 ID」が記されている．この共通する「話者 ID」を媒介して，『談話情報』テーブルと『話者情報』テーブルを 1 つにまとめあげることができる．同様に，『講演情報』テーブルと『短単位情報』テーブルには「講演 ID」が共通して存在しており，これを媒介して両テーブルを結合することができる．3 つのテーブルをそれぞれ共通する項目で結合することにより，図 A.1 の下段に示すようなテーブルを作成することができる．

第 3 巻でも紹介したように，CSJ のコアと呼ばれるデータ範囲には，転記情報，文節情報，形態論 (単語) 情報，節単位情報，係り受け構造情報，分節音情報，韻律情報，談話境界情報，印象評定データなど，多様なアノテーションが付与されており，これらの情報を相互に関連づけて研究に利用するために，RDB が構築され，提供されている．こうしたデータベースを利用するには，RDB の構造や操作方法を学ぶ必要がある．

2　SQL の基本操作

RDB の情報を更新したり情報を引き出すなどの操作をするには，SQL と呼ばれる

付録 A　リレーショナルデータベース

■ 談話情報テーブル

講演ID	タイプ	ジャンル	話者ID
A11M0846	独話	学会	685
S05F1041	独話	模擬	19
D04F0022	対話	学会	19

■ 話者情報テーブル

話者ID	性別	出身地
19	女	東京都
685	男	東京都
1153	男	東京都

■ 短単位情報テーブル

講演ID	開始時刻	終了時刻	出現形	品詞
A11M0846	1089.856	1090.03	以上	名詞
A11M0846	1090.03	1090.504	です	助動詞
S05F1041	0.304	0.641	人生	名詞
S05F1041	0.641	0.709	で	助詞
S05F1041	0.709	1.092	一番	副詞
S05F1041	1.092	1.393	印象	名詞
S05F1041	1.393	1.428	に	助詞
S05F1041	1.428	1.748	残っ	動詞
S05F1041	1.748	1.866	て	助詞
S05F1041	1.866	1.985	いる	動詞
S05F1041	1.985	2.325	こと	名詞

■ 3つのテーブルを結合したテーブル

講演ID	タイプ	ジャンル	話者ID	性別	出身地	開始時刻	終了時刻	出現形	品詞
A11M0846	独話	学会	685	男	東京都	1089.856	1090.03	以上	名詞
A11M0846	独話	学会	685	男	東京都	1090.03	1090.504	です	助動詞
S05F1041	独話	模擬	19	女	東京都	0.304	0.641	人生	名詞
S05F1041	独話	模擬	19	女	東京都	0.641	0.709	で	助詞
S05F1041	独話	模擬	19	女	東京都	0.709	1.092	一番	副詞
S05F1041	独話	模擬	19	女	東京都	1.092	1.393	印象	名詞
S05F1041	独話	模擬	19	女	東京都	1.393	1.428	に	助詞
S05F1041	独話	模擬	19	女	東京都	1.428	1.748	残っ	動詞
S05F1041	独話	模擬	19	女	東京都	1.748	1.866	て	助詞
S05F1041	独話	模擬	19	女	東京都	1.866	1.985	いる	動詞
S05F1041	独話	模擬	19	女	東京都	1.985	2.325	こと	名詞

図 A.1　相互に関連付けられた 3 つのテーブルと，それを結合したテーブル

言語を用い，クエリ (検索命令) を作成する必要がある．RDB から情報を引き出す際の SQL の基本操作には次の 3 つがある．

(i) **列の選択**　テーブルから一部の列を選んで表示する操作
例)『話者情報』テーブルから「性別」と「出身地」の列を選択
(ii) **行の抽出**　テーブルから指定した条件に合致した行だけを抽出する操作
例)『話者情報』テーブルから「性別」が「男」である行を抽出
(iii) **テーブルの結合**　2 つ以上のテーブルを結合して 1 つのテーブルを作成する操作 (図 A.1 参照)

3 列の選択——SELECT 文

(i) SELECT 文の基本 列の選択とは，テーブルから一部の列を選択して表示する操作であり，SELECT 文を用いる．たとえば，『短単位情報』テーブルから「講演 ID」「出現形」「品詞」の列を選択する場合，次のように，SELECT のあとに，選択したい列名を半角カンマで区切って指定し，対象のテーブル名を FROM のあとに記す．

```
SELECT  講演 ID, 出現形, 品詞   ← 選択する列をカンマ区切りで列挙
  FROM  短単位情報              ← 対象となるテーブル
```

列名は，正式には，以下のようにテーブル名と列名をピリオドではさんで記す必要があるが，テーブルが 1 つしかない場合などは，上記のようにテーブル名を省略できる．

```
SELECT  単位情報.講演 ID, 短単位情報.出現形, 短単位情報.品詞
```

(ii) すべての列の選択 すべての列を選択して表示する場合は，「テーブル名.*」のように，*（アスタリスク）を指定する．テーブル名は省略できる．

(iii) 四則演算子による計算 列が数値の場合には，四則演算子 (+, −, *, /) などを用いて計算した結果を表示できる．以下では，終了時刻から開始時刻 (いずれも単位は秒) を引いた上で 1000 を掛け，当該単語の継続長をミリ秒単位で求め，「出現形」の結果と合わせて表示している．

```
SELECT  出現形, (終了時刻 - 開始時刻)*1000  ← 計算式
```

(iv) 列への別名の付与 AS を用いて列や計算結果に別名を付けることができる．次の例では，上で求めたミリ秒単位の継続長の結果の列名を「継続長」としている．既存の列 (たとえば「出現形」) に別名 (たとえば「単語」) を付けることもできる．

```
SELECT  出現形, (終了時刻 - 開始時刻)*1000 AS 継続長  ← 列に別名を付与
```

4 行の抽出——WHERE 句

(i) WHERE 句の基本 行の抽出とは，テーブルから指定した条件に合致した行だけを抽出する操作のことである．行の抽出には WHERE 句を用いる．たとえば，『短単

位情報』テーブルから「品詞」が「名詞」である行だけを抽出する場合，次のように，先述の SELECT 文のあとに WHERE を用いて条件を指定する．ここでは，= という比較演算子を用いて「品詞」の列が「名詞」と等しいという条件が指定されている．

```
SELECT *
  FROM 短単位情報
  WHERE 品詞 ='名詞'   ← 条件の指定 (「品詞」の列の値が「名詞」と等しい)
```

(ii) **比較演算子** 条件の指定に用いられる比較演算子を表 A.1 に示す．

表 A.1 比較演算子

演算子	説明	使用例	補足
=	等しい	品詞 ='動詞'	文字列の場合は引用符が必要
		開始時刻 = 0.641	数値の場合は引用符は不要
<>	等しくない	品詞 <>'動詞'	指定した値 (この場合は動詞) 以外
>	より大きい	開始時刻 > 600	
>=	以上	開始時刻 >= 600	
<	より小さい	終了時刻 < 100	
<=	以下	終了時刻 - 開始時刻 <= 0.1	演算子の左項・右項に計算式記述可

(iii) **LIKE 演算子** 文字列の場合，LIKE あるいは NOT LIKE という演算子を用いて，あいまいな検索を行うことができる．たとえば，「出現形」に「っ」を含むケース (「ずっと」「走っ」など) だけを抽出する場合，LIKE を用いて次のように条件を指定する．

```
SELECT *
  FROM 短単位情報
  WHERE 出現形 LIKE '%っ%'   ← 条件の指定 (「出現形」に「っ」を含む)
```

NOT LIKE にすると，「出現形」に「っ」を含まない行だけが抽出される．

```
SELECT *
  FROM 短単位情報
  WHERE 出現形 NOT LIKE '%っ%'   ← 条件の指定 (「出現形」に「っ」を含まない)
```

LIKE の右項で用いられている % はワイルドカードである．SQL では % (任意の 0 文字以上の文字列)，_ (アンダーライン，任意の 1 文字) という 2 種類のワイルドカードが用意されている．これらを用いた WHERE 句の条件の例を示す．

```
出現形 LIKE 'あ%'   …「あ」+ 0 文字以上の任意の文字列（例：「あ」「あらら」）
出現形 LIKE '_い'   …任意の 1 文字 +「い」（例：「はい」「良い」）
出現形 LIKE 'と__'  …「と」+ 任意の 2 文字（例：「ところ」「とろろ」）
```

(iv) **論理演算子** 表 A.2 に示す論理演算子を用いて，「出現形」に「っ」を含み，かつ，「品詞」が「副詞」と一致する，といったように，複数の条件を指定できる．

表 A.2 論理演算子

演算子	説明
AND	論理積（かつ）
OR	論理和（または）

これらの論理演算子を用いた例を以下に示す．

```
出現形 ='が' AND 品詞 ='助詞'   …出現形が「が」，かつ，品詞が「助詞」
品詞 ='名詞' OR 品詞 ='動詞'    …品詞が「名詞」，あるいは，品詞が「動詞」
```

5　テーブルの結合——JOIN 句

5.1　結合操作の概要

図 A.1 に示したように，複数のテーブルを，対応するキーで関連づけて結合し，新しいテーブルを作成することができる．結合には，内部結合や外部結合など，幾つかの種類がある．たとえば，図 A.2 に示す『談話情報』テーブルと『話者情報』テーブルの対応キーである「話者 ID」を見てみると，『話者情報』テーブルの「話者 ID」には『談話情報』テーブルにはない 1153 が存在する．内部結合 (INNER JOIN) は，対応する値のある行のみを結合する操作である．そのため，表 A.3 に示すように，話者 ID が 1153 の情報は結合されたテーブルには含まれない．一方，外部結合 (OUTER JOIN) では，一方のテーブルにのみ存在する値も結合結果に含めることができる．外部結合の例を表 A.4

講演ID	タイプ	ジャンル	話者ID
A05F0043	独話	学会	19
S05F1041	独話	模擬	19
D04F0022	対話	学会	19
A11M0846	独話	学会	685
D04M0052	対話	学会	685

話者ID	性別	出身地
19	女	東京都
685	男	東京都
1153	男	東京都

図 A.2　談話情報テーブルと話者情報テーブル

表 A.3 内部結合の結果：話者 ID が 1153 の情報は含まれない

講演ID	タイプ	ジャンル	話者ID	性別	出身地
A05F0043	独話	学会	19	女	東京都
S05F1041	独話	模擬	19	女	東京都
D04F0022	対話	学会	19	女	東京都
A11M0846	独話	学会	685	男	東京都
D04M0052	対話	学会	685	男	東京都

表 A.4 外部結合 (右外部結合) の結果：話者 ID が 1153 の情報も含まれる

講演ID	タイプ	ジャンル	話者ID	性別	出身地
A05F0043	独話	学会	19	女	東京都
S05F1041	独話	模擬	19	女	東京都
D04F0022	対話	学会	19	女	東京都
A11M0846	独話	学会	685	男	東京都
D04M0052	対話	学会	685	男	東京都
			1153	男	東京都

に示す．話者 ID が 1153 に関する『話者情報』の情報が残っていることが確認できる．ただし，『談話情報』テーブルにおける「談話 ID」や「タイプ」「ジャンル」の情報は存在しないため，これらの列の値は空 (NULL) となる．

なお，外部結合には，結合される側の (左に配置される) テーブルの情報を残す左外部結合 (LEFT OUTER JOIN) と，結合する側の (右に配置される) テーブルの情報を残す右外部結合 (RIGHT OUTER JOIN) があり，外部結合の仕方によっては，表 A.4 ではなく 表 A.3 に示したような内部結合と同じ結果になることがある．「右，左に配置されるテーブル」の意味については後述する．

5.2 内 部 結 合

(i) 2 つのテーブルの結合　内部結合には INNER JOIN を用いる．『談話情報』テーブルに『話者情報』テーブルを内部結合させ，表 A.3 の結果を得るには，次のようなクエリとなる．

```
SELECT 談話情報.*,話者情報.性別,話者情報.出身地
  FROM 談話情報        ← 1つ目の (結合される側の) テーブル
  INNER JOIN 話者情報  ← 2つ目の (結合する側の) テーブル
    ON 談話情報.話者ID = 話者情報.話者ID  ← 両テーブルを対応させるキー
```

FROM には，結合される側のテーブルを指定する．この場合は『談話情報』テーブルである．次に結合する側のテーブルを INNER JOIN で指定し，ON のあとに対応させるキー

(列) を = でつなぐ。SELECT 文で選択する列については，「談話情報.*」で『談話情報』テーブルのすべての列を指定，加えて，『話者情報』テーブルの「性別」と「出身地」の列を指定している．1 つ目と 2 つ目のテーブルの順番を入れ換えても同じ結果が得られる．

(ii) 3 つ以上のテーブルの結合 3 つ以上のテーブルを結合する場合，JOIN 句を繰り返す．上の 2 つのテーブルに更に『短単位情報』テーブルを結合し，図 A.1 下段に示したようなテーブルを作る場合，次のようになる．『短単位情報』テーブルと結合させるテーブルは，それよりも前にあるテーブルであればどれでも良い．この例では対応するキーである「談話 ID」を持つ『談話情報』テーブルと結合している．

```
SELECT  談話情報.*, 話者情報.性別, 話者情報.出身地, 短単位情報.開始時刻,
        短単位情報.終了時刻, 短単位情報.出現形, 短単位情報.品詞
  FROM  談話情報
  INNER JOIN  話者情報
     ON  談話情報.話者 ID = 話者情報.話者 ID
  INNER JOIN  短単位情報                    ← 3 つ目のテーブル
     ON  談話情報.談話 ID = 短単位情報.談話 ID ← 対応させるキー
```

(iii) WHERE 句を加える場合 JOIN 句で複数のテーブルを結合した上で WHERE 句で条件を付ける場合，一連の JOIN 句のあとに WHERE 句を記す．以下のクエリでは，3 つのテーブルを結合した上で，『話者情報』テーブルの「性別」が「男性」で，かつ，『短単位情報』テーブルの「品詞」が「助詞」である，という条件を指定している．

```
SELECT  談話情報.*, 話者情報.性別, 話者情報.出身地, 短単位情報.開始時刻,
        短単位情報.終了時刻, 短単位情報.出現形, 短単位情報.品詞
  FROM  談話情報
  INNER JOIN  話者情報
     ON  談話情報.話者 ID = 話者情報.話者 ID
  INNER JOIN  短単位情報
     ON  談話情報.談話 ID = 短単位情報.談話 ID
 WHERE  話者情報.性別 ='男性' AND 短単位情報.品詞 ='助詞' ← 条件の指定
```

5.3 外部結合

外部結合の書き方も内部結合とほぼ同じである．ただし外部結合ではどちらのテーブルの情報を残すかが大切となるため，結合の順番に注意する必要がある．上記のクエリ

を改行せずに横に並べると，結合される側のテーブルは左に，結合する側のテーブルは右に配置される．外部結合の説明をする際，「結合される／結合する側のテーブル」を「左／右に配置されるテーブル」としたのはこのためである．たとえば，左外部結合では左に配置される結合される側のテーブルの行がすべて残るため，左外部結合を使って表A.4 の結果を得るには，以下のように『話者情報』テーブルを左に配置する．

```
SELECT  談話情報.*,話者情報.性別,話者情報.出身地
  FROM  話者情報                            ← 左の結合される側のテーブル
  LEFT OUTER JOIN  談話情報                 ← 右の結合する側のテーブル
    ON  話者情報.話者ID = 談話情報.話者ID  ← 両テーブルを対応させるキー
```

右外部結合では逆に右側に『話者情報』テーブルを指定する．なお，処理系によっては，RIGHT OUTER JOIN が実装されていない場合もあるので，その場合は，テーブルの順序を入れ替えて LEFT OUTER JOIN で記述する．

```
SELECT  談話情報.*,話者情報.性別,話者情報.出身地
  FROM  話者情報                            ← 左の結合する側のテーブル
  RIGHT OUTER JOIN  談話情報                ← 右の結合される側のテーブル
    ON  話者情報.話者ID = 談話情報.話者ID  ← 両テーブルを対応させるキー
```

6　グループごとの集計——GROUP BY 句

　SQL には上記の基本操作以外にも多くの操作が存在するが，本付録では最後にグループごとの集計を取り上げて概説する．

　(i)　GROUP BY 句の基本　グループごとの集計とは，たとえば図 A.3 に示すように，品詞ごとにまとめて頻度を計算したり，継続長の平均値を計算するような操作を指す．グループごとの集計には GROUP BY 句を用いる．『中納言』の検索結果をダウンロードし，Excel のピボットテーブルなどの機能を使って品詞や語彙ごとの頻度を集計することもあるだろう．GROUP BY 句によるグループごとの集計は，この操作に相当する（ピボットテーブルの操作については本講座第 4 巻の付録を参照）．

　品詞ごとに継続長（終了時刻 − 開始時刻）の平均値を計算する場合，以下のようなクエリとなる．

6 グループごとの集計——GROUP BY 句

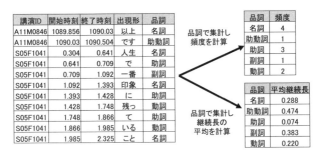

図 A.3 GROUP BY による集計の例

```
SELECT 品詞, AVG(終了時刻 - 開始時刻) AS 平均継続長
                 ←――――――――――――――→ ← 集計関数 (平均値を計算)
  FROM 短単位情報
  GROUP BY 品詞  ← 集計する列
```

集計対象となる列を GROUP BY のあとに指定し，SELECT に，集計関数を集計対象となる列とともに記す．ここでは，AVG という平均値を求めるための集計関数を用いており，丸括弧内に対象となる列の情報 (この場合は「終了時刻 − 開始時刻」) を指定する．このクエリでは，集計結果に AS で「平均継続長」という別名を付けている．

(ii) **集計関数**　SQL では表 A.5 に示す集計関数が用意されている．

表 A.5 集計関数

集計関数	説明
SUM	合計値を計算
AVG	平均値を計算
MAX	最大値を計算
MIN	最小値を計算
COUNT	行数を計算

(iii) **複数の列で集計する場合**　複数の列で集計することもできる．たとえば，談話 ID 別に品詞の頻度を計算する場合，以下のようになる (COUNT 関数では通常，列名の代わりに*を指定する)．

```
SELECT 談話 ID, 品詞, COUNT(*) AS 頻度
  FROM 短単位情報
  GROUP BY 談話 ID, 品詞 ← 複数列で集計
```

(iv) テーブルを結合し，WHERE 句で条件を指定した上で集計する場合 『談話情報』テーブル，『話者情報』テーブル，『短単位情報』テーブルを結合し「タイプ」が「独話」であるという条件を付けた上で，ジャンル，性別，品詞で集計する場合，以下のように，一連の JOIN 句のあとに GROUP BY 句を記す．

```
SELECT  談話情報.ジャンル, 話者情報.性別, 短単位情報.品詞, COUNT(*) AS 頻度
  FROM  談話情報
  INNER JOIN  話者情報
     ON  談話情報.話者 ID = 話者情報.話者 ID
  INNER JOIN  短単位情報
     ON  談話情報.談話 ID = 短単位情報.談話 ID
  WHERE  談話情報.タイプ = '独話'
  GROUP BY 談話情報.ジャンル, 話者情報.性別, 短単位情報.品詞
```

7 おわりに

RDB のシステムには，MySQL や PostgreSQL，SQLite，Oracle DB，Microsoft SQL Server など様々なものが存在しており，SQL の書き方に若干の違いはあるが，本付録で取り上げたものの多くはどのシステムでも動く．

なお，冒頭で紹介した CSJ-RDB を使うには CSJ を購入する必要があるが，サンプルの RDB を CSJ のホームページからダウンロードすることができる．CSJ-RDB は SQLite で実装されているが，DB Browser for SQLite など，SQLite を GUI で操作するためのフリーのソフトウェアなどもある．

- CSJ-RDB のサンプルファイルや利用の手引の資料
  https://pj.ninjal.ac.jp/corpus_center/csj/tutorial.html
- DB Browser for SQLite
  https://sqlitebrowser.org/

[小磯花絵]

索　引

欧　文

BCCWJ　9, 13, 29, 57, 82, 121

CaboCha　78
ChaSen　73
Comainu　22
CSJ　9, 77, 197, 206

GROUP BY 句　204

INNER JOIN　201, 202
IOB2 フォーマット　74

JOIN 句　201

LEFT OUTER JOIN　202
LIKE 演算子　200

MeCab　3
MI-score　132, 136

N-gram　84, 94, 124
neologd　26

OUTER JOIN　201

RDB　197
RIGHT OUTER JOIN　202

SELECT 文　199
Shift-Reduce 法　43
SQL　197
Support Vector Machines (SVMs)　73

t-score　132, 136

UniDic　6, 29, 34, 49, 53
UniDic Explorer　8

UniDic データベース　6
WHERE 句　199
WWW　121

YamCha　73

ア　行

あいまいな検索　200
アスペクト　104
アダルト用語　124

言い切り型　91
言い切り型文末複合辞　87
言いさし型　91
言いさし型文末複合辞　87
異形態　53, 65
位相情報　169
イディオム　113
異表記　65, 67
意味区分　143
意味選択のバリア　143
意味範疇　102
意味論　83

ヴォイス助動詞　106

音変化　48
音変化処理　48, 49, 53
オノマトペ　183
音韻的変化　66
音韻論的現象　41

カ　行

解析用 UniDic　6
階層的意味区分　148, 150
階層的な見出し構造　18
外部結合　201, 203
係り受け解析　31, 42

係り受け関係　42
係助詞　105
書き言葉　114
格交替　161
　　ヲ格とニ格の——　161
格情報　170
　　「規範性」「可能性」としての——　170
　　「実態」としての——　170
格助詞　105
格パターン　170
活用　67
活用語　141
カテゴリ　38
カテゴリ推定　38
可能性に基づく品詞体系　21
完結形　91
慣用句　119

擬音語　183
機械学習　38, 41, 50
擬声語　183
規則の汎化　37
擬態語　183
機能語　83, 101
　　——の交替　66
機能的用法　74
機能表現　56, 65
　　——の階層構造　68
機能表現検出　73, 74
機能表現候補　73
基本形　19
決まり文句　113
義務モダリティ助動詞　106
義務モダリティ文末辞　106
教科書　110
教科書編集　110
共起　136
共起率　127
教材抽出　110
教師あり機械学習　38
京都テキストコーパス　76
行の抽出　198, 199
局所的最適解　45
局面アスペクト助動詞　106

クエリ　198
黒橋・河原データ　124

クロール　22

計算機処理　56
形態素　10
形態素解析　6, 10
形態論　82
形態論情報　33
形態論素性　74
言語資源活用ワークショップ　26
言語的強者　140
言語的弱者　139
検索エンジン　124
検索語　111
現代語複合辞用例集　57
現代日本語書き言葉均衡コーパス (BCCWJ)
　　9, 13, 29, 57, 82, 121

語　29
語彙　119
語彙素　19, 23, 34
語彙素細分類　19
語彙素読み　19, 34
語彙素類　19
語彙調査　6
行為中断のバリア　146
後件部　36
後方文脈　37
国語辞書　139, 166
　　——のバリア　139
語形　18, 23
語源主義　20
古語　114
語史型　168
語釈 (釈義)　154, 168
語頭音　48
語頭変化型　50
語頭変化形　50
語頭変化結合型　51, 52
誤読　140
コトテン (事典)　166
コトバテン (辞典)　166
コーパス　6, 121
語末音　52
語末変化型　52
語末変化結合型　52
コロケーション　119, 122
コロケーション頻度　127

索引

サ 行

最小単位　14, 15, 17
　——の認定規定　15
最大全域木　44
作例主義　167
サ変動詞用法　184, 188

辞書　2, 139
辞書記述　120, 137, 165
自他認定　155
自他両用動詞　156, 159
実例主義　167
自動詞　155
自動認定　32
釈義　166
集計関数　205
縮約　66
出現形　19
出現頻度　127
準体助詞　105
条件形式　109
小項目　60
証拠モダリティ助動詞　106
証拠モダリティ文末辞　106
情報不掲載のバリア　144
省略形　90, 92
初級教科書　112, 113
書字形　18
助詞的複合辞　58, 85
助動詞相当複合辞　85
助動詞的複合辞　59
自立語　101
深層格　173

数詞–助数詞類結合　48
スタック　44

接続詞　83, 93, 94, 100, 105
接続助詞　105, 108
接続詞類　59
接続辞類　58
接尾辞　108
前件部　36
前方文脈　37

操作主義的な立場　13

促音化　48, 52, 66
素性　39, 46, 50, 74

タ 行

大域的最適解　45
ダイクティック助動詞　106
ダイス係数　131
多義語　147
濁音化　48, 51
多重性　173
脱文脈化　21, 22
脱落　66
他動詞　155
単語　119
単純辞　102
短単位　14, 15
　——の認定規定　16
短単位 (自動) 解析　6, 12

チェック　133
チャンキング　32, 43, 73
チャンク素性　75
チャンクタグ　73
チャンク文脈素性　75
注記　167, 169
中級教科書　112, 113
中単位　41
中単位境界　46
中単位境界認定ルール　46
中納言　9
調査単位　12
長単位　14, 22, 31
長単位境界　32
直前ヲ格　157

つつじ　64

定型表現　54
「です／ます」の有無　67
テーブル　197
　——の結合　198, 201
手間　132
電子化辞書　1, 3
伝達モダリティ　104
伝達モダリティ文末辞　105

同格　46

統語論　82
動詞　123
同族目的語　162
動的素性　40
とりたて詞の挿入　66

ナ　行

内部結合　201, 202
内容語　83
内容的用法　74

日本語教育　119
日本語教科書　111
日本語教科書データベース　110
日本語話し言葉コーパス (CSJ)　9, 77, 197, 206
日本語表現文型　59
日本語文型辞典　60
認識モダリティ助動詞　106
認識モダリティ文末辞　106
認知言語学　83

ハ　行

配列のバリア　143
場所ヲ格　162
派生　66
撥音化　66
発音形　19, 49, 54
発音形修正　49, 54
話し言葉　114
半濁音化　48, 51
判断のモダリティ　104
判定ラベル　62

比較演算子　200
非コアデータ　9
左外部結合　202
人手　133
費用　133
表層格　173
品詞分類　101, 107, 109
頻度型　168

複合格助詞　102
複合語アクセント　41
複合辞　35, 41, 56, 58, 82
複合辞辞書　35, 41

複合辞用例データベース　57
複合助動詞　104
複合接続詞　93, 96
複合連体助詞　102
副詞　100
副詞用法　185, 186, 188, 191
副助詞　105
フレーズ検索　127
文法化の経路　97
文節　14
分節・整形のバリア　141
文頭　100
文法アスペクト助動詞　106
文法機能　102
文末辞類　58
文末複合辞　83, 84, 104
文脈依存形　92
分類型　168

並列　46
並列的意味区分　148, 150
別名の付与　199

マ　行

末尾音　48

右外部結合　202
右分岐構造　41

名詞的　183
メタ釈義　167

モダリティ　90
　　判断の——　104

ヤ　行

有向グラフ　44
有声音化　66

用例　167, 169
　　——の多様さ　125
用例検索　18
用例集　57
読みのバリア　140

ラ　行

ラベル　32

理想的な使用者　147
粒度　29, 30
リレーショナルデータベース (RDB)　197

レジスター　29
列挙型　168
列の選択　198, 199
連語　141

連語的　111
連体助詞　105
連体辞類　58
連濁　41, 50, 53
連用辞類　58

論理演算子　201

監修者略歴

前川喜久雄(まえかわきくお)

1956年　京都府に生まれる
1984年　上智大学大学院博士後期課程中退
現　在　国立国語研究所コーパス開発センター長・教授
　　　　博士（学術）

編集者略歴

伝　康晴(でん やすはる)

1964年　大阪府に生まれる
1993年　京都大学大学院工学研究科博
　　　　士後期課程研究指導認定退学
現　在　千葉大学大学院人文科学研究
　　　　院教授
　　　　博士（工学）

荻野綱男(おぎの つなお)

1952年　埼玉県に生まれる
1977年　東京大学大学院人文科学研究
　　　　科修士課程修了
現　在　日本大学文学部教授
　　　　文学修士

講座日本語コーパス
7. コーパスと辞書　　　　　　　定価はカバーに表示

2019年 3月25日　初版第1刷

監修者	前川喜久雄
編集者	伝　康晴
	荻野綱男
発行者	朝倉誠造
発行所	株式会社 朝倉書店

東京都新宿区新小川町6-29
郵便番号　162-8707
電　話　03(3260)0141
ＦＡＸ　03(3260)0180
http://www.asakura.co.jp

〈検印省略〉

ⓒ 2019　〈無断複写・転載を禁ず〉　　　　中央印刷・渡辺製本

ISBN 978-4-254-51607-4　C 3381　　Printed in Japan

JCOPY ＜出版者著作権管理機構 委託出版物＞

本書の無断複写は著作権法上での例外を除き禁じられています．複写される場合は，そのつど事前に，出版者著作権管理機構（電話 03-5244-5088, FAX 03-5244-5089, e-mail: info@jcopy.or.jp）の許諾を得てください．

講座日本語コーパス

〈全8巻〉

前川喜久雄 監修

1. コーパス入門
前川喜久雄 編

2. 書き言葉コーパス―設計と構築
山崎　誠 編

3. 話し言葉コーパス―設計と構築
小磯花絵 編

4. コーパスと国語教育
田中牧郎 編

5. コーパスと日本語教育
砂川有里子 編

6. コーパスと日本語学
田野村忠温 編

7. コーパスと辞書
伝　康晴・荻野綱男 編

8. コーパスと自然言語処理
松本裕治・奥村　学 編